DE L'ORIGINE

ET DES DÉBUTS

DE L'IMPRIMERIE

EN EUROPE,

PAR AUG. BERNARD,

MEMBRE DE LA SOCIÉTÉ DES ANTIQUAIRES DE FRANCE.

PREMIÈRE PARTIE.

PARIS.

IMPRIMÉ PAR AUTORISATION DE L'EMPEREUR

A L'IMPRIMERIE IMPÉRIALE.

MDCCCLIII.

DE L'ORIGINE

ET DES DÉBUTS

DE L'IMPRIMERIE

EN EUROPE.

A PARIS, CHEZ JULES RENOUARD ET CIE,
LIBRAIRES-ÉDITEURS ET LIBRAIRES-COMMISSIONNAIRES POUR L'ÉTRANGER,
RUE DE TOURNON, N° 6.

SE TROUVE AUSSI CHEZ L'AUTEUR, RUE LE PELETIER, N° 25.

DE L'ORIGINE

ET DES DÉBUTS

DE L'IMPRIMERIE

EN EUROPE,

PAR AUG. BERNARD,

MEMBRE DE LA SOCIÉTÉ DES ANTIQUAIRES DE FRANCE.

PREMIÈRE PARTIE.

PARIS.

IMPRIMÉ PAR AUTORISATION DE L'EMPEREUR

A L'IMPRIMERIE IMPÉRIALE.

M DCCC LIII.

A MONSIEUR

GOTTHELF FISCHER DE WALDHEIM,

CHEVALIER DE PLUSIEURS ORDRES,

CONSEILLER D'ÉTAT,

PRÉSIDENT DE LA SOCIÉTÉ IMPÉRIALE DES NATURALISTES,

À MOSCOU.

Pardonnez-moi, Monsieur, la liberté que j'ai prise, ne vous étant pas connu, de vous dédier ce livre : il m'a semblé que rien ne pouvait être aussi favorable à mon œuvre que de paraître sous les auspices du doyen des historiens de la typographie; d'ailleurs, je n'ai pas cru pouvoir me dispenser de rendre un hommage public au savant dont les découvertes précieuses et les ouvrages intéressants[1] m'ont en grande partie engagé à entreprendre ce travail.

Votre tout dévoué serviteur,

AUG. BERNARD.

Paris, le 1er mai 1851.

[1] Voici, pour ne parler que de ce qui nous intéresse, la liste des

ouvrages relatifs à la typographie qu'on doit à la plume de M. Gotthelf Fischer :

1° *Beschreibung einiger typographischen Seltenheiten*, etc. (*Curiosités typographiques*), 6 livraisons, in-8° avec planches, Nuremberg, 1801-1804.

2° *Essai sur les monuments typographiques de Jean Gutenberg*, in-4° avec planches, Mayence, messidor an x (juin 1802).

3° *Notice du premier monument typographique en caractères mobiles avec date connu jusqu'à ce jour*, brochure de 8 pages in-4°, avec *fac-simile* du calendrier de 1457, Mayence, 1804.

4° *Geschichte der seit dreyhundert Jahren in Breslau befindlichen Stadtbuchdruckerey, als ein Beytrag zur allgemeinen Geschichte der Buchdruckerkunst*, Breslau, 1804.

5° *Notice des monuments typographiques qui se trouvent dans la bibliothèque de M. le comte Alex. Razomowski*, grand in-8°, Moscou, 1810.

6° *Einige Worte an die Mainzer, bei der Feierlichkeit des dem Erfinder der Buchdruckerkunst, Johann Gutenberg in Mainz zu errichtenden Denkmals*, in-4°, Moscou, 1836.

7° Plusieurs articles insérés dans le *Magasin encyclopédique* de Millin, particulièrement dans la VIIe année, t. III, p. 475.

AVANT-PROPOS.

« Rechercher en quel lieu, en quel temps, et par « qui fut inventé un tel art, ce n'est pas seulement « une curiosité légitime, c'est aussi de la recon- « naissance. » Ainsi s'exprimait Daunou, il y a un demi-siècle, dès la première page de son mémoire intitulé *Analyse des opinions diverses sur l'origine de l'imprimerie*. Ces paroles ne pourraient s'appliquer à personne mieux qu'à moi : né d'une famille d'imprimeurs, imprimeur moi-même, en entreprenant ce livre, c'est presque un devoir filial que je remplis. Je regrette seulement de n'avoir pu m'aider des conseils de l'illustre académicien dont je viens de prononcer le nom, et qui, m'honorant d'une bienveillance particulière[1], n'eût pas dédaigné sans

[1] C'est sur le rapport de M. Daunou que mon livre intitulé *Les d'Urfé* fut admis à l'impression gratuite en 1839. Depuis lors, et jusqu'à sa mort, ce savant illustre n'a pas cessé de me prodiguer ses bienveillants conseils.

doute de me prêter son concours pour traiter ce sujet, qui lui était à lui-même agréable et familier. La merveilleuse subtilité de son esprit, suppléant aux connaissances pratiques, eût pu me fournir le moyen d'éclaircir plus complétement que je ne l'ai fait une question fort obscure encore, malgré les découvertes nouvelles de la bibliographie.

Ce n'est pas un panégyrique que j'ai entrepris : il n'est heureusement pas nécessaire de se mettre en frais d'imagination pour prouver que l'imprimerie est la plus importante invention des temps modernes. Mon livre est purement historique. Jusqu'ici on s'est plus attaché aux raisonnements et aux hypothèses qu'à l'étude des monuments : c'est le contraire que j'ai fait. Je laisse au lecteur à juger jusqu'à quel point j'ai su éviter le défaut que je signale chez mes devanciers. Toutefois, je crois devoir le prémunir tout d'abord contre une idée peu exacte que pourrait lui faire concevoir de mes recherches le mot *origine* employé dans le titre de mon livre. Je n'ai pas entendu suivre dans toutes leurs déductions ces chercheurs de quintessence qui rattachent directement l'art de Gutenberg à l'opération que faisaient subir jadis à leur *mobilier vivant* certains propriétaires d'esclaves, opération consistant dans l'*impression* d'une ou plusieurs lettres au front de ces derniers au moyen d'un fer gravé rougi au feu. Pour moi, l'imprimerie c'est l'art de faire des livres : je ne vais pas au delà. Par le mot d'*origine* j'entends donc seulement parler des essais qui ont précédé immédiatement la réalisation des caractères mobiles de fonte. Vouloir pousser plus loin les investigations me semble une chose puérile, car, si l'on se laisse entraîner dans cette voie, on remonte forcément à l'antiquité la plus reculée. Tous les faits s'enchaînent dans l'humanité, et il n'y a pas à proprement parler d'invention : il y a seulement des modifications et des perfectionnements successifs. Si donc j'appelle l'imprimerie une invention, c'est uniquement au point de vue du résultat pratique, car philosophiquement il n'en est pas ainsi : l'imprimerie est la conséquence naturelle de faits antérieurs. Dans cet ordre d'idées, le mot *imprimerie* n'est peut-être pas celui que j'aurais dû inscrire sur mon livre, ce mot s'appliquant à plusieurs arts dont les procédés sont bien distincts, quoique donnant un résultat analogue; mais le mot *typographie*, que j'avais d'abord adopté, a paru à quelques-uns de mes amis trop technique ou trop scientifique, et j'y ai renoncé, sur leur avis, pour prendre celui qui seul est bien connu de tout le monde.

J'ai dit que mon livre était tout historique : ce

n'est cependant pas un pur récit de faits que j'ai entrepris. Les écrivains qui se sont occupés de ce sujet avant moi, presque tous étrangers à la profession d'imprimeur et à ses mille détails, ont soutenu, les uns après les autres, les plus étranges hypothèses, et il fallait les réfuter d'abord. Avant de bâtir une maison, il convient de déblayer le terrain destiné à recevoir l'édifice : c'est ce que j'ai fait. J'ai rencontré sur mon chemin tant de traditions erronées encore debout, que j'ai dû consacrer beaucoup de temps à les renverser. Toutefois, je n'ai pas entrepris, on le comprendra, de réfuter tous les systèmes et tous les auteurs qui ont écrit sur l'imprimerie : dix volumes n'eussent pas suffi pour cette besogne ingrate; je me suis attaché seulement aux erreurs les plus accréditées ou les plus spécieuses, abandonnant les autres au simple bon sens des lecteurs. Mais j'ai eu soin de recueillir partout, sinon de mettre en œuvre, les matériaux qui m'ont paru bons à conserver, et j'en ai rassemblé d'autres qui n'avaient pas encore servi. On reconnaîtra, je l'espère, qu'il était difficile de réunir plus de documents que je ne l'ai fait en si peu d'espace.

Maintenant, en quoi consiste l'invention de l'imprimerie ? Ce n'est pas, comme une foule d'auteurs le répètent, dans l'art de graver des poinçons, car les Romains, les Grecs et les Égyptiens eux-mêmes ont pratiqué la gravure sur métal, et n'ont pas fait de livres imprimés; ce n'est pas non plus, comme l'a dit un auteur moderne, uniquement dans la découverte de l'*impression*, car l'impression a été connue de tout temps, ainsi que le prouve l'antiquité de ce mot pris dans son sens général : c'est dans la combinaison de divers procédés, plus ou moins anciens, dans le but spécial de multiplier des livres pour les mettre à la portée des masses. C'est ainsi que l'application de la vapeur aux chemins de fer, usités depuis fort longtemps, mais restés jusqu'à nos jours sans importance sociale, a donné à ce mode de locomotion toute sa valeur civilisatrice.

Beaucoup de personnes étrangères à la profession croient que l'imprimerie est un art fort simple, dont tout l'ensemble dut se présenter à la fois dans le cerveau d'un seul homme : c'est une erreur que contredisent et l'histoire des progrès de cet art et l'état actuel des choses. Lorsqu'on étudie le mécanisme de l'imprimerie dans toutes ses parties, on est émerveillé des efforts de génie qu'il a fallu faire pour en combiner les mille ressorts, et pour atteindre cette précision admirable en toutes choses qui a permis de réaliser les miracles quotidiens sur lesquels sont fondées la gloire et la puissance de cette merveilleuse industrie, qui fait de la science de chacun le patrimoine de tous.

Si l'on en croyait les adorateurs du dieu Hasard, il ne manquait plus au peuple romain, pour réaliser l'imprimerie, que la permission de leur divinité, permission qu'elle refusa constamment, sans qu'ils en puissent indiquer la raison. Ils ne songent pas qu'avant de trouver l'imprimerie, les Romains avaient à inventer la mécanique, la chimie, et une foule d'industries qu'il serait trop long d'énumérer. A quoi aurait servi, par exemple, la découverte de l'imprimerie avant qu'on eût trouvé l'art de faire du papier? Quelques personnes se récrieront sans doute, en disant qu'on aurait pu imprimer sur vélin : oui, c'est vrai; mais le vélin, qui manquait déjà au moyen âge, à ce point que les moines étaient souvent forcés pour écrire, soit le cartulaire de leur abbaye, soit l'*Office de la Vierge*, de gratter un Tacite ou un Cicéron, ne pouvait suffire à l'imprimerie, qui n'a d'importance que par la masse des produits qu'elle met au jour[1]. Cet art serait mort d'inanition s'il fût né alors, et ce

[1] Les grandes choses tiennent souvent à de fort petites. Ainsi l'on n'aurait pas pu employer les mécaniques pour l'impression, si l'on n'avait trouvé d'abord le moyen de remplacer les *balles* par les *rouleaux*.

n'est pas pour mourir qu'il devait naître. Non, non, toute chose vient en son temps. C'est un enfantillage de regretter que les Romains n'aient pas connu l'imprimerie; car ils ne pouvaient la connaître, n'en ayant pas besoin [1]. Des millions d'esclaves étaient là pour satisfaire les goûts littéraires du petit nombre de lettrés des temps anciens. C'est à tort qu'on cite Cicéron, saint Jérôme et je ne sais plus qui encore comme ayant conçu l'idée de l'imprimerie : ce que ces auteurs ont écrit n'a aucun rapport avec l'impression des livres.

Je le dis hardiment, le hasard n'est pour rien dans ces sortes d'inventions. On ne les trouve que parce qu'on les cherche, et on ne les cherche que parce qu'on en a besoin. Voilà pourquoi le peuple chinois, qui a devancé les Européens dans la civilisation, a aussi trouvé longtemps avant eux un pro-

[1] Si l'on s'en rapportait au commentaire fait de nos jours sur un passage de Pline, les anciens auraient connu l'art d'imprimer les portraits; ce procédé aurait même été employé par Varron, qui aurait reproduit avec son secours les nombreux portraits dont son livre intitulé *De imaginibus* était enrichi. Mais je dois dire que ce commentaire n'a guère trouvé jusqu'ici que des incrédules. (Voyez au reste dans le *Précis analytique des travaux de l'Académie de Rouen*, année 1847, un article de M. A. Deville intitulé *Examen d'un passage de Pline relatif à une invention de Varron*. Cet article a été tiré à part en une brochure in-8° de 16 pages, avec une planche.)

cédé particulier d'impression approprié à ses besoins. Malheureusement son système d'écriture met obstacle au développement de son art. Pour les Chinois, la mobilité des caractères, ce qui fait tout le mérite économique de l'imprimerie, est sans avantage, et ils continuent à faire graver leurs livres sur des planches fixes : ils sont ainsi privés tout à la fois du bénéfice des *corrections d'auteur* et de l'emploi réitéré des mêmes caractères. Au reste, la civilisation de ce peuple, qui s'est mis de lui-même en dehors de la marche de l'humanité vers le progrès, s'est arrêtée au point où nous en étions au commencement du xve siècle. Les instruments d'imprimerie du peuple chinois sont encore tout primitifs : non-seulement il ignore l'existence de ces admirables machines qui peuvent tirer en une heure dix mille exemplaires d'un journal comme le *Times* anglais, par exemple, renfermant la matière d'un volume, mais il n'en est pas même arrivé à la presse à bras, qui tire deux à trois mille par jour. C'est donc bien gratuitement que quelques auteurs ont voulu faire remonter jusqu'aux Chinois l'honneur de l'invention de la typographie : ce peuple étrange connaît à peine l'imprimerie, en prenant ce mot dans son sens le plus large[1].

[1] On peut consulter sur ce sujet un curieux article qu'a publié M. Stanislas Julien, dans le *Journal asiatique* (n° 12 de 1847), sous

D'ailleurs, d'après ce que l'on sait des premiers imprimeurs européens, on ne peut contester à la typographie son origine moderne et européenne.

C'est ce qui ressort jusqu'à l'évidence du travail qu'on va lire, et dans l'intérêt duquel je n'ai pas hésité à entreprendre un grand voyage pour visiter successivement toutes les villes qui ont joué un certain rôle dans les débuts de l'art typographique, et interroger sur les lieux mêmes les savants, les livres et les traditions.

Paris, 16 novembre 1851.

P. S. La date qu'on vient de lire est celle du jour où j'ai remis mon manuscrit à l'Imprimerie nationale, pour être soumis au jugement du Comité des impressions gratuites. Ce Comité ayant émis un vote favorable dans sa séance du 28 mai 1852[1], l'Impri-

le titre suivant : *Documents sur l'art d'imprimer à l'aide de planches en bois, de planches en pierre, et de types mobiles, inventé en Chine bien longtemps avant que l'Europe en fît usage.* (Tiré à part de 16 pages in-8°.) On fera bien toutefois de se mettre en garde contre les préventions bien naturelles de l'auteur en faveur du peuple chinois.

[1] Ce comité, pris dans le sein de l'Institut, était alors composé de MM. Arago, Burnouf, Cousin, Dumas, Girod, Hase, de Lagrange, Mohl, Naudet, Pardessus, Vitet.

merie nationale en a commencé l'impression dans le mois de juin suivant.

Dans le cours de mon livre j'ai souvent employé le terme de *point,* suivant l'usage actuel, pour indiquer la force des caractères ou la hauteur des pages; comme les points ne sont pas précisément de même force dans toutes les fonderies et imprimeries de Paris, je dois prévenir le lecteur que j'ai adopté le système qui donne vingt-cinq points au centimètre : cela convenu, il sera facile de faire la conversion des points en mesure métrique.

N'ayant pu reproduire avec les caractères typographiques en usage aujourd'hui les nombreuses abréviations usitées au XVe siècle (abréviations dont l'interprétation aurait, du reste, offert des difficultés à la majorité des lecteurs), j'ai restitué tous les passages des livres de cette époque transcrits dans le mien, sauf dans quelques cas rares, qui présentaient du doute.

Paris, 20 octobre 1852.

DIVISION DE L'OUVRAGE.

PREMIÈRE PARTIE.

DE L'INVENTION ET DES INVENTEURS DE L'IMPRIMERIE.

DEUXIÈME PARTIE.

DE LA PROPAGATION ET DES PREMIERS PROPAGATEURS DE L'IMPRIMERIE.

TABLE DES PLANCHES.

FAC-SIMILE DE DOCUMENTS ORIGINAUX.

FAC-SIMILE DE CARACTÈRES[1].

[1] Tous ces *fac-simile* (sauf les trois qui sont marqués d'un astérisque) ont été pris sur les originaux, à la Bibliothèque nationale, à Paris. Les irrégularités qu'on remarque dans la forme de certaines lettres, ou même dans l'ensemble de certains *fac-simile*, pourraient faire croire que ces derniers représentent des caractères fixes en bois; mais tous nos *fac-simile* figurent des caractères mobiles, et les irrégularités signalées ici doivent être attribuées aux accidents éprouvés par les originaux, soit papier, soit parchemin.

CORRECTIONS.

T. I, p. 91, ligne 24, au lieu de *l'abbé* des Roches, lisez *Jean* des Roches.
p. 205, ligne 17, au lieu de *le n° 6*, lisez *les nos 10 et 11*.
p. 287, à la note, au lieu de *n° 7*, lisez *n° 6*.

Nº 1

Item pour .j. doctrinal getté en molle envoiet querre a Brug(es) par Marquart .j. escripvain de Vallen(chiennes) ou mois de janvier XLV pour Jaquet xx s. t. S'en eult Sandrins .j. pareil que l'eglise paia

Nº 2

Item envoie ... .j. doctrinal pour aprendre ledit dom Gerard qui fu accatez a Vallen(chiennes) jettez en molle, cousta xxiiij g.
Se me renvoia ledit doctrinal le ... jour de ... disans qu'il ne valloit riens et estoit tout faulx. S'en avoit accate .j. xx patars en papiere

Nº 3

Xvij. kl. Nouembris.

Item Anniuersarium honorabiliū viroꝝ petri scoffer et conradi henlif. ac Johannis fust ciuiū de maguntia. impressorū libroꝝ. necnō viroꝝ filioꝝ parentū amicoꝝ et bn̄factoꝝ eorumdē, qui petrus et conradus dederunt nob epistolas beati Jheronimi impressas in pergameno: excepta tn̄ sūma duodecī scutoꝝ auri. quā prefati impressores receperunt per manus dn̄i Johannis abbt̄is hui9 ecc̄e.

Nº 4

De libro sup 4to sniaꝝ ex liberaria concesso

Hic liber ad statum et librariam reportatus est.

Anno dni lxviij quo sup die Jouis xiiij mensis Januarij hora vesperorum in curia Ringrauij coram dnis decano et alijs capitularibus congregatis personaliter constitutus discretus Conradus fust ciuis magunt exposuit quod dni vellent sibi et petro qui habet filiam suam concedere unum librum ex liberaria ecclie nre pro uno exemplari videlicet beatum thomam sup quarto sniaꝝ ex quo vellet plures imprimere. Dni deliberati attendentes quod huiusmodi petitio esset iusta pia et plena bona ex causa ... sibi huiusmodi librum concedendum salvo tamen quod in memoria huius ponat ad locum scripto decretalium et det dnus eis vitam ... et sic est actum.

N° 5

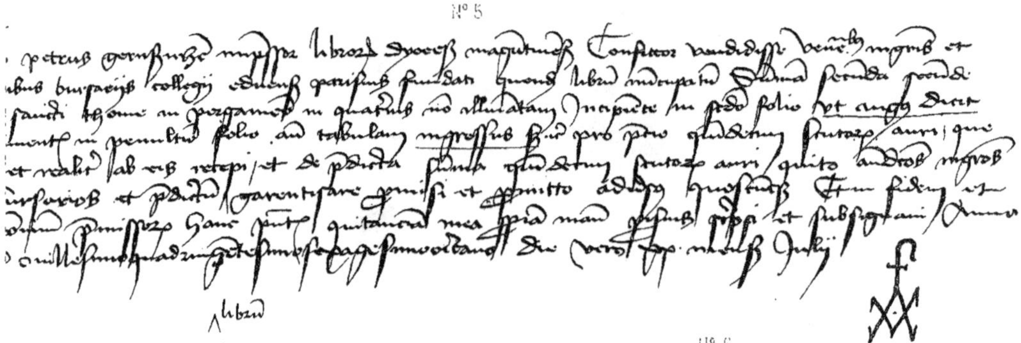

N° 6

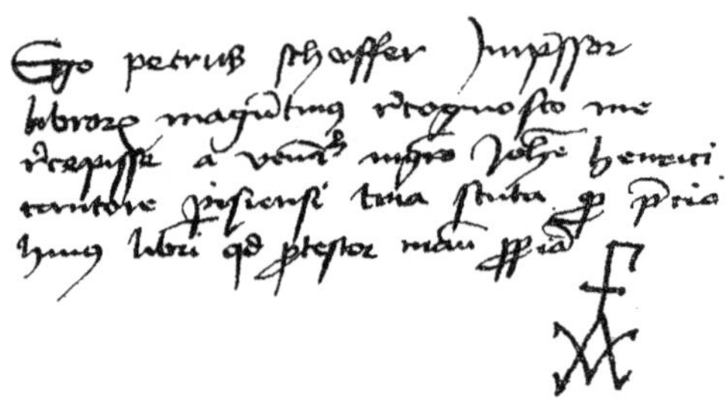

Ego petrus schoeffer Impressor librorum maguntinus recognosco me recepisse a venerabili magistro Johanne Henrici cantore parisiensi tria scuta pro precio unius libri quod protestor manu propria

N° 7

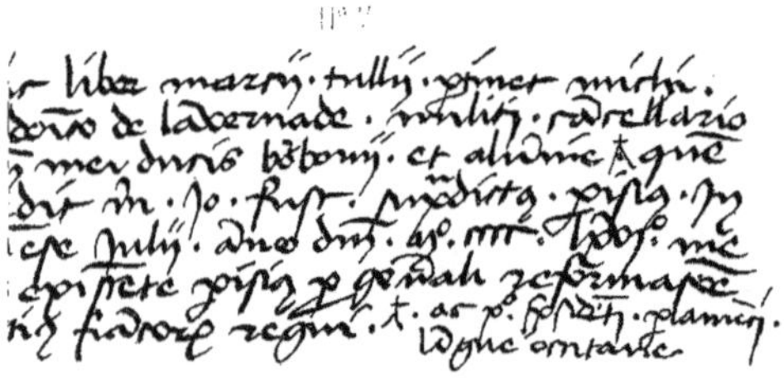

N° 8

N° 1.

Aliũ ãt mẽ maria ad optauerãt sibi p cura
Ver? ⁊ carnalis fili? marie erat ihesus
Adoptatũ autẽ hũanũ vniũsũ erat genus
Carnalis fili? mortu? erat morte spũali
In passioẽ eni dñi totũ ge? hũanũ fidẽ reliqũãt
Et ideo oĩs homo mortu? ĩ aĩa erat
Pro vtroq; magnã maritudinẽ sustinebat
Quia vtrũq; ex affcu cordis diligebat
Et q̃uis filiũ suũ pl? q̃ seipsã amaret
Tñ sibi placuit ut p mortẽ suã nos liberãret
Maluit eni dulcissiũ mẽ nrã illũ cruciari
Quã nos morte ppetua etualiť dãpnari
Et h' possim? ppẽdẽ q̃tũ maria nos amabat
Quẽ dilcm filiũ suũ p nrã salute mori affcãbat
Cũ eni vna res p alia datur ł omutat'
Res q̃ accipit' pl? amari videt' q̃ illa q̃ dat'
videt' ergo q maia nos pl? q̃ filiũ suũ diligebat
q̃ pod? ipm crucifigi q̃ nos dãpnari volebat
⁊ h' eciã ppẽdẽ possi? q̃tũ pr̃ celestis nos ama
q̃ vnigeitũ filiũ suũ p nob ĩ mortẽ dabat bat
Ambo igitur tã mẽ q̃ pr̃ multũ amauerũt
Et ut eos toto corde amem? bñ meruerũt
O boẽ ihũ da nobis hãc dulcedinẽ ita cogitaẽ
Vt tecũ meãmur ĩ celo eternaliter habitare
Ruth pmo caplo

N° 2.

tuleris tulerit et pl'r cũ tulerimus tuleritis tulerint Pre
tito pl'q̃pfcõ cum tulissem tulisses tulisset et pl'r cũ tulisse
mus tulissetis tulissent Futuro cũ tulero tuleris tulerit
et pl'r cum tulerimus tuleritis tulerint Infinitõ mõ sine
nũis ꝛ psonis tpe p̃nti ꝛ p̃tito ipfcõ ferre p̃tito pfcõ pl'
q̃pfcõ tulisse Futuro latũ ire vl' latũꝫ eẽ Verbo ipsonali
mõ tpe p̃nti fert' p̃tito ipfcõ ferebat' p̃tito pfcõ latũ ẽ vl'
fuit p̃tito pl'q̃pfcõ latũ erat l' fuerat futuro feret' Impatõ
mõ tpe p̃nti ferat' futuro fertor Optatõ mõ tpe p̃nti et
p̃tito ipfcõ ut' ferret' p̃tito pfcõ et pl'q̃pfcõ ut' latũ eẽt vl'
fuissꝫ futuro ut' ferat' Cõiũctõ mõ tpe p̃nti cũ ferat' p̃tito

Nos 3 et 4

Vniuersis Cristifidelibꝫ p̄ntes litteras inspecturis **Paulinus** Chappe Consiliariꝰ Ambasiator ⁊ pcurator generalis Sere=
nissimi Regis Cypri ī hac pte Salutē in dn̄o Cū Sāctissimꝰ ī xp̄o pr̄ ⁊ dn̄s nr̄. dn̄s Nicolaꝰ diuīa puidētia. papa vꝰ. Afflictiōi Re=

nium Sigillum ad hoc ordinatum presentibꝫ litteris testimonialibꝫ est appensum Datum Anno dn̄i Mccccliiii
die uero Mensis

Forma plenissime absolutionis et remissionis in vita

Misereatur tui ꝛc̄ Dn̄s nr̄ ihesus xp̄s ꝑ suā sctissimā et piissimā miāꝫ te absoluat Et aūcte ipiꝰ beatorꝫqꝫ. petri et pauli aplorꝫ eiꝰ ac aūcte ap̄lica michi ꝯmissa et tibi ꝯcessa Ego te absoluo ab om̄ibꝫ pecc̄is tuis ꝯtritis ꝯfessis ⁊ oblitis Etiā ab om̄ibꝫ casi

Forma plenarie remissionis in mortis articulo

Misereatur tui ꝛc̄ Dn̄s noster ut supra Ego te absoluo ab om̄ibꝫ pecc̄is tuis ꝯtritis ꝯfessis ⁊ oblitis restituendo te vnita=

Nos 5 et 6

Vniuersis Cristifidelibꝫ p̄ntes lr̄as inspecturis **Paulinus** Chappe Cōsiliariꝰ Ambasiator ⁊ pcurator generalis Serenissimi
Regis Cypri in hac parte Salm ī dn̄o Cū Sācissimꝰ ī xp̄o pr̄ ⁊ dn̄s nr̄ dn̄s Nicolaus diuia puidētia pp̄ quītꝰ Afflictiōi Regni Cypri

p̄ntibꝫ lr̄is testimonialibꝫ est appensum Datū Anno dn̄i Mcccclquito die vero mensis

Forma plenissime absolutionis et remissionis in vita

Misereatur tui ꝛc̄ Dn̄s noster ihesus xp̄s ꝑ suā sanctissimā et piissimā miāꝫ te absoluat Et aūcte ipiꝰ beatorūqꝫ petri ⁊ pauli aplorꝫ eiꝰ ac aūcte ap̄lica michi ꝯmissa ⁊ tibi ꝯcessa Ego te absoluo ab om̄ibꝫ pecc̄is tuis ꝯtritis ꝯfessis ⁊ oblitis Etiā ab om̄ibꝫ casib

Forma plenarie remissionis in mortis articulo

Misereatur tui ꝛc̄ Dn̄s noster ut supra Ego te absoluo ab om̄ibꝫ pecc̄is tuis cōtritis ꝯfessis et oblitis restituendo te vnitati

N° 7.

Facies et altare de lignis sethim.
quod habebit quinq; cubitos in
longitudine: ⁊ totidē in latitudine id
est quadrū: et tres cubitos in altitudi-
ne. Cornua autē ꝑ quatuor angulos
ex ipo erūt: et opies illud ere. Faciesq;
in usus eius lebetes ad suscipiendos
cineres: et forcipes. atq; fuscinulas. ⁊
igniū receptacla. Omia vasa ex ere fa-
bricabis. Craticlamq; in modū retis
eneam: ꝑ cui⁹ quatuor angulos erūt
quatuor anuli enei. quos pones subt
arulā altaris. Eritq; craticla usq; ad
altaris mediū. Facies ⁊ vectes altaris
de lignis sethim duos. quos operies
laminis eneis. et induces ꝑ circulos:
eruntq; ex utroq; latere altaris ad por-
tandū. Non solidū sed inane ⁊ cauū
intrinsecus facies illud: sicud tibi in
monte mōstratū est. Facies et atrium

Nos 8 et 9

Sacerdotes tui indua
Domĩe saluũ fac regẽ,
Saluũ fac populũ tu
Fiat pax in virtute tu
Oremus ꝑ omĩbꝫ no
Pro infirmis ⁊ captiu

Ab insidijs dya-
boli, libera nos dñe,
Ab insidijs oĩm
inimicoꝝ nr̃oꝝ visi-

N° 10 et 11.

De dominica infra octauam ascensionis domini,

Dominica proxima post diē ascensionis dñi officiũ dñicale Exaudi. p totũ cũ suffragijs duob' All'a. Sequētia. et pfacōe de festo ascensionis necnō Gl'ia in excelsis Credo et item missa dñicaliter dicetur.

A A B C D D E F G H J L M N O P P Q R S S S T T W S.

N° 12.

Similiter dicendũ est si facta est aliqua addicō erronea: sicut fuit addicō arrij vel si sine addicōe inptinēte baptizās nullomō credat fieri posse baptismũ. Sibi pbabiliter dubitat' de obmissis an sint de substātia. an de addicōe an impediũt baptismũ an nō. ad formā cōdicōnalē recurratur. que sup posita est in prima specie de materia scz de emendādis circa materiam. Si tñ obmissa sunt illa que nō sunt de substātia. ut ego. et amē. vel sine omi malitia facta est diminucō vel addicō. vel corrupcō circa finē dictōis. que nō nocet: et certũ est omia alia rite dicta et pacta. talis nullomō rebaptizādus nec absolute. nec sub ɔdicōe: qr valde cauendũ est ne vere baptisatus rebaptisetur. Sibicũq3 pbabile dubiũ est forma ɔdicōnalis teneatur ut dictum est.

Nos 13, 14 et 15.

Secũdo loco · pascal' cere⁹ bñdicet'. Cir̃ qḋ sci-
endū ẽ q̄ i p̃ncipio officij tot⁹ in eccl'a dz ig's
extingui · ⁊ nou⁹ de lapide p̄cusso cũ calibe
vl' ex c̃stallo soli obiecta dz elici ⁊ de sarmẽto foueri
ignis vet⁹ veterẽ sig̃ficat legẽ · cui⁹ figuẽ in mõte
xp̄i cõplete fuere · ⁊ ideo velut extincte cessaẽ debue-
rũt · Sz de lapide id ẽ de xp̄o · qui ẽ lapis angularis · q̃
verbẽ crucis p̄cussus sp̄m scm̃ nobis effudit vel de
cristallo inter solem ⁊ lunã mediãte · id est xp̄o qui

Superioribꝫ nup diebꝫ p̄emi
tiora quedã grãmatice ru-
dimẽta certo p̄ ordinẽ nu-
mero põdere et mensura in
vnũ cohercẽ ingẽti laboẽ conatus sũ
quo discẽtis et certior mens fieret ⁊ ab

Pñs hoc opusculuz finitũ ac cõpletũ · et ad
eusebiaz dei industrie in ciuitate Maguntĳ
per Johannẽ fust ciuẽ · et Petrũ schoiffher de
gernßheym clericũ diotes eiusdez est consũ-
matũ. Anno incarnacõis dñice · M · cccc · lxĳ ·
In vigilia assumpcõis glo'se virginis marie.

N° 16

Leuus.a.um.in leua exponitur.
Lex legis.dr a lego.gis.legi.qr legitur.Et est
lex,ius scriptū asciscens honestū.ꝓhibens cont'
riū.ul' lex ē scriptū populo ꝓmulgatū magistra
tu querente et populo respondente.Solebat enī
magister ciuitatis cum aliquā legem uellet institu
ere ascendere pulpitū in media concōne et querē
a populo si uellet illud ratū esse.et accepta rñsio
ne a populo deinceps ꝓ lege habebat'.ſm hug.
¶ Et scias qꝰ lego.gis.cor' le in pñti ſ3 in p̄terito
prod.Vnde lex legis tenet naturam huius p̄teri
ti legi.cum primam prod.Xv.Non decet illa legi
q̄ sunt contraria legi.De lege nāli uide in consciā
Lexis inte p̄tatur pausacō uel sermo.et iñ bar
barolexis ſ3 hug.Pap̄ uero dicit.Lexis grece lati
ne locucō.i.quelibet silla ul' uox que scribi deb3

Notum sit vniuersis pntes litteras inspecturis Quia
dioc pro repacōne ecclie Nuhusen̄ et ad opꝰ fabrice ipiꝰ intantū co
pro duodecim diebꝰ disponi possit Ideoq3 particeps Indulgenciaꝝ in
dñm nrm̄ pium papā scdm̄ cōcessaꝝ esse debebit videlicet qꝰ eligē po
mortis articulo ꝯfessorem ydoneum q̄ eum ab omibꝰ Sentencijs e
inquas nondū incidisse declaratꝰ est Necnō et ab omibꝰ crimibꝰ pcti
casibꝰ eciā sedi aplice reſuatis absoluē et plenariā remissionē aucte.
possit Sic tñ qꝰ satisfaciat si alicui p eū satisfactio impendēda sit Et si
vl' loco sexte ferie qñ aliunde in illa ieiunare tenetur alio die in sep
pietatis iuxta dictamen sui confessoris maxie ad fabricam dicte eccl
faciat Et in obediēcia sedis aplice ac p̄fati sctissimi dñi ñri pij pape
bulla dicti dñi pape pij plenius continetur In cuiꝰ testimoniū Sigillu
Reynhardū Epm ac Rudolphum decanū wormacien̄ pro hacInduI
a dicto dño pio sūmo pontifice est data facultas pñtibus est appen
Millesimoquadringentesimosexagesimoprimo

N° 18.

Habes hic amā- viij.
tissimū tui frēm eusebiū ·
qui litterar̄ tuarū michi grām
duplicauit: referēs honestatem
morū tuor̄ · contemptū sc̄li · fi
dem amicicie amorē xp̄i · Nam
prudenciā et uenustatē eloquij
eciam absq3 illo ip̄a ep̄la p̄fere-
bat · Festina queso te: et herētis
ī salo nauicule · funē magis p̄-
cide quā solue · Nemo renūcia-
tur⁹ seculo: bene potest uendere
que ꝯtempsit ut uenderet · Quic
q̄d de tuo ī sumpt⁹ tuleris: pro
lucro ꝯputa · Antiquū dictū ē
Auaro deest tam quod habet:
quā qd̄ non habet · Credēti tot⁹

a NIMADVERTI sepe Donate plurimos id existiare:
quod etiam nōnulli philosophoꝝ putauerunt: non irasci
deū. quoniam uel benefica sit tantūmodo natura diuina:
nec cuiq̄ nocere prestātissime atq̄ optīe congruat pōtati.
uel certe nil curet oīno. ut neq̄ ex beneficencia eius quicq̄

N° 20

T Rebatius familiaris meus ad me
scripsit te exquisisse quibus ī lo/
cis essē: molesteq̄ ferre q̄ me ꝑp/
ter ualitudinem tuā cū ad urbem
accesciss ē non uidisses: et hoc tē/

N° 21 et 22

C Ogitanti mihi sepe nu/
mero & memoria uetera repetenti perbeati fu
isse. Q. frater illi uideri solēt qui in optima
RE. PV: quom & honoribus & rerum ges
tarum gloria florerent eum uite cursum

N° 23

s I ipsa Resp. tibi narrare poss& quō sese haber&:
non facilius ex ea cognoscere posses: q̄ ex liberto
tuo Phania: ita est homo nō modo prudens: ueꝝ
etiā uir ęquus: & quod uidi curiosus. Quapropter
ille tibi omnia tibi explanabit: Id enim mihi & ad

N° 24

q Vant Je regarde et congnois les oppini
ons des hommes nourris en aucunes ſin
gulieres hiſtoires de troyes / Et voy et
regarde auſſi que de Icelle faire vng recueil Je Indigne ay receu le commande-
ment de tres noble et tres v̄tueux prince
Philippe par la grace faiſeur de toutes

N° 25

Miſiſti nuper ad me ſuauiſſimas Gaſpa-
rini pergamenſiſ epiſtolaſ, nō a te modo
diligent̄ emēdatas: ſed a tuis quoq; ger-
manis impreſſoribus nitide & terſe trā-
ſcriptas. Magnam tibi gratiā gaſparinus

N° 26

E VSEBIVM Pamphili de euangelica præparatione
latinum ex græco beatiſſime pater iuſſu tuo effeci.
Nam quom eum uirum tum eloquētia: tū multaꝶ
rerum peritia: et īgenii mirabili flumine ex his quæ
iam traducta ſunt præſtātiſſimum ſanctitas tua iu-
dicet: atq; ideo quæcūq; apud græcos ipſius opera
extēt latina facere īſtituerit: euangelicā præpationē
quæ in urbe forte reperta eſt: primum aggreſſi tra-

DE L'ORIGINE

ET DES DÉBUTS

DE L'IMPRIMERIE

EN EUROPE.

PREMIÈRE PARTIE.

DE L'INVENTION ET DES INVENTEURS DE L'IMPRIMERIE.

CHAPITRE PREMIER.

DES PREMIERS PRODUITS DE L'IMPRIMERIE.

Depuis bien longtemps déjà l'on disserte sur l'origine de l'imprimerie, sans qu'on ait pu s'entendre encore ni sur l'époque précise de cette invention, ni même sur la nation à laquelle en doit revenir l'honneur : c'est qu'en réalité ce n'est ni à une année ni à un peuple qu'elle appartient; elle est due au progrès de la civilisation, et toutes les générations ont apporté successivement leur contingent à la réalisation de cette précieuse industrie, devenue au xve siècle une véritable nécessité, et, par conséquent, l'objet des recherches directes de beaucoup de personnes. L'imprimerie était, en effet, indispensable à cette époque de renaissance générale, où tant d'esprits aspiraient à puiser aux sources de la science. Le christianisme, en renversant les barrières de l'esclavage, avait appelé peu à peu à la vie intellectuelle une masse innombrable d'individus, et pour satisfaire aux besoins moraux de ces hommes nouveaux, il fallait qu'un travail mécanique vînt suppléer aux mains trop lentes des scribes, qui ne pouvaient plus suffire déjà à la confection des livres nécessaires aux classes privilégiées. Plusieurs tentatives eurent lieu dans ce but : il n'y eut pas un seul inventeur de l'imprimerie, il y en eut cent peut-être, si l'on compte tous les arts divers qui contribuèrent à réaliser le *grand œuvre*, la véritable pierre philosophale. Aussi trouva-t-on presque vers le même temps trois genres d'impression différents : la xylographie ou impression sur planches de bois; la chalcographie ou impression sur planches de métal, soit au moyen de la gravure en relief, comme pour la xylographie, soit au moyen de la gravure en creux ou taille-douce; et la typographie ou impression au moyen de types mobiles, c'est-à-dire l'imprimerie proprement dite, qui fait seule l'objet de ce travail.

On a prétendu, dans ces derniers temps, faire dériver la typographie de la gravure sur métal[1]. Cette opinion me

[1] Voyez un article que M. de Laborde a publié dans l'*Artiste*, t. IV, (année 1839), p. 113, sous ce titre : *La plus ancienne gravure du cabinet des estampes de la Bibliothèque royale est-elle ancienne?*

paraît tout à fait dénuée de fondement. La gravure sur métal, qui était déjà connue des Romains, n'avait pas d'abord pour but l'impression en couleur, mais était destinée à marquer en creux, sur l'objet soumis à la pression, soit le chiffre, soit le signe qu'elle portait. Ce sont les gravures sur bois du XVe siècle qui ont révélé aux orfèvres le parti nouveau qu'ils pouvaient tirer de leur art. Ces derniers s'étaient contentés jusque-là de faire des épreuves de leur travail pour leur usage personnel : ils se mirent plus tard à graver pour l'imprimerie. La plus ancienne gravure sur métal datée qu'on connaisse est de 1454[1] : c'est un saint Bernard, dont l'exemplaire unique se trouve à la Bibliothèque nationale, département des imprimés[2]. Le département des estampes du même établissement possède beaucoup d'autres gravures de ce genre, mais non datées. Il existe des nielles d'une époque antérieure sans doute, témoin l'*Assomption* de Maso Finiguerra, gravée en 1452, et dont la Bibliothèque nationale possède une des précieuses épreuves ; mais ces pièces d'orfévrerie n'avaient pas été exécutées pour l'impression, et ce qui le prouve, c'est que la gravure était faite dans le sens droit, et aurait produit par conséquent une

[1] Il y a des gravures portant des dates plus anciennes, mais ces dates n'ont rien d'authentique. Voyez, entre autres, celle publiée en tête de la *Notice des monum. typogr. de la biblioth. de M. le comte Razomowski* [par M. Fischer], Moscou, 1810, in-8°, et qui porte la date de 1422.

[2] Elle a été reproduite plusieurs fois sur bois, sur cuivre et sur pierre ; on la voit particulièrement dans le travail de M. de Laborde cité à la note de la page précédente.

impression à rebours[1]; parce qu'il en a été fait quelques épreuves, peut-être longtemps après l'exécution des planches, ce n'est pas une raison pour les considérer comme le point de départ de l'imprimerie. Il y avait longtemps qu'on faisait des livres avec des planches en bois lorsqu'on s'est avisé de faire des estampes sur des plaques de plomb ou de cuivre. Ce dernier mode de gravure a conduit seulement à l'*impression en taille-douce*, c'est-à-dire en creux; car il est bon de faire remarquer que les premières impressions sur métal sont produites par la gravure en relief, comme dans la xylographie. Cette gravure de métal en relief, à laquelle on donne divers noms : *genre criblé, niellé*, etc., est facile à reconnaître à son aspect général, qui est plus noir que celui des gravures sur bois, malgré le soin qu'on a pris de *cribler* le fond de petits trous destinés à en adoucir la teinte, ce fond ne pouvant être évidé complétement. Le nom de *Bernardus Milnet*, qu'on lit au bas d'une de ces gravures représentant la sainte Vierge et l'enfant Jésus, a porté M. Duchesne[2], conservateur du cabinet des estampes à la Bibliothèque nationale, à attribuer à ce Bernard Milnet, qu'il croit Français, toutes les gravures en relief sur métal qu'on connaît; mais il est évidemment dans l'erreur sur ce dernier point, en admettant même que le nom de Milnet soit bien celui du graveur de

[1] C'est ce qui a lieu dans l'épreuve de l'*Assomption* de Maso Finiguerra; les quelques mots qui s'y trouvent sont imprimés à rebours.

[2] *Voyage d'un Iconophile*, p. 223, 383.

l'estampe en question; car il y a de grandes différences dans le dessin de ces diverses gravures, et il est facile de reconnaître qu'elles proviennent de plusieurs artistes.

Quoi qu'il en soit, l'impression sur planches de bois était certainement antérieure à l'impression sur métal. Nous avons la preuve qu'on imprimait déjà des cartes à jouer au XIVe siècle[1]. Quant aux images de saints, elles sont au moins du commencement du XVe, car on en possède plusieurs datées de cette époque. Je citerai particulièrement : 1° celle de 1418[2], qui a été trouvée à Malines en 1844, et a été acquise par la Bibliothèque royale de Bruxelles, au prix de cinq cents francs[3]; 2° le fameux saint Christophe de 1423, qui se trouve dans la bibliothèque de lord Spencer[4]; 3° le calendrier de 1439, de Jean de Gamundia. Il n'y a d'ailleurs rien d'extraordi-

[1] Voyez le travail de M. Leber, inséré dans les *Mémoires de la société des antiquaires de France*, t. XVI.

[2] Je ne parle pas ici d'une gravure portant la date de 1384, et qui se trouve dans la bibliothèque du Palais des arts à Lyon, parce que cette gravure est du XVIe siècle, comme l'indique le costume du personnage représenté. Il y a erreur dans un chiffre. (Cette gravure a été reproduite dans le *Catalogue par ordre alphabétique des bibliothèques du Palais des arts à Lyon*, par M. Monfalcon, bibliothécaire, in-fol. 1845, p. XXIV.)

[3] Feu M. de Reiffemberg en a plusieurs fois entretenu le public (*Bibliophile belge*, 1845, vol. I, p. 435). Quoique j'aie vu ce monument de mes propres yeux, je n'ose, attendu l'état dans lequel il se trouve et mon incompétence en fait d'art, me prononcer sur son authenticité.

[4] La Bibliothèque nationale de Paris en possède aussi un exemplaire, mais on lui conteste son *originalité* (voyez le travail de M. de Laborde cité à la note de la page 2). Il y en a également, dit-on, un exemplaire dans la bibliothèque publique de Bâle; mais je n'ai pu le voir lors de mon passage

naire à faire remonter la gravure sur bois au XIVe siècle, lorsqu'on voit que la fabrique des cartes et des images, qui était devenue un commerce important de la république de Venise, donna lieu à un décret du sénat de cette ville, en 1441, décret où nous trouvons déjà un mot (*stampido*) qui sert encore aujourd'hui à désigner l'impression typographique en vénitien[1].

On sait, au reste, qu'il y avait à Anvers, à Bruges, etc., dans la première moitié du XVe siècle, des corporations ou corps de métiers composés de calligraphes, d'enlu-

dans cette ville, par suite d'un manque de parole du bibliothécaire, qui depuis n'a fait aucune réponse à mes lettres.

[1] Voici les termes de ce décret, rapportés dans une lettre de Temanza au comte Algarotti (*Littere pittoriche*, t. V, p. 320, et Ottley, *An inquiry into the origin and early history of engraving upon copper and wood*, p. 48) :

« MCCCCXLI. a dì XI. otubrio. Conciosia che l'arte et mestier delle carte « e figure stampide che se fano in Venesia è vegnudo a total deffaction, e « questo sia per la gran quantità de carte da zugar e fegure depente stam« pide, le qual vien fate de fuora de Venezia, ala qual cosa è da meter re« medio, che i diti maestri, i quali sono assaii in fameja, habiano più presto « utilitade che i forestieri. Sia ordenado e statuido, come anchora i diti « maestri ne ha supplicado, che da mo in avanti non possa vegnir over « esser condutto in questa terra alcun lavorerio dela predicta arte, che sia « stampido o depento in tella o in carta, como sono anchone e carte da « zugare, e cadaun altro lavorerio dela so arte facto a penello e stampido, « soto pena di perdere i lavori condutti e liv. XXX. e sol. XII..... dela « qual pena pecuniaria un terzo sia del comun, un terzo di signori justi« tieri vechi ai quali questo sia comesso, e un terzo sia del accusador. Cum « questa tamen condition, che i maestri, i quali fanno de i predetti lavori « in questa terra, non possano vender i predetti suo lavori fuor delle sue « botege, sotto la pena preditta, salvo che de merchore a S. Polo, e da sa« bado a S. Marco, sotto la pena predetta..... »

mineurs, d'imprimeurs (*printers*), de relieurs, etc.[1]. L'abbé de Marolles possédait dans sa riche collection, qui est venue se fondre dans le cabinet des estampes de la Bibliothèque nationale[2], une gravure sur bois de cette époque, portant l'inscription suivante en flamand : *Gheprint t' Antwerpen by my Philery de figursnider*, c'est-à-dire, « imprimé à Anvers par moi Philery, graveur d'images. »

Ces premiers résultats conduisirent bientôt à l'impression des livres sur planches fixes. On connaît encore une dizaine d'ouvrages à gravures, avec texte explicatif sur planches de bois[3], antérieurs à l'imprimerie proprement dite, c'est-à-dire à la typographie. Ces ouvrages, dont il existe un grand nombre d'éditions différentes sans nom de lieu d'impression ni d'imprimeur, et sans date, étaient destinés à apprendre d'une manière sensible, au vulgaire, les préceptes des livres saints : c'était une sorte de résumé de ces livres, trop rares et trop coûteux alors

[1] *Mémoires de l'académie de Bruxelles*, t. I, p. 515. — *Esprit des journaux*, juin 1779, p. 246. — Lambinet, *Origine de l'imprimerie*, t. I, p. 247.

[2] Cette pièce est citée par plusieurs auteurs du XVIIIe siècle, et, entre autres, par Heinecke, *Idée générale d'une collection d'estampes*, p. 197; mais on n'a pu me la montrer au cabinet des estampes.

[3] Heinecke, *Idée générale*, etc. p. 292 et suiv. — Ottley, *An inquiry*, etc. p. 111 et suiv. — Daunou, *Analyse des opinions diverses sur l'imprimerie*, p. 5 et suivantes. (Ce travail a été réimprimé par Lambinet, à la fin du tome I de son livre intitulé *Origine de l'imprimerie*.) — Falkenstein, *Geschichte der Buchdruckerkunst*, etc. (*Hist. de l'imprimerie*, Leipsick, in-4°, 1840), p. 19-60. Ce dernier ouvrage renferme la liste la plus complète; il donne la description de plus de trente ouvrages xylographiques avec ou sans texte.

pour que la masse du peuple pût se les procurer en manuscrit.

Les ouvrages xylographiques étaient exécutés dans différentes villes d'Allemagne et des Pays-Bas, qui conservèrent longtemps le monopole de cette industrie. Leur procédé d'exécution était celui du frotton, qu'emploient encore les cartiers[1], c'est-à-dire que l'impression était produite à l'aide d'un frottement opéré sur la feuille de papier, du côté opposé à celui qui était appliqué sur la planche. Cette circonstance explique pourquoi tous ces livres ne sont imprimés que d'un seul côté : 1° le frotton nécessitait l'emploi d'une matière particulière, huile, savon ou autre, qui lui permît de glisser sur la feuille de papier sans la déranger, et cette matière mettait ensuite obstacle à l'impression sur le verso, en s'opposant à l'adhérence de l'encre; 2° en admettant que l'encre eût pu adhérer au verso, le frottement du recto, déjà imprimé, frottement nécessaire pour opérer l'impression sur le côté opposé de la feuille de papier, aurait effacé l'empreinte existante sur ce recto. La *retiration*, pour me

[1] Les cartiers emploient deux modes différents d'impression, s'il est permis de se servir de ce mot pour désigner leurs travaux : le premier consiste à appliquer la couleur sur le papier au moyen d'une brosse qu'on promène sur une feuille de carton ou de métal découpée à certains endroits; l'autre a beaucoup plus de rapport avec l'imprimerie proprement dite, puisqu'il exige une planche gravée : on pose la feuille de papier sur cette planche, qu'on a préalablement enduite d'encre à la détrempe, et l'on promène sur le verso un tampon de drap qu'on appelle *frotton*, et qui est lui-même enduit d'un corps gras destiné à faciliter l'opération, c'est-à-dire à empêcher que le frotton ne dérange la feuille.

servir du terme technique, n'étant pas possible, on en était alors réduit à coller les feuilles dos à dos par le côté resté en blanc.

Ce sont ces livres informes qui ont conduit à l'imprimerie typographique. Combien d'essais furent tentés pour simplifier le travail du graveur, le plus coûteux et le plus lent de tous ceux auxquels l'imprimerie xylographique était assujettie ! Il est plus facile de le concevoir par l'imagination que de le dire. La première idée qui dut se présenter à l'esprit fut sans doute celle d'utiliser les lettres gravées sur une planche devenue inutile, en les détachant les unes des autres à l'aide de la scie, ou tout au moins d'en graver sur des morceaux de bois découpés à l'avance, afin de pouvoir s'en servir plusieurs fois. Mais ce procédé ne pouvait réussir. Les caractères d'imprimerie demandent une telle précision dans leur *force* et dans leur *hauteur*, qu'il n'est pas admissible qu'on ait pu imprimer avec ces petits cubes de bois. Il eût été impossible de les *justifier* sans un travail immense, qui aurait coûté certainement beaucoup plus que la gravure d'un grand nombre de planches. L'emploi de pareils caractères aurait été d'autant plus difficile à cette époque, qu'on ignorait l'usage des *interlignes* [1], et qu'on n'eût pu *serrer* une page composée de la sorte.

A la vérité, on suppose que les interlignes étaient suppléées alors par un fil de fer qui traversait toutes les

[1] On donne ce nom à de petites lames de métal, de longueur et d'épaisseur variables, qui se placent entre les lignes.

lettres, et les maintenait dans la direction exacte : on cite même des caractères ainsi perforés qui auraient existé à Mayence jusque dans ces derniers temps... Je ne mets pas en doute l'existence de ces caractères, dont je n'ai pu cependant retrouver à Mayence aucun échantillon[1]; mais ils ne prouveraient pas, suivant moi, qu'on ait imprimé avec des lettres mobiles de bois; ils démontreraient seulement qu'on fit de nombreux essais pour utiliser cette sorte de caractères. Je dis plus, c'est que ces trous pratiqués dans les lettres de bois auraient été une nouvelle difficulté, bien loin d'être une amélioration; car, pour être utiles, ils devaient être précisément de la grosseur du fil de fer destiné à y passer, et par conséquent mathématiquement à la même hauteur : or cette précision était impossible avec une matière aussi impressionnable que le bois, l'humidité et la sécheresse le faisant varier de mille manières.

Mais à quoi bon discuter un pareil système? il suffit d'avoir vu serrer une *forme* pour comprendre que l'em-

[1] Voyez les détails que donne à ce sujet, sur la foi de Bodmann, M. Fischer, *Essai sur les monuments typographiques de Gutenberg*, page 39. J'ai quelque raison pourtant de me méfier de cette tradition. Ces prétendus caractères primitifs étaient peut-être des essais modernes. Lors de mon passage à Mayence, en 1850, je priai M. Wetter, auteur d'une Histoire de l'imprimerie, de me faire voir les caractères de bois qu'il a fait graver pour la planche I de son livre; il eut l'obligeance de me conduire chez son imprimeur, dans l'atelier duquel il les avait laissés; mais le prote nous apprit qu'ils avaient été volés. Peut-être un jour quelque naïf Allemand, les trouvant parmi les reliques du voleur, nous les donnera pour les caractères de Gutenberg. Voilà comment s'établissent trop souvent les traditions.

ploi du fil de fer n'était pas possible : lorsqu'on aurait pressé la page dans le *châssis*, ce fil de fer, d'abord trop court pour enfiler toutes les lettres non serrées, serait devenu trop long ensuite, et, ne pouvant se loger, aurait dérangé toute l'harmonie de la *composition* [1]. Laissons de côté ces hypothèses, dont on pourrait remplir plusieurs volumes sans rien apprendre au lecteur. Qui saurait dire, en effet, maintenant tous les essais qui ont été tentés [2] ?

En définitive, je soutiens que les caractères mobiles de bois n'ont pas été employés à l'impression de tout un livre, car on n'aurait pu parvenir à les aligner, et alignés, à les *tirer*. Ils n'auraient pas d'ailleurs atteint le but qu'on cherchait, car ils n'auraient pu servir deux fois : les circonstances de l'impression, et surtout le *lavage* de la forme après cette opération, auraient détruit toute l'harmonie de cette multitude de petits morceaux de

[1] Quelques personnes ont pensé, avec plus d'apparence de raison, que le trou pratiqué dans certains caractères aurait servi uniquement à enfiler les lettres à mesure qu'on les prenait dans la *casse*, pour composer la ligne. Dans ce cas, le fil de fer, enlevé lorsque la ligne aurait été dans la *galée*, aurait tenu lieu d'abord de *composteur*.

[2] Meerman (*Orig. typogr.* t. I, p. 32) mentionne des caractères en argile fabriqués dans des moules au XVIIIe siècle : cela prouve-t-il qu'il y a eu des livres imprimés avec des caractères d'argile ? J'ai imprimé moi-même des affiches qui devaient être tirées à un très-petit nombre d'exemplaires en collant tout simplement les lettres à la distance voulue sur le *marbre* de la presse, pour m'éviter la peine de justifier les lignes et de les serrer dans un châssis : en conclura-t-on qu'il a été fait des livres de cette manière ?

bois, l'eau opérant de diverses manières sur chacun d'eux. Dans tous les cas, je nie positivement qu'il existe aujourd'hui des livres imprimés en caractères mobiles de bois. Je prouverai plus loin que ceux que Fournier et d'autres[1] ont pris pour tels ont été exécutés avec des lettres de métal fondu. Quand je dis qu'il n'existe pas de livres imprimés avec des lettres mobiles de bois, il est bien entendu que je veux parler du texte en petit caractère courant, et non des grosses lettres, pour lesquelles le bois est encore de nos jours employé fort utilement.

Au reste, comme il est inutile de se battre contre des moulins à vent, je pose résolument ce dilemme aux partisans encore nombreux des caractères en bois : ou il n'y a pas, ou il y a des livres imprimés ainsi. S'il n'y en a pas, sur quoi se fonde-t-on pour dire qu'il y en a eu? s'il y en a, qu'on me les montre, et je me fais fort de prouver qu'ils sont en planches fixes ou en caractères mobiles de métal. Cela dit, j'entre en matière.

Les lettres d'indulgences de 1454, que je décrirai longuement plus loin, peuvent prouver indirectement que les caractères de métal fondu avaient été employés plusieurs années auparavant; un autre monument, non moins célèbre, et beaucoup plus curieux encore, nous en fournit la preuve positive : je veux parler des premières éditions connues du *Speculum humanæ salvationis*.

[1] Fournier, *De l'origine de l'imprimerie*, IIIe partie, p. 150 et suivantes. — Meerman, *Orig. typogr.* t. I, chap. V. — Van Praet, *Catal. des vélins de la Biblioth. du roi*, Belles-lettres, n° 12.

Ce livre, qui a déjà été l'objet d'un grand nombre de dissertations, et qui les mérite à tous égards, va nous donner le moyen de démontrer que la typographie est plus ancienne qu'on ne le croit généralement. C'est par là que nous commencerons nos investigations pratiques sur l'imprimerie.

Comme base de la discussion, je crois devoir donner ici une description détaillée des éditions anonymes du *Speculum*, non pas au point de vue littéraire, qui nous importe peu, et qui a déjà été traité d'ailleurs d'une manière fort complète par mon confrère et ami Jean-Marie Guichard [1], mais au point de vue purement typographique. Dans l'impossibilité où je suis d'assigner à ces éditions un rang chronologique précis, je les désignerai par les premières lettres de l'alphabet. On voudra bien me pardonner des répétitions indispensables pour la clarté des explications, et surtout les termes techniques que je serai obligé d'employer pour éviter l'obscurité des périphrases. Je suppose mes lecteurs initiés aux premiers éléments de l'art, condition nécessaire pour bien comprendre une dissertation sur ce sujet.

Voici la liste des éditions du *Speculum* qui nous intéressent; elles sont toutes in-folio :

A. Édition latine ayant soixante-trois feuillets imprimés d'un seul côté du papier, plus un feuillet entière-

[1] *Notice sur le Speculum humanæ salvationis*, in-8°, Paris, 1840. Voyez aussi Ottley, *An inquiry*, etc. p. 153 et suiv. et Heinecke, *Idée générale*, etc. p. 432 et suiv.

ment blanc en tête du livre. Ce feuillet manque dans quelques exemplaires, mais il doit exister dans ceux qui sont complets. Ces soixante-quatre feuillets, ou plutôt ces trente-deux feuilles, sont divisés en cinq cahiers : le premier de trois feuilles, les trois suivants de sept, et le dernier de huit. La préface, qui est en vers comme le reste du livre, occupe les cinq derniers feuillets du premier cahier; elle est disposée sur une seule colonne remplissant toute la page, sauf l'espace vacant laissé au bout des lignes par suite de leur inégalité poétique. Les cinquante-huit feuillets suivants contiennent le corps de l'ouvrage, et ont deux colonnes à la page. En tête de chaque page du texte proprement dit se trouve une gravure en bois. Chaque gravure est divisée en deux compartiments, séparés l'un de l'autre par un pilier perpendiculaire de forme gothique. Au bas de chaque compartiment est une ligne de texte en latin, gravée sur le bois même, indiquant le sujet représenté, et servant de titre au texte qui suit[1]. On trouve aussi çà et là des rouleaux[2] mêlés aux personnages, et portant des inscriptions latines. Au bas de chaque colonne de texte est l'indication du livre auquel ce texte est emprunté. Chaque vers, ou plutôt chaque ligne, commence par une majuscule ou capitale. On ne trouve dans tout le livre aucun autre

[1] Le graveur a fait quelques transpositions sans importance.

[2] On appelle *rouleaux* des espèces de banderoles qui sortent de la bouche ou des mains des personnages, et sur lesquelles se trouvent quelques mots analogues au sujet représenté.

signe de ponctuation que le point, qui n'est même pas très-fréquent. Caractère gothique de la force du *saint-augustin* (quatorze points typographiques), mais avec l'œil très-compacte, équivalant à celui d'un *gros-romain gras*. Aucune indication d'année, de ville, ni d'imprimeur; point de titre, folio, signature, ni réclame. La préface et la majeure partie du texte sont imprimés en caractères mobiles de métal fondu, comme je le démontrerai plus loin; mais il y a dans cette édition vingt pages de texte en planches xylographiques, semées comme au hasard dans les quatre derniers cahiers[1], avec cette circonstance toutefois qu'elles sont toutes accouplées deux à deux sur la même feuille, ainsi que les pages en caractères mobiles[2]. Cet arrangement est rendu évident par certains accidents de l'impression : ainsi, les gravures ayant été tirées avec une encre plus pâle que celle employée pour les caractères mobiles, et par un procédé différent, il en

[1] Le premier qui n'a point de gravure, est tout entier en caractères mobiles.

[2] Afin de rendre ma description plus claire aux gens de l'art, je donne ci-dessous la disposition des pages par forme et par cahier, telle qu'elle se trouve dans l'édition *A*. On va voir qu'elle demandait une certaine combinaison typographique. Je mets en italique les chiffres des pages xylographiques.

1er cahier (6 feuillets, et non 5) : blanche-5, 1-4, 2-3.

2e cahier (14 f.) : *6-19*, *7-18*, 8-17, *9-16*, *10-15*, *11-14*, *12-13*.

3e cahier (14 f.) : 20-33, *21-32*, *22-31*, 23-30, 24-29, 25-28, *26-27*.

4e cahier (14 f.) : 34-47, 35-46, 36-45, 37-44, 38-43, 39-42, 40-41.

5e cahier (16 f.) : 48-63, 49-62, 50-61, *51-60*, 52-59, 53-58, 54-57, 55-56.

est résulté quelquefois désaccord entre les deux parties de la page (comme cela arrive encore fort souvent aujourd'hui lorsqu'on fait imprimer une planche en taille-douce au bas d'un texte typographique); eh bien, ce désaccord est toujours le même pour les deux pages qui composent une forme. Les textes xylographiques ont été tirés en même temps que la gravure, avec la même encre et par le même procédé, celui du frotton du cartier; mais les pages en caractères mobiles ont bien certainement été tirées à la presse, comme je le démontrerai plus loin.

On connaît une dizaine d'exemplaires de cette édition. Il y en a deux à la Bibliothèque nationale de Paris. Le plus intéressant est celui de l'ancien fonds, coté A 1866; il est intact, et possède par conséquent le feuillet blanc dont j'ai parlé plus haut. Le second provient de la bibliothèque de la Sorbonne, dont il porte encore le timbre[1]. Tous les feuillets de ce volume ont été *remontés* par le relieur, qui en a retranché le feuillet blanc : il offre donc moins d'intérêt que le précédent, au point de vue typographique[2].

[1] Il fut trouvé un jour sur les tables d'un étalagiste du quai de la Tournelle par Chevillier, auteur de l'*Origine de l'imprimerie de Paris*, qui l'acheta et en fit présent à la Sorbonne, dont il était le bibliothécaire. Cet exemplaire passa en 1792 à la Bibliothèque nationale avec tous les autres livres de ce célèbre collége, dont j'aurai occasion de reparler longuement dans la seconde partie de ce travail.

[2] Il y avait un troisième exemplaire de cette édition à Paris au milieu du XVIIIe siècle; il était en la possession de M. de Cotte, et a été décrit par Fournier, *De l'origine de l'imprimerie*, p. 153 et suivantes. Il est passé à

B. Édition latine, en tout conforme à la précédente, sauf en ce qui concerne les pages xylographiques, qui ont été remplacées par des pages en caractères mobiles. Du reste, mêmes gravures, même caractère, même papier, même mode d'impression, c'est-à-dire le frotton pour les planches, et la presse pour les textes.

Cette édition est assez rare : on n'en connaît que cinq exemplaires, dont deux seuls sont complets : 1° celui qui se trouve dans la Bibliothèque impériale à Vienne, et qui provient des Célestins de Paris : il a été longuement décrit par Fournier[1] ; 2° celui qui est dans la bibliothèque du palais Pitti, à Florence, décrit par M. Noordziek[2]. Les trois incomplets sont : 1° celui de l'hôtel de ville de Haarlem, auquel il manque la préface ; 2° celui de la bibliothèque du roi de Hanovre, qui n'a que quarante-quatre feuillets ; 3° celui de la Bibliothèque royale de Bruxelles, incomplet de cinq feuillets, et qui provient du bibliophile Van Hulthem, de Hollande[3].

C. Édition en hollandais : c'est une traduction en prose. Cette édition ne diffère, typographiquement parlant, de l'édition précédente, que par la disposition du

l'étranger, aussi bien qu'un exemplaire d'une autre édition qui se trouvait au couvent des Célestins, et dont nous disons un mot plus loin.

[1] *De l'origine de l'imprimerie*, p. 161. Pour prouver que les pages en caractères mobiles des éditions *A* et *B* sont bien de deux éditions différentes, Meerman a reproduit les notes de Fournier, *Orig. typ.* t. I, p. 124.

[2] Préface de la traduction française de l'ouvrage de M. de Vries, intitulé : *Arguments des Allemands*, etc. in-8°, la Haye, 1845.

[3] *Bibliotheca Hulthemiana*, 1836, t. I, p. 19, n° 192.

premier cahier, qui n'a que quatre pages[1], c'est-à-dire deux feuilles au lieu de trois. Le nombre des feuillets du livre entier est ainsi réduit à soixante-deux, soit trente et une feuilles. Du reste, même mode d'impression, mêmes gravures, même caractère, sauf deux pages, 49 et 60[2], c'est-à-dire une feuille, qui sont en caractère un peu plus petit. Une circonstance digne de remarque, c'est que ces deux pages, qui diffèrent des autres du même volume pour l'*œil* et la *force* du caractère, diffèrent aussi entre elles, quant à l'arrangement typographique, dans les divers exemplaires qu'on possède de cette édition. Ainsi Meerman a constaté plusieurs différences importantes[3] dans ces deux pages seulement entre deux exemplaires de ce livre, l'un qui était à lui, l'autre qui appartenait à M. Enschedé, imprimeur célèbre de Haarlem, dont la famille exerce encore cette profession dans la même ville[4]. Il est bon de noter en outre que dans cette édition, qui est en prose, ainsi que je l'ai dit déjà, on ne retrouve pas, comme dans les précédentes, qui sont en vers, des capitales au commencement de chaque ligne. On a suivi l'usage actuel, qui ne les admet qu'au commencement des phrases.

[1] Trois de préface ou *proœmium* et une de table.

[2] Je compte toujours dans la pagination les feuillets du *proœmium*, que beaucoup de bibliographes laissent en dehors dans leurs appréciations.

[3] *Orig. typogr.* t. I, p. 121, note *cl.*

[4] Outre leur établissement typographique, qui est considérable, MM. Enschedé ont conservé et accru le petit musée bibliographique fondé par leur aïeul.

On connaît une dizaine d'exemplaires de cette édition, ou du moins qu'on regarde comme lui appartenant; car on peut voir, par ce qui précède, qu'il y a eu probablement plusieurs tirages différents. Presque tous ces exemplaires sont en Hollande [1].

D. Édition hollandaise, conforme à la précédente quant à la disposition générale, mais différente par le caractère, qui est plus petit, quoique ayant la même forme que celui des éditions *A*, *B*, *C*. Meerman [2] dit que vingt lignes de l'édition *D* occupent l'espace de dix-neuf lignes des éditions précédentes, ou du moins de l'édition *B*, la seule qui soit homogène. Ottley [3] conteste l'exactitude de ce renseignement, en se fondant sur l'aspect tout à fait analogue des caractères des deux éditions, à en juger par les spécimens donnés par Meerman lui-même; mais ce mode d'appréciation est bien imparfait. Koning [4] a constaté dans quelques lettres, ainsi que nous le verrons plus loin, des différences qui ne permettent pas de croire que ce soit le même caractère. Il est certain que cette édition est très-défectueuse; c'est ce qui a porté plusieurs auteurs [5] à la considérer comme la première de toutes.

On ne connaît que trois exemplaires [6] de l'édition *D*,

[1] Heinecke, *Idée générale*, etc. p. 456.

[2] *Orig. typogr.* t. I, p. 120.

[3] *An inquiry*, etc. p. 216.

[4] *Dissertation sur l'origine de l'imprimerie*, p. 4.

[5] Meerman, *Orig. typogr.* t. I, p. 118 et suiv.

[6] Pour cette édition, comme pour les précédentes, je n'ai pas cru devoir mentionner les feuillets isolés possédés par quelques personnes.

et ils sont tous trois incomplets : le premier est à l'hôtel de ville de Haarlem, le second dans la bibliothèque publique de la même ville, et le troisième dans la bibliothèque communale de Lille. Ce dernier, qui n'a encore été décrit nulle part [1], réclame une mention particulière, à cause des deux feuillets opisthographes, c'est-à-dire imprimés des deux côtés, qu'il renferme. Il est vrai que cette circonstance est plutôt un défaut qu'une qualité; car non-seulement les pages ainsi *retirées* ne correspondent pas avec les autres pages de la feuille, et ne sont pas accompagnées des gravures, mais encore elles ressemblent plutôt à une maculature qu'à une impression réelle. Toutefois ces feuillets opisthographes, les seuls qui existent dans les diverses éditions du *Speculum*, ont acquis trop de célébrité parmi les bibliophiles qui se sont occupés de ce livre pour que je puisse me dispenser d'en dire un mot.

Voici la description de ce curieux volume, que j'ai

[1] Je me trompais : M. Em. Gachet en a donné une description dans le *Compte rendu des séances de la Commission royale d'histoire de Belgique*, t. VI, p. 231 (Bruxelles, 1843); mais comme ce document, que j'ai sous les yeux, est écrit à un point de vue différent du mien, je ne crois pas devoir supprimer les détails que je donne ici; j'emprunterai seulement les lignes suivantes à M. Gachet : « L'encre des gravures est d'un gris jaune ou noir de fumée; celle du texte est fort noire...; dans le texte, les lettres sont dérangées et disjointes presque partout, ce qui ne laisse pas de doute sur la mobilité des caractères. L'exemplaire indique même que les lettres étaient *taillées en bois*. Il y a des endroits où l'on voit qu'elles étaient écrasées, et alors l'impression est tout embrouillée. » Il est inutile, je pense, de réfuter en détail l'erreur que renferment ces dernières lignes. Le fait

pu étudier à mon aise à Lille, grâce à l'obligeance du bibliothécaire, M. Semet.

Comme tous les exemplaires des éditions hollandaises, le volume de Lille commence par le côté blanc de la première feuille, puis viennent deux pages imprimées en regard l'une de l'autre, et ayant, la première, trente et une lignes; la seconde, trente; ensuite les deux pages du milieu du cahier, qui sont blanches; puis deux pages imprimées en regard, ayant, la première, trente; la seconde, trente-deux lignes. Le cahier finit naturellement, comme il a commencé, par une page blanche : en tout, pour ce cahier, qui contient le *procœmium* et la table, quatre pages blanches et quatre imprimées. Le cahier suivant, où commence le texte, débute de même par une page blanche, puis deux pages imprimées [1] en regard, etc. Chaque cahier commence et finit ainsi par une page blanche [2]. Pour ce qui est des quatre cahiers du texte,

que M. Gachet cite comme une preuve que les caractères sont en bois prouve le contraire. Il n'est pas une personne initiée aux éléments de l'art qui ne sache que le bois ne *s'écrase* pas à l'impression.

[1] Presque toutes les colonnes du texte ont vingt-six lignes : quelques-unes cependant n'en ont que vingt-cinq ou vingt-quatre.

[2] Voici la disposition typographique de chaque forme par cahier dans les exemplaires complets des éditions hollandaises :

1er cahier (4 feuillets) : 1-4, 2-3.

2e cahier (14 f.) : 5-18, 6-17, 7-16, 8-15, 9-14, 10-13, 11-12.

3e cahier (14 f.) : 19-32, 20-31, 21-30, 22-29, 23-28, 24-27, 25-26.

4e cahier (14 f.) : 33-46, 34-45, 35-44, 36-43, 37-42, 38-41, 39-40.

5e cahier (16 f.) : 47-62, 48-61, 49-60, 50-59, 51-58, 52-57, 53-56, 54-55.

Maintenant, si l'on fait abstraction des pages de l'avant-propos, c'estl'ordre est le même ici que dans les éditions latines. Celles-ci ne diffèrent des éditions hollandaises que par la disposition du premier cahier, renfermant le *proœmium*, qui a exigé une page de plus, à cause de sa forme poétique [1]. Toutefois l'ordre naturel des troisième et quatrième cahiers a été un peu dérangé dans l'exemplaire de Lille, par suite de la perte d'une feuille ou de deux pages, la trente-troisième et la quarante-sixième [2]. Par une singularité dont il est difficile de se rendre compte, cette feuille manquante, qui est la première du quatrième cahier, a été remplacée par la septième (celle du milieu) du troisième, renfermant les pages 25-26, sur le revers desquelles on a imprimé en *retiration* [3] le texte de la première feuille du cinquième cahier, renfermant les pages 47-62. Ces deux dernières pages font double

à-dire du premier cahier, et si l'on ne compte que par numéro des gravures, qui sont au nombre de 58, voici l'ordre d'*imposition* dans toutes les éditions tant hollandaises que latines :

2° cahier : 1-14, 2-13, 3-12, 4-11, 5-10, 6-9, 7-8.

3° cahier : 15-28, 16-27, 17-26, 18-25, 19-24, 20-23, 21-22.

4° cahier : 29-42, 30-41, 31-40, 32-39, 33-38, 34-37, 35-36.

5° cahier : 43-58, 44-57, 45-56, 46-55, 47-54, 48-53, 49-52, 50-51.

[1] Comme je l'ai dit, les éditions latines commencent par un feuillet tout entier blanc, puis vient la première page du *proœmium*, suivie de deux pages blanches, de deux pages imprimées, de deux autres pages blanches, de deux pages imprimées, et enfin d'une page blanche en regard de la première page, blanche aussi, du cahier suivant.

[2] D'après Koning (*Dissert. sur l'orig. de l'impr.* p. 69), M. Van Westphalen possédait le feuillet 46.

[3] Je me sers de ce mot faute d'autre, car ce n'est pas là une véritable *retiration*.

emploi, car elles sont encore à leur place dans le cinquième cahier. La troisième feuille du deuxième cahier, contenant les pages 8-15, se compose de deux parties distinctes, le texte et les gravures, qui sont sur deux bandes de papier ajustées ensemble. La cinquième feuille du troisième cahier présente la même circonstance [1]. On a écrit à la main, dans le rouleau de la gravure de la dernière page, les mots : *Mane thecel phares.* Le volume est relié en parchemin. Sur le plat de la couverture sont imprimées à froid les armoiries de la ville de Haarlem (un glaive, la pointe en haut, surmonté d'une croisette, et accompagné de quatre étoiles, deux de chaque côté; légende : VICIT. VIM. VIRTVS.). Le dos porte ce titre manuscrit en hollandais, d'une écriture du XVIe siècle : « Spiegel der behoudenis sijnde het eerste van Lauris « Koster vinder der druckerij gedruckt binnen Haerlem « ontrent a. 1440. » (Miroir du salut, le premier de Laurent Koster, inventeur de la typographie, imprimé à Haarlem vers l'an 1440.) On a ajouté entre le second et le troisième feuillet, c'est-à-dire au milieu du premier

[1] L'exemplaire en hollandais de l'hôtel de ville de Haarlem, et l'exemplaire en latin de la bibliothèque du palais Pitti, à Florence, offrent des particularités semblables. Ceci démontre que lorsque, par une circonstance quelconque, l'impression du texte ne pouvait avoir lieu sur une feuille, ou avait été manquée, pour ne pas perdre le tirage des gravures, on coupait la portion où elles se trouvaient, et on la collait à une autre bande de papier destinée à recevoir le texte. C'est pourquoi on voit sur le bas des bandes qui ont les gravures la trace du foulage des caractères : preuve incontestable qu'on imprimait les gravures avant le texte.

cahier, un portrait de Laurent Coster, gravé par J. Van Velde, d'après J. Van Campen, avec ces mots imprimés en haut : « Laurentius Costerus Harlemensis, primus ar-« tis typographicæ inventor, circa annum 1440. » Et au bas ces vers :

Vana quid archetypos et præla, Maguntia, jactas?
Harlemi archetypos prælaque nata scias.
Extulit hic, monstrante Deo, Laurentius artem;
Dissimulare virum hunc, dissimulare Deum est.

P. SCRIVERIUS.

D'après tous ces détails, on voit que cet exemplaire curieux est celui dont parle Scriverius [1], comme appartenant à Van Campen, et que Heinecke [2] et Meerman [3] croyaient vaguement avoir été acheté par l'empereur de Russie. J'ignore comment ce volume est devenu la propriété de la ville de Lille; mais il est certain qu'il n'y a point en Russie [4] d'exemplaire imprimé du *Speculum*.

Si nous nous en tenons rigoureusement à la classification adoptée pour les exemplaires connus du *Speculum*, le nombre des éditions anonymes de ce livre se réduit

[1] *Laure-Crans*, p. 105. (Voyez dans Wolf, *Monum. typogr.* t. I, p. 418.)

[2] *Idée générale*, etc. p. 455.

[3] *Orig. typogr.* t. I, p. 117, note *bx*.

[4] Je tiens ce détail de M. Noordziek, qui s'est assuré du fait en écrivant directement à Saint-Pétersbourg. Ce savant a bien voulu me communiquer, lors de mon séjour à la Haye, le manuscrit d'un mémoire qu'il se disposait à publier sur ce sujet. Je fais des vœux pour qu'il fasse un jour un travail complet sur les éditions anonymes du *Speculum* : personne n'est mieux que lui en état d'éclaircir ce sujet, auquel il est particulièrement intéressé comme Hollandais.

à quatre, comme on a pu le voir; mais si l'on étudie avec soin les différents volumes, on voit que ce nombre pourrait être porté à six ou sept. En effet, on peut penser que les pages xylographiques de l'édition *A* proviennent d'une édition antérieure, tout entière en planches fixes, qui auraient servi longtemps avant d'être mises au rebut. Cela admis, nous aurions l'indication de trois éditions latines. Quant aux éditions hollandaises, si l'on tient compte des différences de *caractère* et de *composition*, on peut en porter le nombre à quatre : 1° l'édition *C;* 2° l'édition dont faisaient partie les pages 49-60 de l'exemplaire de Meerman[1]; 3° celle dont faisaient partie les mêmes pages de l'exemplaire de M. Enschedé[2]; 4° enfin l'édition *D*. Total : sept. Et ce n'est pas tout probablement. On ne saurait se figurer combien de livres des premiers temps ont disparu sans laisser de trace. Le fait, au reste, ne paraît pas extraordinaire, lorsqu'on songe que les premiers livres exécutés par l'imprimerie étaient ceux dont le débit était le plus facile, et par conséquent les plus *usuels*. Ceux que nous possédons avaient été imprimés si souvent, et en si grand nombre, qu'il est tout naturel qu'il en soit resté quelques-uns, fort faciles à compter, d'ailleurs. Leur caractère particulier les a fait rechercher de bonne heure par les érudits, et depuis ils ne sont pas sortis des bibliothèques[3].

[1] Meerman, *Orig. typogr.* t. I, p. 121, note *cl.* (Voy. ci-dessus, p. 18.)

[2] *Id. ibid.*

[3] Je puis citer à l'appui de mon opinion sur la disparition des pre-

Quoi qu'il en soit, nous sommes certains de quatre éditions anonymes du *Speculum* : cela nous suffit. Chacun des auteurs qui ont parlé de ce livre a présenté un système particulier pour le classement chronologique de ces éditions. Voici l'ordre adopté par les principaux :

	MEERMAN.	HEINECKE.	OTTLEY.	KONING.
1re édition.....	*D.*	*A.*	*B.*	*D.*
2e...........	*A.*	*B.*	*C.*	*B.*
3e...........	*B.*	*D.*	*A.*	*C.*
4e...........	*C.*	*C.*	*D.*	*A.*

Les raisons alléguées en faveur de ces différents systèmes me semblent fort contestables. Ainsi Meerman est évidemment dans l'erreur lorsqu'il place en premier lieu une édition hollandaise : tous les mots gravés sur les planches sont en latin, et il n'est pas probable qu'on ait débuté par un texte différant des planches quant à la langue ; il est d'ailleurs bien plus naturel d'admettre qu'on s'occupa d'abord des éditions d'un débit général, avant de songer à celles d'un débit restreint. D'un autre côté, le système d'Ottley, qui relègue au troisième rang l'édi-

miers produits de la typographie un exemple bien plus extraordinaire. On ne connaît pas aujourd'hui un seul exemplaire de la première édition du premier volume de l'*Astrée* d'Honoré d'Urfé, imprimé vers 1609, quoique ce livre, tout littéraire, et tiré à un grand nombre d'exemplaires, ait eu beaucoup plus de chances que tout autre d'être conservé dans les bibliothèques.

tion *A*, est-il plus solide? Je ne le pense pas. Cet auteur a basé, dit-il, son système sur l'état des gravures, et sur le nombre et l'étendue des cassures qu'il y a remarquées. Personne ne serait plus disposé que moi à accueillir ce genre de preuves, s'il s'agissait de juger d'une impression faite de nos jours et dans des conditions normales; mais je ne crois pas qu'il puisse être appliqué rigoureusement aux éditions du *Speculum*, d'abord parce que les exemplaires de chaque édition sont en trop petit nombre et trop éloignés les uns des autres pour qu'on puisse en faire une comparaison sérieuse [1], et ensuite parce que ce livre a été imprimé par des procédés et des instruments si défectueux, qu'il est impossible de tirer une conclusion positive des imperfections qu'on y trouve. D'ailleurs, je ferai remarquer qu'Ottley lui-même, qui n'a opéré cependant que sur deux ou trois exemplaires et *par correspondance*, a rencontré dans son appréciation des difficultés insolubles [2]. Les observations que j'ai faites de mon côté m'ont démontré l'incertitude de ses don-

[1] La Hollande est le seul pays où l'on puisse étudier le *Speculum*, parce que c'est le seul où l'on puisse comparer les éditions entre elles. Je me rappelle avoir vu à la Haye, dans la bibliothèque de feu M. Westreenen de Tiellandt, qui sera bientôt ouverte au public grâce à la libéralité de ce savant généreux, un exemplaire plus ou moins complet de chacune des quatre éditions que j'ai décrites. On a peine à se figurer qu'il ait été possible de nos jours de réunir un pareil trésor... et ce n'est pas la seule richesse du merveilleux musée typographique de M. de Tiellandt, et la Haye n'est qu'à quelques lieues de Haarlem, où l'on trouve également trois ou quatre exemplaires du *Speculum* !...

[2] Voyez ce qu'il dit, p. 214.

nées. Ainsi j'ai trouvé dans les deux exemplaires de Paris, qui sont cependant de la même édition, la troisième suivant Ottley, des différences considérables dans l'état apparent des planches. L'un d'eux, par exemple, possède des gravures aussi intactes que celles des éditions *B* et *C*, qu'Ottley a prises pour point de comparaison, et qu'il considère comme antérieures. On peut conférer particulièrement les exemples qu'il donne aux pages 208 et 209 de son livre.

Quant à moi, je ne prétends pas établir un système chronologique pour les éditions du *Speculum*, parce que je crois la chose trop hypothétique; toutefois je dois justifier l'ordre alphabétique que je leur ai donné. Il me semble naturel d'admettre que l'édition en partie xylographique et en partie typographique a suivi une édition toute xylographique, qui était la première, ou du moins qu'elle est venue aussitôt après la réalisation, dans l'atelier où s'imprimait ce livre, des caractères mobiles, auxquels on devait tendre depuis longtemps. Je ne puis croire qu'on aurait imprimé immédiatement deux éditions en caractères mobiles, puis qu'on serait revenu aux pages xylographiques. Toutes les raisons qu'on donne pour expliquer cet ordre de faits me paraissent pécher par la base. De même, pour les éditions hollandaises, il est évident que les pages 49-60 de l'édition *C* sont imprimées en caractères différents; car non-seulement ils paraissent plus petits, ce qui pourrait jusqu'à un certain point être attribué aux circonstances de l'impression, mais encore ils sont d'une autre forme, comme l'a parfaitement démontré Ottley[1]. Or l'existence de deux pages d'une autre édition dans l'édition *C* est tout à fait analogue à la circonstance que présente l'édition *A*. Elle signale la non-interruption du tirage du *Speculum*, qui s'améliorait ainsi successivement. Ce qui se passait dans cette occasion ressemble beaucoup à ce qui a lieu aujourd'hui dans les ateliers où l'on imprime des ouvrages d'un grand débit : on fait une édition *perpétuelle*, qui se détériore et s'améliore sans cesse. Le moyen que je crois avoir été employé pour compléter l'édition *C* est encore d'usage de nos jours : lorsque par hasard on a tiré une feuille à un nombre d'exemplaires inférieur à celui fixé, ou qu'on juge nécessaire de la retirer pour en faire disparaître des fautes graves, on la recompose. Seulement aujourd'hui on a soin de ne pas se servir de caractères différents dans la même édition ; mais autrefois on n'y regardait pas de si près, et la chose, du reste, avait peu d'importance à cette époque ; car les manuscrits devaient présenter souvent de ces dissemblances de forme, par suite du temps qu'ils réclamaient, et de la nécessité où l'on devait être parfois de faire achever par un scribe ce qui avait été commencé par un autre.

Reste l'édition *D*. Je la place au quatrième rang à cause de la différence totale du caractère, qui suppose une nouvelle fonte, après l'épuisement de la première.

Malheureusement je ne puis traiter à fond cette ques-

[1] *An inquiry*, etc. p. 249.

tion, n'ayant à ma disposition aucun exemplaire hollandais, et n'ayant pu étudier assez longtemps ceux que j'ai vus à Lille, à la Haye et à Haarlem.

Mais laissons ces hypothèses, et abordons les questions capitales que le livre que je viens de décrire soulève, relativement à l'origine de l'imprimerie. Je les traiterai successivement, dans des paragraphes distincts, et j'espère que le lecteur sera de mon avis lorsqu'il aura parcouru la série de mes observations.

§ 1. Les textes du *Speculum* sont-ils en planches fixes ou en caractères mobiles?

On a longtemps discuté la question de savoir si les éditions anonymes du *Speculum* étaient imprimées en caractères mobiles ou sur des planches fixes; mais il est aujourd'hui constaté d'une manière irréfutable que, sauf vingt pages de l'édition *A*, qui sont, comme nous l'avons vu, xylographiques, les textes des quatre éditions, sans en excepter l'édition *D*, qui a plus tardivement que les autres fait naître des scrupules, sont imprimés en caractères mobiles. Ottley, dont le livre si remarquable restera comme un monument de science et de patience, a relevé dans l'édition *C*, et dans le seul mot *capittel* (chapitre), qui reparaît au bas de presque toutes les colonnes du texte, où se trouve l'indication des sources, deux fautes[1]

[1] *An inquiry*, etc. p. 242. L'auteur en cite bien une troisième, un *é* pour un *e* (p. 54, col. 2); mais ici je crois qu'il est dans l'erreur, et qu'il a pris un accident de l'impression pour une faute typographique. Ottley ignorait sans doute qu'au XVe siècle l'accent aigu n'était représenté matériellement

qui ne laissent aucun doute à cet égard. Ainsi, page 26, première colonne, ce mot est écrit *carittel*, le compositeur ayant mis un *r* pour un *p*; page 58, première colonne, il y a *capistel*, le compositeur ayant pris un *st* (ſt) pour un double *t* (tt). Au reste, l'existence même de plusieurs éditions suffirait seule pour prouver la mobilité des caractères; car pourquoi le même imprimeur aurait-il fait graver à grands frais des planches différentes pour chaque édition? Celles de la première pouvaient fournir plus de cinquante mille exemplaires; on eût donc pu avec elles retirer le livre aussi souvent qu'on eût voulu.

Je signalerai encore une circonstance intéressante, que beaucoup de personnes ont remarquée avant moi[1], mais dont je crois qu'aucun écrivain n'a encore tiré parti pour le fait en question. Dans les éditions latines du *Speculum*, qui sont en vers, la plupart des bouts de ligne du *proœmium*, dont la *justification* est plus *large* que le texte, celui-ci étant à deux colonnes, sont terminés par des caractères qui ne marquent pas en noir sur le papier[2], parce

dans aucune langue européenne, pas plus dans le français que dans l'anglais, l'allemand ou le hollandais; évidemment l'artiste ne s'était pas amusé à graver et fondre une lettre inconnue, ou du moins inusitée, surtout dans la contrée où s'imprimait le *Speculum*.

[1] Fournier, *De l'orig. de l'impr.* p. 164. — Meerman, *Orig. typ.* t. I, p. 110.

[2] Il y a pourtant des exceptions, et cela s'explique facilement. Meerman (*Orig. typogr.* t. I, p. 110 et 111) signale, et je l'avais remarqué aussi, plusieurs endroits où, non-seulement la *frisquette* n'a pas complétement masqué les caractères inutiles, mais encore où elle a *mordu* sur des mots nécessaires, comme cela arrive encore accidentellement dans les plus belles éditions.

qu'ils ont été masqués au tirage, mais dont le *foulage* est très-visible[1]. Le même fait se produit dans les éditions hollandaises, mais moins fréquemment, parce que, le texte étant en prose, les lignes sont par conséquent plus *pleines*. Là ce n'est guère que dans le bas des colonnes, et pour les *remplir*, qu'on a employé des caractères inutiles. Leur foulage est également très-sensible. Meerman les a figurés sur sa troisième planche, dans l'espace réservé à la lettre initiale de la première colonne et dans celui des deux lignes qui manquent au bas de la seconde. Soit qu'ils aient été mis là pour remplacer des *cadrats*, dont on n'aurait pas eu une assez grande quantité, soit, ce qui est plus probable, qu'ils fussent destinés à tenir lieu de *support* ou de remplissage dans l'intérieur du cadre dont chaque page était entourée, et dont on voit de nombreuses traces, leur présence seule prouve que ce sont des caractères mobiles. Évidemment on ne se serait pas amusé à graver des lettres et des mots inutiles au bout des lignes sur des planches de bois : il suffisait de laisser

[1] C'est à ce point qu'on peut lire des mots entiers. J'y ai vu, par exemple, dans les exemplaires de Paris, le mot *imago*. Cette circonstance indique que le compositeur prenait ses blancs tout composés dans sa *distribution*, c'est-à-dire dans les pages déjà tirées et destinées à être *distribuées*. Dans un exemplaire hollandais que j'ai vu au musée Costérien de l'hôtel de ville de Haarlem, l'ouvrier s'est servi de grosses lettres surabondantes de sa *casse;* mais dans l'un et l'autre cas il a eu soin de séparer ces mots ou lettres inutiles du texte même par de véritables *cadrats*, afin qu'il fût plus facile de les masquer. En toutes choses, on le voit, l'ouvrier qui a fait ce travail montre une rare intelligence, et tire le meilleur parti possible de ses instruments imparfaits.

cette partie intacte. Du reste, le fait que je viens de signaler se présente fort souvent dans des impressions postérieures, mais des premiers temps de l'imprimerie. Je citerai particulièrement une Bible de quarante-huit lignes, qui se trouve à la bibliothèque de l'Arsenal, et dont la dernière colonne, qui est courte, est remplie ainsi avec des caractères ou, pour mieux dire, avec des lignes de distribution, dont le foulage est très-visible[1]. Les feuillets de *registre*, qui suivent, offrent la même particularité. Or on ne peut pas contester que ce dernier livre ne soit imprimé en caractères mobiles.

L'édition *A* du *Speculum* nous offre donc un spécimen curieux de tous les genres de gravures : des planches imprimées seules au haut des pages, des textes xylographiques[2], et enfin des caractères mobiles.

§ 2. Les caractères mobiles des éditions anonymes du *Speculum* sont-ils en bois ou en métal?

Pour toute personne initiée à l'art typographique, il n'y a pas de doute, à en juger par la simple inspection des feuillets du *Speculum*, que les caractères mobiles employés dans ce livre ne soient en métal fondu. Le bois ne pourrait jamais, quoi qu'on fasse, donner cette régularité de *foulage*, cet alignement des lettres. Meerman, qui croyait les

[1] Cette circonstance est encore bien plus remarquable dans un volume du *Speculum historiale* de saint Vincent de Beauvais (édition à 52 lignes à la colonne) que j'ai vu à la Bibliothèque nationale.

[2] Voyez les détails relatifs à ces planches dans la deuxième dissertation de Fournier, *De l'origine de l'imprimerie*, p. 157.

Speculum exécutés avec des caractères mobiles de bois, a prouvé, sans s'en douter, le peu de fondement de son opinion, en imprimant trois mots seulement de cette sorte dans son livre[1]. Malgré tout le soin qui a été apporté à la confection de ces quelques lettres, et quoiqu'elles fussent maintenues par des interlignes au-dessus et au-dessous, elles offrent un spécimen des plus grotesques, et (qu'on me permette de me servir d'un terme d'atelier fort expressif) elles *dansent* de la manière la plus ébouriffante. Que serait-ce s'il fallait faire tout un livre de cette manière! On ne pourrait réussir à serrer et à imprimer trois lignes seulement sans interlignes, et cependant toutes les éditions anciennes[2],

[1] *Orig. typogr.* t. I, p. 25, note. — M. Léon de Laborde a cru longtemps aussi à la possibilité d'imprimer avec des caractères mobiles en bois : il en a même donné un spécimen dans son livre intitulé : *Débuts de l'imprimerie à Strasbourg* (Paris, in-8°, 1840); mais les difficultés qu'il a éprouvées pour cet essai et pour d'autres qu'il a tentés depuis l'ont fait, je crois, changer d'opinion. Déjà même, dans le livre que je viens de citer, il disait (p. 75), après avoir énuméré les difficultés d'exécution de l'impression en caractères mobiles de bois : « Ces raisons suffisent pour montrer comment un procédé aussi facile et d'une aussi belle réussite dans un spécimen devient difficile dans la pratique. »

[2] M. Wetter, dans son *Histoire de l'imprimerie,* en allemand (Mayence, 1836, 1 vol. in-8°), donne aussi un spécimen de caractères en bois; mais quoiqu'ils soient très-gros et interlignés, ils n'en dansent pas moins d'une façon très-grotesque, ce qui enlève toute valeur à sa prétendue démonstration. On en peut dire à peu près autant d'un autre essai de caractères en bois fait à la Haye, par M. Schinkel, alors imprimeur, dans une brochure hollandaise intitulée : *Tweetal bijdragen, betrekkelijk de Boekdrukkunst* (la Haye, 1844, in-8°). Au reste, M. Schinkel, que je vis lors de mon voyage en Hollande, est convenu avec moi que c'était là un tour de force qui ne prouvait rien dans l'espèce.

et particulièrement le *Speculum*[1], ont été imprimées sans interlignes. Joignez à cela qu'après le premier tirage, ou plutôt après le lavage des formes, les caractères seraient devenus inutiles, comme je l'ai dit, par suite des variations qu'auraient éprouvées ces petits morceaux de bois, rendus plus sensibles encore par la perforation qu'on prétend y avoir été pratiquée pour recevoir le fil de fer régulateur.

Si ces raisons ne suffisent pas pour prouver que les caractères du *Speculum* sont, non pas en métal fondu sur certaines proportions et gravé ensuite, comme quelques auteurs l'ont dit[2], mais bien en métal fondu avec l'*œil* de la lettre, je vais en donner d'autres qui sont péremptoires.

On sait que des caractères gravés isolément sur bois ou sur métal offriraient une variété constante dans les formes de la même lettre, et qu'au contraire des caractères fondus d'après un même modèle doivent être identiquement semblables. Donc, si l'on rencontre dans les caractères du *Speculum* des lettres qui se ressemblent parfaitement, on en doit conclure que ces lettres sont fondues et non

[1] Le plus ancien livre que j'aie vu interligné jusqu'ici est le Cicéron imprimé par Schoiffer en 1465, et que je décrirai plus loin.

[2] Meerman croit qu'il y a eu quatre phases principales dans l'histoire des débuts de l'imprimerie : 1° caractères en planches fixes; 2° caractères mobiles en bois; 3° caractères mobiles en plomb ou en cuivre fondus sur certaines proportions, mais dont l'œil était gravé après la fonte; 4° caractères fondus avec l'œil dans le moule. Comme résultat pratique, je n'admets que deux genres d'impression, l'un avec des planches fixes de bois, l'autre avec des caractères fondus.

gravées. C'est ce qu'a recherché Ottley, et, pour que ses observations fussent plus concluantes, il s'est attaché à une difformité. Avec son œil d'artiste, il a découvert une lettre bien caractéristique : c'est un *n* surmonté du trait horizontal employé pour indiquer une abréviation (n̄), trait qui présente une imperfection. Cette imperfection bien constatée, il a étudié avec persévérance les exemplaires des éditions *A* et *C*, les seules qu'il eût à sa disposition en Angleterre, et il a retrouvé cette même lettre avec sa défectuosité dans une foule d'endroits[1]. Je ne donnerai pas ici l'indication des pages et des lignes, car il faudrait aussi donner le dessin de la lettre dans ses différents aspects, ce qui nous conduirait trop loin; je me contenterai de dire que j'ai vérifié, livre en main, toutes les assertions d'Ottley en ce qui concerne l'édition *A*, la seule que nous possédions maintenant à Paris, et que je les ai trouvées parfaitement exactes.

Dans le moment même où Ottley faisait à Londres ses observations sur les éditions *A* et *C*, Koning en faisait d'analogues à Haarlem sur l'édition *D*. Celles de ce dernier portent principalement sur les capitales ou grandes lettres majuscules. Il a constaté l'existence de deux fontes de la lettre *E*. « La première, dit-il[2], a tous les contours exigés; mais la seconde n'a pas été bien fondue: la partie supérieure y manque; et à chaque page on trouvera le même défaut à cette lettre imparfaite. » La lettre *M* pré-

[1] *An inquiry*, etc. p. 245 et 246.

[2] Koning, *Dissertation sur l'origine de l'imprimerie*, p. 4.

sente des preuves encore plus évidentes qu'elle est fondue : elle n'est pas seulement empreinte d'une manière irrégulière, elle offre encore une autre particularité très-remarquable : le jambage du milieu est coupé en deux par un trait blanc, et ce trait se reproduit presque à toutes les lignes d'une manière plus ou moins visible.

Les détails relevés ici par Koning prouvent en outre que, si les caractères de l'édition *D* ne sont pas différents quant à la *force* et à l'*œil*, ils le sont du moins quant à la fonte; car les défauts signalés par cet auteur ne paraissent pas dans les caractères des autres éditions, ce qui démontre qu'ils ont été fabriqués, avant ou après, peu importe, mais à une époque distincte.

A la vérité, toutes les lettres ne sont pas identiquement semblables entre elles dans cette édition, non plus que dans les autres : il en est beaucoup qui diffèrent totalement; mais cette dissemblance ne doit pas infirmer la portée des observations précédentes : elle provient uniquement de l'usage où l'on était alors de faire un grand nombre de types différents de la même lettre pour mieux imiter les manuscrits. Cet usage s'est perpétué longtemps dans l'imprimerie, et dure encore même pour certains caractères d'écriture. C'est ce qui explique la différence que Meerman a remarquée dans l'espace occupé par les mêmes mots. Quant à celle qu'il a cru voir dans la hauteur ou l'épaisseur des lignes[1], elle provient uniquement de circonstances particulières à son exemplaire, et non

[1] *Orig. typogr.* t. I, p. 111.

d'un fait inhérent aux caractères, qui, eussent-ils été en bois, n'en auraient pas moins dû être tous de la même force, l'impression étant impossible autrement.

§ 3. Par quel procédé furent produits les caractères mobiles du *Speculum*.

De tous ceux qui se sont occupés jusqu'ici de l'origine de l'imprimerie, aucun, si j'en excepte Ottley, ne paraît s'être douté qu'on pouvait employer plusieurs procédés pour fondre les caractères. Tous semblent croire qu'on a passé immédiatement des caractères en bois gravés aux caractères fondus dans des moules en fer comme aujourd'hui. Meerman, qui avait longtemps étudié ce sujet, et qui en avait disserté avec de savants imprimeurs, ne sachant comment accorder la précision de certaines impressions avec la diversité de forme qu'affectait souvent la même lettre, en est venu à croire qu'on fondait le corps de ces lettres en métal, et qu'on y gravait ensuite l'œil. Il donne même un spécimen de ce genre de caractères [1], qui, certes, offre plus d'exactitude que son spécimen en bois. Mais on ne peut admettre cette hypothèse. Il aurait fallu un temps immense pour graver ainsi isolément sur de petits lingots les dix mille lettres nécessaires pour l'impression d'un seul cahier du *Speculum* [2]. Comment supposer que des hommes intelli-

[1] *Orig. typogr.* t. I, p. 26, note *br.*

[2] La page donnée comme spécimen par Meerman (tabl. III) renferme à elle seule près de 1,700 lettres, dont 350 *e*. Pour assurer l'emploi de

gents, comme devaient l'être les premiers imprimeurs, n'aient pas tout de suite reconnu qu'ils pouvaient facilement fondre ensemble l'*œil* et le corps de la lettre? Fournier n'a pas commis cette faute; mais, de son côté, cet auteur est tombé dans une autre erreur. Ayant constaté l'existence d'un grand nombre de types pour la même lettre, et ne connaissant qu'une manière de fondre les caractères, celle qu'il employait lui-même, et qui se pratique encore de notre temps, c'est-à-dire dans un moule de fer, auquel est adaptée une matrice en cuivre, où l'œil de la lettre a été frappé à l'aide d'un poinçon gravé sur acier, et devant, par conséquent, produire toujours le même type, il en a conclu que les caractères du *Speculum* étaient en bois. Pour prouver le peu de fondement de son opinion, il suffira d'indiquer les conclusions auxquelles elle l'a conduit : trouvant la même variété de types dans une foule d'autres ouvrages du XVe siècle[1], il retarde indéfiniment l'usage des caractères en fonte, et ne voit partout que des caractères en bois. Ainsi, suivant lui, non-seulement la Bible de Gutenberg[2] est en lettres mobiles de bois, mais aussi le fameux Psautier

ces 1,700 lettres, il faut qu'il en ait été fondu au moins 2,500 de diverses *sortes*. A ce compte, le 5e cahier, composé de 16 feuillets, aurait demandé plus de 40,000 lettres; mais, chaque sujet du *Speculum* formant une page, il suffisait, pour pouvoir imprimer ce livre, d'avoir assez de caractères pour composer deux ou trois formes, c'est-à-dire 10,000 à 15,000 lettres.

[1] Meerman, *Orig. typogr.* t. I, p. 35-37, note *di.*

[2] A la vérité, il a pris pour la Bible de Gutenberg, qui n'a que quarante-deux lignes à la colonne, une Bible de quarante-cinq lignes (*De l'origine*

de 1457. Or, comme le Psautier a été réimprimé quatre autres fois avec les mêmes caractères, en 1459, 1490, 1502 et 1516, il en résulte qu'on aurait encore fait usage de caractères en bois au XVIe siècle! Une pareille hypothèse n'est pas sérieuse, et Fournier ne l'aurait sans doute pas imaginée, si, au lieu d'être seulement graveur et fondeur, il eût été aussi imprimeur; car il aurait alors connu les difficultés ou plutôt l'impossibilité d'imprimer avec des caractères de bois.

Dans le chapitre V, je réduirai à néant, je l'espère, tout ce qu'on a dit pour prouver que le Psautier et les autres livres du même temps n'ont pas été imprimés en caractères de fonte; mais ici je dois me renfermer dans le cadre étroit que je me suis tracé.

Suivant moi, les caractères du *Speculum* ont été fondus dans le sable, comme les petits colifichets destinés aujourd'hui à servir d'épingle de chemise, de breloque de montre, etc. Cette manière de fondre dut se présenter, il me semble, tout naturellement à l'esprit des premiers imprimeurs, qui avaient alors sous les yeux les merveilles produites par la fonte des objets de bijouterie et d'orfévrerie de cette époque artistique. Les différences qu'on

de l'imprimerie, p. 188), attribuée aujourd'hui par tous les bibliographes à Eggestein, et imprimée à Strasbourg vers 1470; mais cela ne change pas le fond de la question; au contraire, cela prouve que Fournier appliquait son système à tous les livres de ce temps-là. Ce qu'il y a de curieux, c'est le ton d'assurance avec lequel cet auteur, tout en se trompant, déclare qu'on ne peut pas se tromper, et que la Bible de Gutenberg est parfaitement reconnaissable « entre toutes les autres au monde. » (P. 212-214.)

remarque dans la forme des lettres proviennent de deux causes distinctes : la première, de ce qu'on faisait plusieurs modèles de la même lettre, pour aller plus vite, suivant sans doute en cela les règles de ce que nous appelons aujourd'hui la *police* en termes d'imprimerie, c'est-à-dire en proportionnant le nombre des modèles de chaque lettre à son degré d'utilité et de fréquence dans la composition ; la seconde, de ce qu'on retouchait les caractères produits par ce mode imparfait de fonte, comme cela se pratique encore pour tous les objets exécutés de la même manière.

Si l'on joint à cela le nombre prodigieux de doubles lettres et de lettres surmontées de divers signes d'abréviation en usage alors, et qu'on multipliait d'autant plus facilement que le mode d'opérer rendait la chose peu coûteuse, puisqu'il suffisait de faire un modèle en bois pour servir de type, et qu'en même temps qu'on donnait plus de facilité pour opérer la fonte en grossissant les objets, on économisait le temps de la composition, on aura l'explication de cette diversité de forme, qui frappe au premier abord, diversité qui a trompé si complétement Fournier, qu'il a pris pour des « parcelles de bois mal évidées les petits points noirs qu'on aperçoit au-dessous et au-dessus des lettres[1], » lesquels sont tout simplement des aspérités de la fonte[2].

[1] *De l'origine de l'imprimerie*, p. 166.

[2] C'est probablement un accident de ce genre qui a été pris pour un accent aigu par Ottley. (Voyez ci-dessus, p. 30, note.)

Cela admis, on sera moins surpris de la dissemblance des caractères du *Speculum* que de leur conformité, surtout si l'on songe que chaque lettre a été le produit d'un moulage particulier.

Voulant me rendre compte de la possibilité d'exécution du procédé que j'indique ici, j'ai prié un fondeur en cuivre d'en faire l'expérience. Quoique privé de tout l'outillage nécessaire, il a obtenu un résultat qui m'a surpris moi-même, et dont je fais juge le lecteur. Voici quelques lettres que M. Buignier[1] a fondues à ma prière, en prenant pour modèle des caractères en cuivre, les seuls qu'il eût à sa disposition. On a été obligé de mettre les lettres d'équerre; mais on n'a pas touché à l'*œil*.

B F G J K Q Z

La matière est tout simplement de la *soudure* que l'artiste avait sous sa main : on n'a rien préparé pour cela. J'ajouterai que le fondeur intelligent qui a bien voulu faire cet essai m'a affirmé qu'un ouvrier pourrait facilement faire un millier de lettres semblables en un jour. C'était parfaitement suffisant pour l'exécution d'un livre comme le *Speculum*, pour lequel il suffisait, à la rigueur, de quatre à cinq mille lettres, en tirant par *forme*.

J'ai fait aussi fondre des caractères en cuivre par le même procédé, mais par un autre artiste, auprès duquel M. de Berny a bien voulu me servir d'intermédiaire, car

[1] Fondeur en cuivre, rue des Vertus.

celui-là m'avait refusé son concours, dans la crainte de se compromettre sans doute, ne comprenant pas parfaitement le but de ma demande. Nous avons, cette fois, moins bien réussi; ce qui s'explique facilement par la différence de fusibilité de la matière; cependant il n'y a pas encore trop à se plaindre. Pour ce second essai, je me suis servi, comme modèle, de quelques lettres du caractère qu'a fait graver et fondre M. Duverger pour son *Album typographique* de 1840, et qu'il a bien voulu me confier. Je donne ici, sous le n° 1, le spécimen de ce modèle, qui est en matière ordinaire fondue dans un moule, et sous le n° 2, le spécimen du produit du moulage dans le sable, qui est en cuivre.

N° 1.	N° 2.
imprimerie	imprimerie

Le défaut d'alignement qu'on remarque dans le spécimen n° 2 rappelle parfaitement celui des premiers produits de la typographie, et particulièrement du *Speculum*.

Du reste, en admettant même que le moule en métal eût été employé pour les caractères de ce dernier livre, il ne faudrait pas s'étonner qu'il eût produit des résultats aussi imparfaits[1]. Les moules primitifs n'eurent sans doute

[1] Il en fut sans doute du principal outil du fondeur comme de celui du compositeur. L'instrument si utile qu'on appelle *composteur* n'a été porté au perfectionnement où nous le voyons qu'à la fin du XVIe siècle ou même

pas d'abord la précision du nôtre[1], véritable chef-d'œuvre de mécanique, qui n'a pu être réalisé qu'à la longue, et qui pourtant exige encore une grande habileté. Dans certaines circonstances, il demande des contorsions, des mouvements de maniaque pour produire un bon résultat[2]. Il n'est pas rare de voir un ouvrier apte un jour, inapte le lendemain, forcé de recourir à l'assistance de son compagnon, plus adroit ou plus heureux que lui pour le moment, et avec lequel il échange son moule : autrement, il ne produirait que des lettres plus ou moins défectueuses, qui auraient bien pu passer autrefois pour bonnes, mais qui aujourd'hui ne seraient pas admises comme telles.

A ce sujet, je ferai remarquer qu'on a souvent cité comme exemple de la diversité de forme des caractères du *Speculum* de simples accidents. Par exemple, Meer-

au XVIIe. Jusque-là on s'était servi de composteurs de bois qui n'avaient qu'une seule justification. Il fallait donc au même ouvrier plusieurs composteurs pour les différents formats. Cette entrave, qui serait insupportable aujourd'hui, était à peine sentie alors, les formats étant très-peu variés. On peut voir un composteur de ce genre dans les serres de l'aigle écartelé sur les armes des imprimeurs. J'en ai encore vu une masse considérable dans l'imprimerie de Plantin, à Anvers, qui date, comme on sait, de la fin du XVIe siècle.

[1] M. de Berny m'a montré un de ces mécanismes primitifs dans sa fonderie. Ce moule, qui est encore employé, se compose de deux espèces d'équerres, qui peuvent, en se combinant de diverses manières, donner toutes les *forces de corps* qu'on désire.

[2] On a de nos jours inventé des machines à fondre les caractères. J'en ai vu plusieurs fonctionnant chez M. Enschedé, à Haarlem. Elles remplaceront très-probablement un jour le travail mécanique des fondeurs.

man[1] mentionne comme types distincts des *i* sans point et autres *manques* de ce genre. Or il est bon de dire qu'aujourd'hui même, quoiqu'il n'existe qu'une matrice pour chaque lettre, ces prétendues différences se présenteraient fort souvent, si l'on n'avait soin de visiter les caractères, et de réformer ceux qui ont quelque imperfection. Par une loi physique bien connue, la plus forte partie d'un liquide tendant à absorber la plus petite, il en résulte à la fonte une grande difficulté pour faire réussir les traits fins de certaines lettres.

§ 4. Quel mode d'impression a été employé dans les diverses éditions anonymes du *Speculum*.

Un fait qui frappe tout d'abord, à l'inspection du *Speculum*, c'est qu'il est produit par deux modes d'impression différents.

D'un côté, il est évident que les gravures sont imprimées à l'aide du frotton des cartiers, car on voit encore sur le revers un *luisant* qui ne peut provenir que de la matière qui servait à faciliter le frottement. Quoique ce mode d'impression, qui est toujours en usage, ait été amélioré depuis quelques années, il produit encore les mêmes résultats. Ainsi, sauf la couleur, qui varie, on retrouve aujourd'hui, sur les *adresses* des enveloppes de jeux de cartes, une teinte parfaitement semblable à celle des gravures du *Speculum* : même genre d'encre, même grisaille dans les traits, même *maculature* sur le bord de la planche.

[1] *Orig. typogr.* t. I, p. 109.

D'un autre côté, il n'est pas moins évident que les textes en caractères mobiles ont été imprimés à la presse. Non-seulement on ne retrouve plus, au revers de ces impressions, le poli qui se fait remarquer à celui des gravures; mais encore on y voit un *foulage* très-prononcé, tel qu'il devait exister avec les premières presses, opérant sur des caractères imparfaits. L'encre est aussi bien différente de celle des gravures : la dernière est jaune et incertaine; l'autre, au contraire, est d'un noir très-foncé. Cela s'explique : l'une est tout simplement de la couleur à la détrempe; l'autre est une véritable composition oléagineuse, comme notre encre d'imprimerie d'aujourd'hui. Ces deux genres d'encre étaient parfaitement appropriés aux deux modes d'impression employés : l'un ne pouvait suppléer à l'autre; car l'encre oléagineuse n'aurait pu servir à l'impression au frotton, ni la couleur à la détrempe être employée pour l'impression à la presse. La différence d'impression ressort encore du défaut d'alignement qui existe dans quelques pages entre le texte et les gravures. Mais ce qui est remarquable dans ce cas, c'est que le désaccord paraît toujours être le même aux deux pages correspondantes d'une même feuille, ce qui démontre, suivant moi, que les gravures (de même que le texte) ont été tirées deux à deux, c'est-à-dire par forme.

Les observations générales que je viens de faire ne s'appliquent pas, bien entendu, aux textes xylographiques de l'édition *A*, qui ont été tirés en même temps que les gravures au-dessous desquelles ils se trouvent : c'est la même encre, le même genre d'impression, le même alignement. Si l'on remarque un léger désaccord entre la gravure et le texte xylographique dans quelques pages, il provient sans doute de l'irrégularité du bois, car il paraît le même aux deux exemplaires du *Speculum* que nous avons à Paris. Ce fait renverse l'échafaudage d'hypothèses que quelques auteurs ont élevé pour prouver que les gravures ont été tirées isolément en Allemagne.

Résumant ce que nous venons de dire, nous constaterons que les *Speculum* anonymes présentent cette singulière circonstance, qu'ils sont à la fois le produit de l'art ancien et de l'art nouveau sous tous leurs aspects. D'un côté, ils nous offrent le spécimen de caractères fixes en bois et de caractères mobiles en fonte; de l'autre, l'impression au frotton et à la presse. Cette circonstance seule suffirait pour assurer à ce livre le premier rang parmi les plus curieux de la typographie.

§ 5. Est-ce le même artiste qui a imprimé les différentes éditions anonymes du *Speculum?*

S'il est une opinion incontestable, c'est certainement celle qui attribue au même imprimeur l'exécution des éditions anonymes du *Speculum*. La forme des caractères, le système de composition, l'identité des gravures, le mode d'impression, tout se réunit pour démontrer le fait. Je ne discuterai donc pas pour prouver ce que personne ne conteste; mais je prends acte de cette circonstance, que j'invoquerai plus loin.

§ 6. En quelle contrée ont été imprimées les différentes éditions anonymes du *Speculum*.

Grâce à tout ce que j'ai dit déjà, cette question n'est pas plus difficile à résoudre que la précédente. On ne peut contester l'origine des éditions hollandaises de ce livre, et personne ne l'a fait, car personne n'était fondé à penser qu'on ait imprimé ailleurs qu'en Hollande un livre écrit dans la langue vulgaire de ce petit pays. Or, comme il est prouvé que les éditions latines sortent du même atelier que les éditions hollandaises, il en résulte qu'elles proviennent toutes de la Hollande.

Comme ce fait est important, et comme il est des esprits qui ne se rendent pas toujours à l'évidence, je crois devoir ajouter ici quelques considérations à l'appui de ma conclusion. Voici d'autres indices de l'origine hollandaise du *Speculum*. Premièrement, presque tous les exemplaires existants de ce livre se trouvent en Hollande ou en ont été tirés : or il serait bien surprenant que ce pays fût si riche en livres de ce genre, s'ils n'y avaient vu le jour. Secondement, la forme des caractères mobiles employés dans ce livre est identiquement celle de l'écriture en usage dans la Hollande au xve siècle[1]. Je signalerai particulièrement le *t*[2], qui offre un trait fort remarquable. Troisièmement, les filigranes qu'on voit dans le papier sont particuliers à la Hollande ou du moins aux

[1] Ottley, *An inquiry*, etc. p. 219.

[2] De Laborde, *Débuts de l'imprimerie à Strasbourg*, p. 18.

Pays-Bas[1]. Quatrièmement, c'est en Hollande qu'on a retrouvé le plus grand nombre de fragments de livres imprimés avec des caractères analogues à ceux du *Speculum*[2]. Cinquièmement, enfin, c'est en Hollande, à Culembourg, qu'on voit paraître pour la dernière fois, dans une édition également hollandaise du *Speculum*, datée de 1483, les planches qui ont servi aux éditions précédentes. Je dis *éditions précédentes*, car ces planches ne purent plus servir aux éditions in-folio, parce que Veldener, pour les accommoder à son nouveau format, l'in-quarto, les scia en deux à l'endroit où un pilier gothique sépare les deux compartiments de la gravure[3].

Il est donc incontestable que les *Speculum* ont été imprimés en Hollande et avant 1483, puisqu'à partir de

[1] Koning, *Dissertation sur l'origine, l'invention et le perfectionnement de l'imprimerie* (Amsterdam, 1819, in-8°), p. 32 et suiv.— Ottley, qui donne aussi le dessin de ces filigranes (*An inquiry*, etc. p. 221-226), en a omis un cité par Koning, et qui se trouve dans un des exemplaires de l'édition *A* de la Bibliothèque nationale; c'est un écusson dans lequel se voient des figures indéchiffrables. Cet écusson se trouve aux feuillets 21, 31, 51 de l'exemplaire coté *A* 1866.

[2] Ottley, *An inquiry*, etc. p. 219.

[3] Voyez la description de cette édition dans Ottley, *An inquiry*, etc. p. 220, et dans la *Notice* de M. Guichard, p. 51. — Dibdin, décrivant l'exemplaire du *Speculum* de Veldener qui se trouve dans la bibliothèque Spencer, nie, avec son sans façon habituel, et sans donner aucune raison de son opinion, que les gravures de cette édition soient celles qui ont servi dans les éditions anonymes; mais j'ai vu plusieurs exemplaires du livre de Veldener, à la Haye, à Haarlem, etc. et j'affirme le fait de l'identité, qui a été soutenue par Meerman, Heinecke, Panzer, etc. L'irrégularité de l'encadrement des gravures rend la chose évidente.

cette époque ils ne purent plus être exécutés de la même manière.

§ 7. A quelle époque les éditions anonymes du *Speculum* furent-elles imprimées ?

Quelque savante que soit la dissertation que M. Guichard a publiée sur le *Speculum*, je ne puis admettre avec lui que l'impression de ce livre soit postérieure à 1461. La raison sur laquelle je me fonde pour rejeter cette opinion, c'est que, si le livre eût été imprimé si tardivement, il ne serait pas confectionné en dehors de toutes les règles typographiques déjà en usage depuis dix ou douze ans dans les ateliers allemands. J'insiste sur ce point, car M. Guichard ne paraît pas avoir remarqué toutes les singularités que présentent ces volumes. Il décrit le livre comme on décrirait aujourd'hui un ouvrage ordinaire. « Le premier cahier, dit-il, est de cinq feuillets, les trois suivants de quatorze, et le dernier de seize feuillets. » M. Guichard n'explique pas comment on a pu faire un cahier de cinq feuillets, ni pourquoi les autres cahiers ne sont pas disposés de la même manière. Il ne s'est pas même préoccupé de cette disposition singulière, qui doit frapper immédiatement un typographe. Ainsi, dans le cinquième cahier, qui a seize feuillets, la feuille du milieu est repliée sur elle-même, et collée de manière à ne former que deux pages, recto et verso, devenant ainsi une espèce de *carton*[1]. La disposition de cette feuille, ainsi que celle

[1] En terme de bibliographie, on donne ce nom à un feuillet isolé que le relieur place dans le volume au moyen d'un *onglet*.

des cahiers, qui tous commencent et finissent par une page blanche, indique que la reliure du livre devait se faire avant le collage des feuillets. Une fois collé, tout le livre ne devait plus former qu'une masse indivisible. Je ne sais si je me fais bien comprendre; mais il m'est difficile d'être plus clair, à moins de mettre l'objet en question sous les yeux du lecteur[1].

Je pourrais citer vingt étrangetés de ce genre, qui constatent bien positivement dans la confection de ce livre l'enfance de l'art: telle est, par exemple, la division des mots au bout des lignes sans règle aucune, sans traits d'union, et très-souvent en ne laissant à la fin de la première ligne ou en ne reportant au commencement de la seconde qu'une seule lettre; quelquefois même on rejette à la seconde ligne le mot qui ne peut tenir à la première, et on achève celle-ci avec des cadrats; telle est encore la garniture grossière des pages : on a remarqué, en effet[2], qu'elle se composait d'une espèce de châssis de bois, dont le cadre était aussi élevé que la lettre, et qui, faisant support, servait à garantir les bords du foulage extraordinaire de la presse, qui les aurait fait *maculer*. C'est cette garniture singulière qui forçait à terminer les colonnes dont le texte ne pouvait fournir le nombre de lignes voulues avec des lignes de distribution ou des lettres inutiles. Ces dernières étaient masquées ensuite par la fris-

[1] Voyez page 15, note 2, et page 21, note 2, les divers modes d'*imposition* du *Speculum*.

[2] Koning, *Dissertation*, p. 21.

quette ou tout autre objet analogue, car j'ignore complétement comment était disposée la presse qui a servi à tirer le *Speculum*.

En présence de tous ces faits, je me suis posé le dilemme suivant : ou l'imprimeur du *Speculum* était un élève des typographes mayençais, ou il fut à lui-même son propre maître.

S'il était élève des premiers imprimeurs de Mayence, comment se fait-il que, ni par la forme des caractères, ni par le procédé de la fonte, ni par celui de l'impression, ni par aucun point de l'art enfin, il ne révèle l'origine de sa science, et soit réduit à exécuter à plus de frais et plus péniblement que ses confrères? Comment se fait-il qu'il imprime séparément, et par des procédés différents, les gravures et le texte du livre, qu'il eût pu imprimer d'un seul coup, économisant ainsi à la fois son temps et son argent? En effet, s'il avait imprimé les gravures à la presse, comme le reste du livre, ainsi que le faisait, dès 1460, Pfister à Bamberg, rien ne se serait opposé à ce qu'il imprimât des deux côtés du papier, et réduisît par conséquent ses fournitures et sa main-d'œuvre, sans parler de celle du relieur.

Si, au contraire, l'imprimeur du *Speculum* a été son propre maître, comme tout semble le démontrer (car ce livre ne peut passer pour l'essai maladroit d'un apprenti, puisque nous en avons quatre éditions au moins, imprimées à plusieurs années d'intervalle l'une de l'autre, et toujours de la même façon), pourquoi vouloir retarder ses travaux jusqu'à l'année 1461, époque où l'art typographique était devenu si vulgaire, qu'on s'en servait pour toute sorte de publications : témoins les Lettres d'indulgences de 1454 et 1455, dont on connaît cinq éditions; l'Appel contre les Turcs de 1455, les Calendriers de 1457 et 1460, les Manifestes de 1461 pour et contre l'archevêque de Mayence, au nombre de six ou huit, et autres impressions du même genre, dont je parlerai plus loin?

L'hésitation n'est pas permise. Pour moi, j'ai conclu de tout cela que l'imprimeur du *Speculum* avait trouvé un procédé imparfait avant Gutenberg, qui, lui, avait déjà conçu son plan dès l'an 1436, comme je le démontrerai. C'est la conclusion à laquelle est arrivé également Ottley, en partant d'un autre point de vue[1]. En effet, cet auteur ne s'est pas contenté d'étudier la partie typographique du *Speculum;* il en a scruté avec soin les gravures, et ses investigations scrupuleuses l'ont conduit à penser qu'elles avaient été exécutées, en grande partie du moins, par l'artiste auquel on doit celles de la *Bible des pauvres* et du *Livre des cantiques*, qui sont généralement considérés comme les plus anciens livres xylographiques. Mais je suis ici hors de mon domaine; je renvoie le lecteur au livre d'Ottley[2], pour ne pas m'attirer le même reproche que le cordonnier d'Apelles.

[1] Voyez aussi un curieux travail de M.Tom.Tonelli, inséré, sous le titre de *Cenni istorici sull' origine della stampa*, etc. dans la revue italienne intitulée : *Antologia*, numéros de janvier, février et mars 1831, t. XLI de la collection (in-8°, Florence, 1831).

[2] *An inquiry*, etc. p. 155 et suiv.

Heinecke reconnaît bien aussi l'ancienneté des gravures du *Speculum*[1]; mais, en sa qualité d'Allemand, il prétend qu'elles ont été faites en Allemagne, d'où elles auraient été apportées en Hollande par Théodore Martin ou Mertens. C'est, en effet, à cet artiste célèbre, qui avait à peine vingt ans en 1473, qu'il attribue la première édition du *Speculum*[2], ne prenant pas garde qu'il est en contradiction avec lui-même, puisqu'il dit ailleurs que ce livre « a été publié justement du temps de l'invention de la typographie[3]. » Heinecke, il est vrai, n'est pas tellement sûr de sa seconde opinion, qu'il n'en présente immédiatement une troisième : « On pourrait encore soupçonner, dit-il[4], que Jean de Westphalie ait été l'imprimeur de la première édition flamande, et que Veldener ait reçu de lui les planches. » Mais Heinecke a beau sauter ainsi d'une hypothèse à l'autre, il ne rend pas son opinion plus acceptable. Personne ne croira qu'on imprimait ainsi en Hollande, lorsque depuis vingt ans la typographie était d'un usage commun dans toutes les villes d'Europe, et y produisait partout des chefs-d'œuvre. En tout cas, si l'on compare les prétendus premiers produits anonymes de Jean de Westphalie avec ceux auxquels il a mis son nom, on conviendra qu'il a fait en quelques mois beaucoup de progrès dans son art, car on voit qu'il

[1] *Idée générale*, etc. p. 453.
[2] *Ibid.* p. 458.
[3] *Ibid.* p. 447.
[4] *Ibid.* p. 458.

imprimait en 1474 comme tout le monde. Inutile d'ajouter qu'il ne se servait pas des caractères du *Speculum*.

En définitive, malgré les recherches les plus actives, faites dans un intérêt de nationalité ou un esprit de parti poussé jusqu'à ses dernières limites, on n'a encore trouvé aucun artiste auquel on pût sérieusement attribuer l'impression du *Speculum* dans la période qui s'est écoulée entre l'année 1473, qui vit venir en Hollande les premiers imprimeurs de l'école typographique de Mayence, et l'année 1483, où Veldener imprima à Culembourg la dernière édition hollandaise de ce livre. De plus, on a constaté qu'il n'avait point existé d'imprimerie en Hollande de 1460 à 1473. Qu'en conclure, après tout ce qu'on vient de lire, sinon que l'imprimeur du *Speculum* exerçait grossièrement l'art typographique avant cette époque?

§ 8. Par qui et en quelle ville furent imprimées les éditions anonymes du *Speculum*.

Je crois avoir démontré que ce livre avait été imprimé en Hollande avant 1461. D'après ce que j'ai dit, on peut deviner la conclusion où je tends : d'accord avec la tradition hollandaise, je n'hésite pas à attribuer l'impression du *Speculum* à Laurent Coster, de Haarlem. Comme cette question, la dernière que nous ayons à résoudre, est très-complexe et demande quelque développement, je lui réserve le chapitre suivant.

CHAPITRE II.

LAURENT COSTER ET SON ÉCOLE.

1423-1450.

Beaucoup de personnes vont sans cesse répétant que la tradition hollandaise ne repose sur rien de sérieux; qu'elle est tout entière dans un récit apocryphe de Junius, publié sur la fin du XVIe siècle. C'est là une opinion erronée, qu'on peut facilement réfuter. Junius n'est ni le seul ni le premier qui ait attribué l'origine de l'imprimerie à la Hollande. Le plus ancien récit que nous ayons sur l'histoire de l'imprimerie elle-même est celui qui est consigné dans une chronique allemande, dite de Cologne, parce qu'elle a été imprimée dans cette ville, en 1499. L'auteur anonyme de cette chronique dit positivement que les premiers essais de l'imprimerie furent faits en Hollande: « Quoique l'art, tel qu'on le pratique actuellement, ait été trouvé à Mayence, cependant la première idée vient de la Hollande, et des Donats qu'on imprimait dans ce pays auparavant. Ces livres ont donc été l'origine de l'art.....[1] » Et ce témoignage a d'autant plus de poids, qu'il est emprunté à Ulric Zell, contemporain de Gutenberg, l'un de ses élèves, dit-on, et l'un des pre-

[1] Wolf, *Monum. typogr.* t. I, p. 407. — Meerman, *Orig. typogr.* t. II, p. 105. — Wetter, *Kritische Geschichte*, etc. p. 278. — Falkenstein, *Geschichte der Buchdruckerkunst*, p. 72.

miers ouvriers qui ont émigré de Mayence pour répandre l'art typographique dans le monde. Ulric Zell avait importé l'imprimerie à Cologne, et y exerçait encore cet art à l'époque où fut publiée la chronique en question, comme nous l'apprend son auteur.

L'opinion du chroniqueur est encore corroborée par celle de Mariangelus Accursius, qui avait écrit ce qui suit sur un ancien Donat en caractères mobiles que posséda plus tard Alde le Jeune : « Impressus autem est hic Do-« natus et Confessionalia primum omnium anno 1450. « Admonitus certe fuit ex Donato Hollandiæ prius im-« presso in tabula incisa[1]. » Accursius dit ici, il est vrai, que le Donat initiateur hollandais était en caractères fixes; mais c'est une simple hypothèse, car il ne l'avait pas vu, et j'espère prouver plus loin que les premiers Donats imprimés étaient en caractères mobiles. Mais en supposant même qu'il en fût autrement, ces Donats n'auraient pas été les premiers ouvrages xylographiques. Longtemps auparavant on avait publié des livres de gravures avec du texte sur planches fixes, et ces livres auraient pu, tout aussi bien que les Donats, révéler l'idée des caractères mobiles à Gutenberg, si, en effet, c'était à la vue d'impressions xylographiques qu'il eût conçu son plan.

Quoi qu'il en soit, plusieurs années avant Junius, et au plus tard en 1561, Jean Van Zuyren, bourguemestre de Haarlem, avait écrit, sous le titre de *Dialogus de prima artis typographicæ inventione*, un travail dont il ne reste

[1] A. Roccha, *Biblioth. Vatic.* ed. Rom. 1591, p. 411.

plus malheureusement que quelques fragments, et dans lequel il revendique positivement pour son pays l'honneur de l'invention, « rudia fortasse, sed tamen prima[1], » sans toutefois prétendre ravir à Mayence ses titres particuliers à la reconnaissance du genre humain pour avoir perfectionné et vulgarisé cet art: « nihil tamen Moguntinensi quicquam reipublicæ unquam detractum volo. »

Theod. Volchart Coornhert en dit à peu près autant dans la préface de sa traduction hollandaise des *Offices* de Cicéron, imprimée par lui-même ou du moins chez lui, à Haarlem, en 1561 : « On m'a souvent assuré de bonne foi que l'art de l'imprimerie avait d'abord été inventé dans la ville de Haarlem, quoique d'une manière très-informe... Cet art ayant dans la suite été transporté à Mayence par un ouvrier infidèle, il y fut extrêmement perfectionné, et, pour l'avoir rendu public, cette dernière ville a tellement acquis la gloire de la première invention, que nos concitoyens obtiennent peu de croyance quand ils s'attribuent l'honneur d'en être les véritables inventeurs[2]. » Cette dernière phrase est très-intéressante, car elle démontre que la controverse au sujet des prétentions de Haarlem existait déjà avant le récit de Junius.

Sans doute on rejettera ces témoignages comme suspects, à cause de leur nationalité; mais la Hollande peut

[1] Scriverius, *Laure-Crans*, p. 29.—Wolf, *Monum. typogr.* t. I, p. 246. —Meerman, *Orig. typogr.* t. II, p. 190.—Ottley, *An inquiry*, etc. p. 176.

[2] Scriverius, *Laure-Crans*, p. 26.—Wolf, *Monum. typogr.* t. I, p. 238. —Meerman, *Orig. typogr.* t. II, p. 193.—Ottley, *An inquiry*, etc. p. 178.

invoquer des témoignages étrangers tout aussi positifs. Ainsi j'ai déjà mentionné la Chronique de Cologne; je pourrais rappeler encore les récits de Georges Braunius, doyen de l'église Notre-Dame de Cologne [1]; de Michel Eytzinger, Autrichien [2], etc. Je me contenterai d'en citer un dont l'opinion ne peut être accusée de partialité : Ludovic Guicciardini, de Florence, dit ce qui suit à l'article *Haarlem*, dans sa Description des Pays-Bas [3], publiée pour la première fois en italien à Anvers en 1567 : « Suivant la commune tradition du pays, le témoignage de quelques écrivains et d'autres anciens monuments, l'imprimerie aurait été premièrement inventée dans cette ville, ainsi que l'art de fondre les lettres, et l'inventeur étant mort avant d'avoir pu perfectionner son œuvre, un de ses ouvriers, qui était allé s'établir à Mayence, en divulgua la connaissance par la pratique. Là on s'y appliqua tellement, que cette invention fut amenée à sa perfection, d'où vient l'opinion qu'elle y avait vu le jour..... Je ne puis ni ne veux décider cette question : il me suffit d'en avoir dit un mot pour ne porter préjudice ni à cette ville ni à ce pays. »

Mais si Junius n'est pas le seul qui ait revendiqué pour

[1] Voyez le second volume de son livre intitulé : *Civitates orbis terrarum* (4 vol. in-fol. Cologne, 1570-1588), où se trouve la carte de Haarlem.

[2] *Leo Belgicus, sive de topographia atque historica Belgii descriptione liber*, Cologne, 1583, in-fol.

[3] *Descrizione di tutti i Paesi Bassi*, p. 180. Ce passage a été reproduit en italien par Meerman, *Orig. typogr.* t. II, p. 197, et par Ottley, *An inquiry*, etc. p. 179.

Haarlem l'honneur de l'invention des caractères mobiles, il est du moins celui qui nous a donné le plus de détails : il résume et complète tout ce qui avait été dit avant lui sur ce sujet. Je vais transcrire en entier, dans sa langue originale, toute la partie de son récit qui nous intéresse, et je la ferai suivre d'une traduction rigoureuse, accompagnée d'une paraphrase ; mais avant il convient de dire un mot de Junius lui-même, afin qu'on sache quel degré de confiance il mérite.

Hadrien Junius, fils de Pierre, naquit à Hoorn, en 1511 ; il fit ses premières études à l'école latine de Haarlem, et alla ensuite se perfectionner dans différentes universités de l'Europe. Son savoir l'ayant fait distinguer de bonne heure, il fut nommé médecin ordinaire du duc de Norfolk, puis du roi de Danemark. De retour à Haarlem en 1564, il fut nommé médecin de cette ville, et directeur de l'école latine. Le 5 février 1565, il fut chargé par les États de Hollande d'écrire l'histoire de ce pays. Son travail fut terminé vers 1569, comme le constate une préface manuscrite datée du 6 janvier 1570. Les circonstances n'ayant pas permis de publier alors ce livre, Junius y fit quelques additions jusqu'à l'époque de sa mort, arrivée le 10 juin 1575 [1]. Enfin l'ouvrage, dont les manuscrits originaux

[1] Ces faits sont parfaitement éclaircis aujourd'hui à l'aide des pièces authentiques publiées par MM. de Vries et Noordziek, à la suite du livre intitulé : *Éclaircissements sur l'histoire de l'invention de l'imprimerie*, la Haye, 1843, in-8°.

existent encore, fut imprimé en 1588, treize ans après la mort de l'auteur, par les soins de son fils Pierre, sous le titre de *Batavia*[1]. Le passage relatif à Coster doit avoir été écrit vers 1568, si l'on en juge par la place qu'il occupe dans le manuscrit[2]; en voici la partie essentielle pour nous :

... Habitavit ante annos centum duodetriginta Harlemi in ædibus satis splendidis (ut documento esse potest fabrica quæ in hunc usque diem perstat integra) foro imminentibus e regione Palatii Regalis, Laurentius Joannes[3] cognomento Æedituus Custosve, (quod tunc opimum et honorificum munus familia eo nomine clara hæreditario jure possidebat) is ipse qui nunc laudem inventæ artis typographicæ recidivam justis vindiciis ac sacramentis repetit, ab aliis nefarie possessam et occupatam, summo jure omnium triumphorum laurea majore donandus. Is forte in suburbano nemore spatiatus (ut solent sumpto cibo aut festis diebus cives qui otio abundant) cœpit faginos cortices principio in literarum typos conformare, quibus inversa ratione sigillatim chartæ impressis versiculum unum atque alterum animi gratia ducebat, nepotibus ge-

[1] *Hadriani Junii Hornani medici Batavia, in qua,* etc. Ex officina Plantiniana, apud Franciscum Raphelengium, 1588, petit in-4° (et non pas in-fol. comme on le dit ordinairement). Raphelingue, l'imprimeur de ce livre, avait été correcteur chez Plantin. Il devint un des gendres de ce célèbre imprimeur, et lui succéda dans l'imprimerie que celui-ci avait fondée à Leyde; c'est ce qui explique le titre de *plantinienne* que Raphelingue donne à son officine.

[2] Ce passage, qui se trouve pages 255-258 de l'édition originale, a été reproduit dans beaucoup d'autres livres, mais avec moins de fidélité qu'ici. — Voyez particulièrement Wolf, *Monum. typogr.* t. I, p. 232 et suiv. — Meerman, *Orig. typogr.* t. II, p. 89. — Ottley, *An inquiry,* etc. p. 172. — Guichard, *Notice sur le Speculum,* p. 83.

[3] Et non *Joannis*, comme l'écrivent quelques personnes.

neri sui liberis exemplum futurum. Quod ubi feliciter successerat, cœpit animo altiora (ut erat ingenio magno et subacto) agitare, primumque omnium atramenti scriptorii genus glutinosius tenaciusque, quod vulgare lituras trahere experiretur, cum genero suo Thoma Petro, qui quaternos liberos reliquit omnes ferme consulari dignitate functos (quod eo dico ut artem in familia honesta et ingenua, haud servili, natam intelligant omnes) excogitavit, inde etiam pinaces totas figuratas additis characteribus expressit[1]. quo in genere vidi ab ipso excusa Adversaria, operarum rudimentum, paginis solum adversis, haud opistographis : is liber erat vernaculo sermone ab auctore conscriptus anonymo, titulum præferens, Speculum nostræ salutis. in quibus id observatum fuerat inter prima artis incunabula (ut nunquam ulla simul et reperta et absoluta est) uti paginæ aversæ glutine commissæ cohærescerent, ne illæ ipsæ vacuæ deformitatem adferrent. Postea faginas formas plumbeis mutavit, has deinceps stanneas fecit, quo solidior minusque flexilis esset materia, durabiliorque : e quorum typorum reliquiis quæ superfuerant conflata œnophora vetustiora adhuc hodie visuntur in Laurentianis illis, quas dixi, ædibus in forum prospectantibus, habitatis postea a suo pronepote Gerardo Thoma, quem honoris caussa nomino, cive claro, ante paucos hos annos vita defuncto sene. Faventibus, ut fit, invento novo studiis hominum, quum nova merx, nunquam antea visa, emptores undique exciret cum huberrimo quæstu, crevit simul artis amor, crevit ministerium, additi familiæ operarum ministri, prima mali labes, quos inter Joannes quidam, sive is (ut fert suspicio) Faustus fuerit ominoso cognomine, hero suo infidus et infaustus, sive alius eo nomine, non magnopere laboro, quod silentum umbras inquietare nolim,

[1] Cette ponctuation, non suivie d'une majuscule, est très-remarquable, et, comme le fait observer M. de Vries (*Éclaircissements*, p. 21, note 2), elle forme, avec la ponctuation analogue qui suit le mot *salutis,* une espèce de parenthèse, qui permet de rattacher immédiatement *in quibus* à *expressit.*

contagione conscientiæ quondam dum viverent tactas. Is ad operas excusorias sacramento dictus, postquam artem jungendorum characterum, fusilium typorum peritiam, quæque alia eam ad rem spectant, percalluisse sibi visus est, captato opportuno tempore, quo non potuit magis idoneum inveniri, ipsa nocte quæ Christi natalitiis solennis est, qua cuncti promiscue lustralibus sacris operari solent, choragium omne typorum involat, instrumentorum herilium ei artificio comparatorum supellectilem convasat, deinde cum fure domo se proripit, Amstelodamum principio adit, inde Coloniam Agrippinam, donec Magontiacum perventum est, ceu ad asyli aram, ubi quasi extra telorum jactum (quod dicitur) positus tuto degeret, suorumque furtorum aperta officina fructum huberem meteret. Nimirum ex ea, intra vertentis anni spacium, ad annum a nato Christo 1442, iis ipsis typis, quibus Harlemi Laurentius fuerat usus, prodisse in lucem certum est Alexandri Galli Doctrinale, quæ grammatica celeberrimo tunc in usu erat, cum Petri Hispani tractatibus, prima fœtura. Ista sunt ferme quæ a senibus annosis fide dignis, et qui tradita de manu in manum quasi ardentem tædam in decursu acceperant, olim intellexi, et alios eadem referentes attestantesque comperi. Memini narrasse mihi Nicolaum Galium, pueritiæ meæ formatorem, hominem ferrea memoria et longa canitie venerabilem, quod puer non semel audierit Cornelium quendam bibliopegum ac senio gravem, nec octogenario minorem (qui in eadem officina subministrum egerat) tanta animi contentione ac fervore commemorantem rei gestæ seriem, inventi (ut ab hero acceperat) rationem, rudis artis polituram et incrementum aliaque id genus, ut invito quoque præ rei indignitate lachrymæ erumperent, quoties de plagio inciderat mentio : tum vero ob ereptam furto gloriam sic ira exardescere solere senem, ut etiam lictoris exemplum eum fuisse editurum in plagiarium appareret, si vita illi superfuisset : tum devovere consuevisse diris ultricibus sacrilegum caput, noctesque illas damnare atque execrari, quas una cum scelere illo, communi in cubili per aliquot menses exegisset. Quæ non dissonant a verbis Quirini Talesii Cos. eadem fere ex ore librarii ejusdem se olim accepisse mihi confessi.....

Nous devons déplorer la malheureuse idée qu'a eue Junius d'adopter la langue latine pour écrire son livre; car cette circonstance jette une grande obscurité sur son récit. Mais le latin était d'un usage général alors parmi les savants de tous les pays : ils ne se préoccupaient nullement de l'impropriété des termes d'une langue morte depuis un grand nombre de siècles pour désigner des choses contemporaines, sans analogie avec celles du passé. Ainsi nous voyons ici le mot classique *cos.* (consul) remplacer celui de bourguemestre; ailleurs l'ex-apprenti typographe Cornelius est qualifié tantôt *bibliopegus*, tantôt *librarius*. Il faut un peu deviner pour traduire le bon latin fabriqué de nos jours, et c'est là son moindre inconvénient.

J'ai tâché de faire ma traduction aussi fidèle que possible, et j'ai l'espoir d'avoir mieux réussi que mes devanciers; mais pour cela j'ai dû souvent m'aider de la connaissance des faits, car je ne crains pas d'affirmer qu'une personne étrangère au sujet, qui voudrait traduire littéralement le latin classique de Junius, ne nous donnerait qu'un récit inintelligible.

§ 1er. « Il y a cent vingt-huit ans demeurait à Haarlem, « dans une maison considérable (comme en peut témoi- « gner la bâtisse, restée entière jusqu'à ce jour) donnant « sur la place, en face du palais du roi, un nommé Lau- « rent [fils de] Jean, surnommé *Sacristain* ou *Marguillier*

« [Koster], de la charge lucrative et honorable que sa « famille, très-connue sous ce nom, possédait alors par « droit d'héritage; c'est celui-là même qui, ayant mérité « une gloire supérieure à celle de tous les conquérants, « peut revendiquer à juste titre l'honneur de l'invention « de l'art typographique, honneur usurpé aujourd'hui par « d'autres. »

Voyons d'abord à quelle année se rapporte le début de ce récit. Nous avons dit que Junius avait écrit ce passage de son livre vers l'année 1568; si nous retirons 128[1] de 1568, nous trouvons 1440. C'est en effet la date qu'a en vue Junius, comme on le voit à la fin de son récit, où il dit qu'environ un an après, en 1442, le voleur de Coster imprimait à Mayence.

En second lieu, la maison dont parle Junius était parfaitement connue : elle portait naguère encore une inscription commémorative de l'invention de Coster[2]; mais elle

[1] Lambinet, un des critiques les plus impitoyables de Junius, traduit *centum duodetriginta* par *cent trente-deux ans* (*Origine de l'imprimerie*, t. I, p. 263) : c'est une assez lourde faute de la part d'un maître d'école, titre dont il se targue dans son livre (*ibid.* t. II, p. 1 de l'avertissement). Le reste de sa traduction n'est pas plus exact.

[2] C'était un simple tableau peint sur bois, où on lisait d'abord l'inscription suivante :

MEMORIÆ SACRVM.
TYPOGRAPHIA
ARS ARTIVM OMNIVM
CONSERVATRIX
HIC PRIMVM INVENTA
CIRCA ANNVM CIƆCCCCXL.

La date qui termine cette inscription fut ensuite remplacée par celle

s'écroula en 1818, et à sa place on en a construit une autre qui, lors de mon passage à Haarlem, en septembre 1850, était elle-même en réparation. Cette maison, en face de laquelle on a placé la statue de Coster, est au coin de la rue appelée *Smedestraat* et de la place de la grande église, autrefois Saint-Bavon. A l'autre coin de rue, où était jadis l'hôtel de ville, se trouve un corps de garde, et plus loin, de l'autre côté de la place (dite du Grand-Marché, *Groot Markt*), le palais royal, occupé aujourd'hui par l'hôtel de ville. C'est dans ce dernier édifice qu'on a placé le Musée Costérien, composé de tout ce qui se rapporte de près ou de loin à la personne de Coster ou à son invention.

En troisième lieu, faut-il traduire Laurent Jean ou Laurent fils de Jean? C'est un point qui est sans importance pour nous; toutefois il paraît que, d'après la latinité de Junius, c'est la seconde version qui est la seule bonne[1]. Ceci, au reste, n'a jamais fait l'objet d'un doute. Il n'en est pas de même du nom de famille de Coster. Les savants qui, jusqu'à nos jours, ont cru devoir se servir dans leurs écrits de la langue latine préférablement à leur idiome national, et n'ont pas reculé devant la traduction des noms propres, ont donné matière pour

de *1428*, sur les observations de Scriverius. On a plus tard érigé une statue à Coster en face de cette maison. (Voyez Meerman, *Orig. typogr.* t. I, p. 69.)

[1] Voyez les explications données à ce sujet par M. de Vries, dans ses *Éclaircissements*, p. 60.

l'avenir à d'intarissables disputes de mots. Ainsi, dans le récit que nous analysons, le nom de Coster ne paraît pas une seule fois; il est rendu par les mots de *Æditwus* ou *Custos*, qui eux-mêmes ne sont que des équivalents d'un autre mot inconnu aux latins. Or, comme aucun écrivain ancien n'a nommé Coster, on pourrait attaquer cette partie du récit de Junius. Mais il y a là une question de bonne foi[1]. Il est certain que, par les mots *Æditwus Custosve*, notre auteur a cherché à rendre aussi exactement que possible le nom de *Coster* (ou Koster, comme on écrirait aujourd'hui), qui, dans le hollandais, équivaut au mot français de *sacristain*. Des transformations de ce genre, et de plus étranges encore, n'étaient pas rares aux XVIe et XVIIe siècles. Il y a même des noms de personnages célèbres dont on ne peut plus aujourd'hui indiquer la forme originelle. Celui de Junius est presque dans ce cas : il paraît que ce nom n'est que la traduction latine du mot hollandais *jonghe*[2], qui signifie *le jeune*. Aujourd'hui le mot de Junius est le seul connu, même parmi les Hollandais : c'est pourquoi nous l'avons adopté. Les autres noms des personnes qui figurent dans le récit n'ont pas été mieux traités que celui de Coster : est-ce Galius, Gale, ou Gaele, que s'appelait le

[1] Je ne connais qu'un auteur qui ait contesté l'identité de Laurent Janszoon et de Coster : c'est M. Sotzmann, de Berlin. Voyez ce qu'il a écrit dans deux articles des Annales historiques (*Historisches Taschenbuch*) de Raumer, 1837 et 1840.

[2] Il s'appelait *Hadrian de Jonghe*.

précepteur de Junius? est-ce Corneille ou Cornelis, que s'appelait l'apprenti imprimeur désigné sous le nom de *Cornelius?*

Quatrièmement, Junius dit que Laurent tenait de sa famille le nom de Coster, qui avait été donné à celle-ci à cause du titre héréditaire[1] de sacristain qu'elle possédait. Je ne vois rien là que de fort ordinaire pour le temps. Au moyen âge, la plupart des fonctions étaient héréditaires. Dans les monastères, tous les emplois laïques se transmettaient de père en fils : le boulanger, le tailleur, le cuisinier du couvent pouvaient léguer et vendre leur office. La plupart des noms actuels de famille ne sont pas autre chose que des surnoms tirés de ces charges diverses, à une époque qui n'est pas encore fort éloignée. Quelques auteurs ont conclu de ce nom de Coster que Laurent était lui-même sacristain; d'autres l'ont nié : il est certain du moins qu'il n'était pas, comme l'a cru Meerman, sacristain de Saint-Bavon, l'église principale de Haarlem, mais il pourrait bien l'avoir été d'une autre église de cette ville ou du voisinage. Junius ne dit pas où était située l'église dont la famille Coster avait la *sacristanie.* Cette partie de son récit a, du reste, été l'objet de nombreuses discussions : les uns, partisans exclusifs de Mayence, ont

[1] Voir, sur les mots *hæreditario jure,* les observations de M. de Vries (*Éclaircissements,* p. 63), et une brochure en hollandais publiée par M. Schinkel sous un titre dont voici la traduction : *Description du manuscrit* (*de Batavia*) *conservé à la Bibliothèque royale de la Haye, tirée des papiers de M. Gérard van Lennap* (in-8°, la Haye, 184...).

cru y voir la preuve que Laurent était de basse extraction, comme ils disent; d'autres, au contraire, les partisans de Haarlem, se sont amusés à lui bâtir des généalogies nobiliaires : parmi ceux-ci, les uns le font descendre d'une illustre famille DE COSTER, dont personne encore n'a fait l'histoire, et qui d'ailleurs ne peut avoir aucun rapport avec la famille *surnommée Coster* tout court; d'autres encore, à la tête desquels est Meerman, le rattachent à la famille de Brederolde, issue des comtes de Hollande! En vérité, je ne vois pas en quoi cela intéresse l'histoire de l'imprimerie. Qu'importe que l'inventeur des caractères mobiles ait été *vilain* ou grand seigneur! S'il fallait absolument choisir entre les deux opinions, j'avoue même que je préférerais adopter celle des partisans de Mayence, car elle est plus glorieuse pour Coster, en le faisant partir de plus bas; et j'ajoute qu'elle me semble de beaucoup la plus probable. Tout ce qu'on sait de Coster nous le montre comme un bon bourgeois de Haarlem, et non comme un gentilhomme; son nom lui-même, quoi qu'on dise, vient encore à l'appui de cette opinion. On sait que les noms patronymiques, ou noms de famille, comme nous les appelons aujourd'hui, ne sont pas fort anciens dans la bourgeoisie; au XVe siècle beaucoup de familles plébéiennes n'en avaient point encore, ou du moins n'en avaient pas de fixes. Aussi Laurent Coster n'est-il habituellement nommé que Laurent fils de Jean (*Lourens Janszoon*); sa femme, Catherine, fille d'André (*Andries dochter*); son gendre, Thomas, fils de Pierre (*Pieterzoon*), et l'on ne connaît pas d'autre nom à ce dernier : tout cela ne dénote pas de la part des uns ni des autres des prétentions nobiliaires bien vives.

Les Mayençais, fiers de la qualité de *chevalier* qu'avait leur compatriote Gutenberg, plaisantent sur les dénominations vulgaires que je viens de rappeler, et qui prouvent, suivant eux, que Coster était un homme sans importance, auquel on ne peut sérieusement attribuer l'honneur d'avoir inventé le premier les caractères mobiles. Or des découvertes récentes m'ont révélé qu'on se servait d'une dénomination analogue et même plus triviale un demi-siècle plus tard dans la famille même du célèbre Jean Fust. On verra, en effet, plus loin, que le fils de ce dernier est ordinairement désigné, même dans les actes officiels du temps, par le surnom allemand de *Hannequis*, qui équivaut en français à celui de Jeannot[1] ou petit Jean. Il en est de même de l'argument que les Mayençais tirent contre l'honorabilité de Coster de sa prétendue charge de sacristain. Si cet argument, qui a le tort de supposer au XVe siècle les idées du XIXe, était fondé, il prouverait contre eux-mêmes, car nous verrons plus loin que Fust, l'associé de Gutenberg, et l'un des plus honorables bourgeois de Mayence, fut élu membre

[1] Le nom de *Jeannequin*, identique à celui de Hannequis, dont il était peut-être la traduction, paraît fréquemment en France au XVe siècle, comme j'ai pu m'en convaincre en parcourant les tables du Trésor des chartes, aux Archives générales de la république, lorsque je cherchais des renseignements pour ce travail. (On dit aujourd'hui *Hennequin*).

du conseil de fabrique de sa paroisse à l'époque de sa plus grande célébrité typographique.

§ 2. « Se promenant un jour dans le bois voisin de la « ville (comme ont coutume de faire les citoyens désœu- « vrés après le dîner et les jours de fête), Laurent se prit « à façonner des écorces de hêtre en forme de lettres, « desquelles, en les renversant et imprimant successive- « ment une à une sur une feuille de papier, il obtint, en « s'amusant, des versets [ou petites sentences] destinés « à servir d'exemple à ses petits-fils, les enfants de son « gendre. »

Il a été constaté[1] que le bois dont parle ici Junius, et qui a été rétabli depuis, avait été détruit en 1426, lorsque Jacqueline de Bavière assiégea Haarlem, à l'occasion des troubles suscités par l'ambition de son oncle : c'est donc avant cette époque qu'il faut placer la promenade de Coster. Or, comme ce dernier, né vers 1370, ne pouvait guère être grand-père avant 1420, c'est entre ces deux dates (1420 et 1426) qu'il faudrait placer la première idée des caractères mobiles, en admettant comme positives les données de l'écrivain hollandais. C'est ce qui a porté les partisans de Coster a adopter définitivement la date de 1423, qu'ils ont fait inscrire quatre siècles après sur une pierre élevée dans le bois même de Haarlem en l'honneur de cet événement. Mais il est bon de faire remarquer que la découverte de Coster n'était rien encore à ce moment, en présence des difficultés qu'il

[1] De Vries, *Éclaircissements*, p. 168.

y avait à vaincre avant de pouvoir obtenir un résultat sérieux. La pensée de Coster était déjà venue à l'esprit de beaucoup de personnes; car c'est une idée fort simple que celle d'imprimer isolément des lettres : les cachets offraient des exemples très-anciens de ce genre d'impression. Cicéron l'avait positivement exprimée il y avait plus de quinze cents ans[1]. C'était l'exécution qui était difficile, et non pas la conception. Je ne crains pas de dire que, si les choses se sont passées comme le rapporte Junius, il n'y avait encore rien de fait; car il est impossible, ainsi que je crois l'avoir démontré, d'imprimer avec de petits caractères de bois. Au reste, la suite du récit de Junius prouve bien que Coster n'était pas arrivé alors au résultat.

Dans sa *Notice sur Laurent Coster*[2], M. Ant. Aug. Renouard s'exprime ainsi, à propos des mots latins *faginos cortices*, qui figurent dans ce paragraphe du récit de Junius : « Si celui qui a imaginé cet invraisemblable conte ou ceux qui le défendent avaient pris la peine d'aller, non pas même dans la forêt[3] de Haarlem, mais seulement dans leur bûcher, et d'y examiner un morceau de hêtre, ils auraient vu qu'il fallait construire autrement

[1] *De nat. Deor.* lib. II.

[2] Brochure in-8° de seize pages; mai, 1838.

[3] Je ferai remarquer que cette *forêt* est une magnifique promenade qui touche aux murs de la ville, et qui peut être comparée avec avantage aux Champs Élysées de Paris ou au bois de Boulogne, dont il réunit les deux genres d'agréments. Plusieurs villes de la Hollande possèdent des promenades semblables, particulièrement la Haye, dont le *bois* est très-fréquenté dans la belle saison.

leur fable, et qu'avec nul morceau d'écorce de hêtre, même de l'arbre le plus gros et le plus vieux, il ne se pourrait faire rien de semblable à des caractères destinés à subir la forte pression, le foulage, sans lesquels aucune empreinte d'imprimerie, même la plus imparfaite, ne saurait être obtenue. » Cette critique porte à faux; car Junius ne dit nulle part que les caractères en écorce de hêtre aient servi à l'impression; il dit, au contraire, que Coster, en les appliquant l'un après l'autre sur le papier avec la main, produisit de petites sentences destinées à l'instruction des enfants de son gendre. Au reste, peu importe ce détail. Quand bien même il serait prouvé que Junius s'est trompé sur l'*essence* du bois dont se serait servi en premier lieu Coster, cela ne pourrait infirmer les données générales de la tradition. Ce qui est remarquable, au contraire, comme preuve d'impartialité, c'est que Junius, au lieu d'attribuer aux recherches de Coster l'invention des caractères mobiles, l'attribue au hasard. Cette circonstance enlèverait à l'inventeur une bonne partie de son mérite; mais je n'hésite pas à dire que Junius est ici dans l'erreur, et que ce n'est pas au hasard qu'on doit les caractères mobiles. Je donnerai plus loin les raisons qui me portent à penser ainsi.

§ 3. « Cela ayant heureusement réussi, il se mit, en « homme ingénieux et habile qu'il était, à méditer dans « son esprit quelque chose de plus sérieux. Et d'abord, « aidé de son gendre Thomas [fils de] Pierre, lequel laissa « quatre enfants qui occupèrent presque tous des charges

« consulaires (ce que je rapporte pour que tout le monde « sache que cet art a pris naissance dans une famille dis- « tinguée et non de condition vile), il imagina une sorte « d'encre plus visqueuse et plus tenace que l'encre or- « dinaire, parce qu'il avait éprouvé que celle-ci s'éten- « dait trop ; et c'est par son moyen qu'il reproduisit des « planches gravées avec figures, auxquelles il ajouta des « caractères. J'ai vu en ce genre un livret, premier et « grossier essai de ses travaux[1], imprimé par lui d'un côté « seulement, et non sur le verso : c'était un livre composé « dans la langue du pays par un auteur anonyme, et ayant « pour titre *Miroir de notre salut*[2]. On remarquait dans « ce premier produit d'un art encore au berceau (car ja- « mais un art n'arrive à la perfection au moment de sa « découverte) que les pages opposées étaient réunies dos « à dos avec de la colle, pour que les côtés vides n'appa- « russent pas comme une difformité. »

[1] M. de Vries (*Éclaircissements*, p. 11) traduit *adversaria* par *annotations*, qui n'est pas le mot propre, et *operarum* par ouvriers (d'*operæ*, manœuvres). Je crois qu'on doit voir plutôt dans ce dernier mot le génitif pluriel d'*opera*, travail : c'est dans ce sens qu'il est employé plusieurs fois dans le cours du récit. M. de Vries va contre son propre système en supposant que Coster avait des ouvriers dès le début de ses travaux ; il est d'ailleurs en contradiction avec Junius, qui dit que les ouvriers, source du malheur, ne vinrent que plus tard.

[2] Voir, pour la ponctuation de tout ce passage dans le texte latin, ce que dit M. de Vries (*Éclaircissements*, p. 21, note 2). Il résulte de ses observations que la phrase commençant à *J'ai vu* et finissant à *salut* est une incidence qui permet de rattacher le membre de phrase commençant par *On remarquait* à celle qui se termine par *des caractères*.

Évidemment Junius raconte ici les faits comme il croit qu'ils ont dû se passer, et non comme ils ont eu lieu en effet. Ainsi, il est bien certain qu'on faisait usage depuis longtemps d'une encre qui, sans être très-visqueuse, était moins coulante que l'encre à écrire, avec laquelle Coster n'aurait réellement rien pu imprimer : cette encre était la couleur à la détrempe qu'employaient les cartiers et les imagiers, et qui devait parfaitement suffire pour des essais d'impression de caractères de bois, comme ceux qu'indique Junius. Et je ne doute pas que cette encre ne fût connue de Coster, qui certainement n'était pas étranger aux travaux de l'imprimerie : c'est ce que vient confirmer pleinement, au reste, le livre dont parle ici Junius, et que j'ai décrit au chapitre précédent. En effet, nous y trouvons précisément des exemples d'impression avec l'encre à la détrempe concurremment avec l'encre d'imprimerie proprement dite. De plus, les planches qui paraissent dans ce livre prouvent que Coster était déjà imprimeur avant d'avoir réalisé les caractères mobiles, car on ne peut admettre qu'il ait gravé lui-même les images sans avoir été préparé à ce travail. Ce n'est pas à soixante ans qu'il aurait débuté par un coup de maître. D'ailleurs, si l'on veut attribuer à Coster les caractères mobiles de ce livre, il faut bien aussi lui en attribuer les caractères fixes : or ces derniers font corps avec les gravures, qui sont dans toutes les éditions. En supposant qu'on pût contester cette conclusion, je ferai remarquer que l'action même d'avoir gravé des lettres à rebours prouve que Coster était déjà initié aux détails de la profession. Aussi je crois sans difficulté, quant à moi, avec Daunou[1] et autres, que Coster était déjà *imprimeur* en xylographie.

Junius revient encore dans ce paragraphe sur le rang honorable que tenait la famille de Coster; toutefois il ne dit rien qu'on ne puisse accepter. Il ne va pas, comme Meerman, jusqu'à en faire une famille princière! Chez lui il n'est pas question de noblesse : il ne parle que des charges municipales remplies par les fils de Thomas. Pour peu qu'on connaisse l'histoire des villes de Flandre, ou même celles de Paris, de Lyon, etc., on ne sera pas surpris qu'un cartier, qu'un imprimeur ait été bourgmestre de Haarlem.

§ 4. «Plus tard, il employa pour ses caractères du «plomb au lieu de hêtre; puis il les fit en étain, pour «que la matière fût moins flexible, plus solide et plus «durable.»

Aucune des phrases de Junius n'a été aussi vivement critiquée que celle-ci. Comme cet auteur cite le *Specu-*

[1] Daunou, dont on ne contestera pas sans doute l'esprit de critique, dit même, après avoir analysé, dans son traité si remarquable sur l'origine de l'imprimerie, les nombreux témoignages écrits qui plaident en faveur de Coster : «Beaucoup de faits peu contestés ne reposent pas sur des fondements plus solides.» (*Analyse des opinions diverses sur l'origine de l'imprimerie,* p. 118; et réimpression de Lambinet, t. I, p. 408.) Cet aveu d'un partisan de Gutenberg est précieux à enregistrer. Il est le témoignage d'un esprit équitable, qui, en présence des monuments, n'hésiterait pas à changer d'opinion.

lum dans le paragraphe précédent, avant d'avoir parlé des caractères de métal, on a cru y trouver la preuve qu'il jugeait ce livre imprimé en caractères mobiles de bois. Mais la ponctuation du texte latin est contraire à cette opinion; elle montre que c'est par incidence seulement que Junius a parlé du *Speculum*, et pour citer un des volumes à gravures de Coster, volume qu'il avait pu voir. Cet auteur ne suit pas toujours l'ordre rigoureux des faits : c'est ainsi qu'au milieu de son récit de l'invention de l'encre d'imprimerie il nous parle des charges consulaires qu'ont remplies, beaucoup plus tard, les petits-fils de Coster, ceux-là mêmes pour l'amusement et l'instruction desquels ce dernier avait sculpté des lettres en bois. On doit regarder comme une incidence du même genre ce qu'il dit du *Speculum* dans le paragraphe précédent, et le placer après celui-ci. Au surplus, une erreur de détail n'infirmerait pas le fond du récit, s'il était démontré qu'il fût exact. Or jusqu'ici rien ne me paraît le rendre inadmissible. En supposant que Junius, homme du monde et non typographe, eût cru le *Speculum* imprimé en caractères mobiles de bois, il n'eût fait que suivre l'opinion la plus générale de son siècle, opinion qui n'est pas encore entièrement déracinée aujourd'hui. En tout cas, il constate positivement ici que Coster a fait usage de caractères de métal : qu'il les place avant ou après le *Speculum*, peu nous importe, à nous qui avons la preuve que, sauf une seule, dont une partie est en planches fixes, toutes les éditions aujourd'hui connues de ce livre sont imprimées en caractères mobiles de métal fondu. Qui sait même si Junius n'a pas voulu parler d'une édition entièrement xylographique, maintenant perdue, et dont il aurait cru les caractères mobiles, par suite de son inaptitude à juger les choses typographiques?

§ 5. « L'on voit encore des vases à vin fabriqués avec « les débris de ces caractères dans la maison de ce Lau- « rent dont j'ai parlé, laquelle a vue sur la place, et a été « habitée depuis par son arrière-petit-fils, Gérard [fils de] « Thomas, citoyen distingué, qui est mort il y a peu d'an- « nées, déjà avancé en âge, et que je nomme pour lui « rendre hommage. »

Junius cite ici un fait contemporain à l'appui de son récit, c'est l'existence dans la maison de Coster de caractères de métal au milieu du XVIe siècle. Évidemment, en parlant ainsi il n'en imposait pas à ses lecteurs : un mensonge aurait été plus dangereux qu'utile, car il n'était pas nécessaire pour soutenir son récit et pouvait le compromettre. D'ailleurs, s'il eût tant fait que de mentir, Junius pouvait aussi bien dire que les caractères en question existaient encore dans leur état primitif. Mais tous les habitants instruits de Haarlem devaient connaître cette circonstance curieuse de la confection de vases d'étain avec des caractères d'imprimerie. Le souvenir devait s'en être d'autant mieux conservé, que, sauf durant quelques années de la fin du XVe siècle, Haarlem n'a point eu d'imprimerie fixe et régulière de la nouvelle école avant 1561, époque où Coornhert, conjointement avec Jean

Van Zuyren, en établit une par patriotisme, comme il nous l'apprend dans la préface de son édition des *Offices* de Cicéron, déjà citée[1]. Cette édition, en hollandais, la première qui sortit des presses de Coornhert, est dédiée aux magistrats municipaux de Haarlem.

§ 6. « Le goût du public étant naturellement favo« rable à l'invention, et la marchandise, jusqu'alors incon« nue, attirant de toutes parts les acheteurs et procu« rant des bénéfices importants, l'amour de Laurent pour « son art s'en accrut, et aussi le besoin d'étendre ses tra« vaux : il joignit, à cet effet, aux membres de sa famille « des ouvriers étrangers, ce qui fut l'origine du mal. »

Je n'ai rien à dire de ces considérations, sinon qu'elles semblent prouver que Laurent Coster travailla longtemps seul, ce qui confirme encore mon opinion sur la profession industrielle antérieure de ce dernier. Il n'est pas présumable, en effet, qu'un citoyen riche et dans une position élevée, qui aurait vécu sans rien faire auparavant, se fût mis tout à coup, sur la fin de ses jours, à exploiter seul une industrie nouvelle. Tout démontre, au contraire, dans ses impressions une exploitation ancienne, qui avait besoin d'un artiste de profession pour graver les images et les textes des planches xylographiques. Comment d'ailleurs expliquer le grand débit des livres de Coster avec l'espèce d'incognito qu'il aurait gardé? Il fallait bien qu'on sût qui vendait les livres auxquels le goût du public était si favorable, pour qu'on pût venir les acheter. Les Hollan-

[1] Voyez ci-dessus, p. 58.

dais ont tort, à mon avis, de vouloir faire de Laurent un *gentilhomme* qui s'amuse à tromper sans profit le public en lui donnant pour des manuscrits des livres imprimés. Les produits de la presse de Coster ne sont pas si merveilleux, qu'on ne doive leur préférer le travail du scribe à prix égal : c'est différent, si nous faisons de Coster un marchand[1]; et comment ne pas en faire un marchand, et un marchand connu, lorsque nous voyons qu'il imprima plus de quatre éditions d'un même livre?

§ 7. « Parmi ces aides [qu'employa Coster] se trouvait « un nommé Jean, soit qu'il fût, comme je le soupçonne, « [Jean] Faust, au surnom de mauvais augure, infidèle et « funeste à son maître, soit que ce fût un autre du même « nom, ce qui me préoccupe peu, ne voulant point in- « quiéter les mânes des morts, qui ont dû assez souffrir, « pendant leur vie, des reproches de leur conscience. »

Guicciardini[2] raconte que l'art a été importé à Mayence par un des ouvriers du premier inventeur, après la mort de ce dernier; Junius fait un voleur de cet ouvrier, et comme, suivant lui, cet ouvrier s'appelait Jean, il donne à entendre que ce pourrait bien être Jean Fust, associé de Gutenberg; puis il fait un jeu de mots qu'on ne peut rendre en français sur le nom de Fust, qu'il écrit à tort Faust[3], en latin *faustus*, heureux, de bon augure, et le

[1] Voyez de Vries, *Arguments*, etc. p. XXIX et 140-144.

[2] Voyez ci-dessus, p. 59.

[3] Fust n'a jamais écrit son nom ainsi : c'est bien gratuitement qu'on met un *a* dans ce mot, afin sans doute de justifier la monstrueuse confu-

mot *infaustas*, malheureux, de mauvais augure....... Il n'est pas besoin de dire que je n'accepte pas l'hypothèse de Junius à l'égard de Fust[1].

§ 8. « Dès que ce Jean, initié, sous la foi du serment, « aux travaux typographiques, se vit assez habile dans [la « composition ou] l'assemblage des lettres, dans les pro- « cédés de la fonte des caractères et dans toutes les autres « parties de l'art, [il résolut d'en tirer parti pour lui- « même[2]]. Saisissant l'occasion on ne peut plus propice « de la nuit de Noël, pendant laquelle il est d'usage que « tous les fidèles assistent au service divin, il s'introduit « dans le magasin des types, qu'il fouille tout entier, fait « un paquet de ce qu'il y a de plus précieux parmi les « instruments inventés avec tant d'art par son maître, et, « chargé de son larcin[3], il s'enfuit de la maison. »

Pour rendre ridicule le récit de Junius, et se dispenser ensuite de le réfuter, les partisans exclusifs de Mayence

sion qu'ont faite certains écrivains superficiels entre Fust, l'associé de Gutenberg, et le Faust des légendaires et des poëtes.

[1] Des écrivains modernes, mieux instruits du rôle secondaire qu'a joué Fust dans l'invention de l'imprimerie, et forcés de renoncer à l'hypothèse de Junius, vont jusqu'à faire de l'ouvrier de Coster Gutenberg lui-même, ou du moins un de ses parents, appelé *Jean* comme lui!....

[2] Ne pouvant rendre en français la concision du latin, je suis obligé d'ajouter ici quelques mots, que je place entre crochets.

[3] *Cum fure*, dit Junius. Cette expression a donné lieu à beaucoup de disputes. Dans le style de Junius, elle équivaut, selon moi, à *cum furto*. C'est par une métonymie semblable, empruntée à Térence, qu'il donne un peu plus bas au mot *scelus* le sens de scélérat. C'est donc à tort que M. de Vries (*Éclaircissements*, p. 199) veut qu'on traduise: *comme un voleur*.

font semblant de croire que cet auteur attribue à l'ouvrier Jean l'enlèvement de tout le matériel de l'imprimerie de Coster, caractères, presses, casses, etc., en une seule nuit. Junius ne dit rien de semblable : il lui attribue si peu l'enlèvement de tous les caractères, qu'il dit qu'on en a fait plus tard des vases à vin; il a soin de spécifier, au contraire, que Jean pénétra, non pas dans l'atelier typographique, mais dans le magasin des types (*choragium*), et qu'il n'y prit qu'un assortiment d'outils (*instrumentorum supellectilem*). Le verbe *convasat* vient confirmer cette interprétation, car il démontre que le produit du vol de Jean pouvait tenir dans un récipient portatif, sac, panier ou caisse. Il n'était pas nécessaire, en effet, d'enlever les gros meubles, qu'on pouvait faire exécuter partout. Il suffisait à Jean d'avoir pris les modèles, les types et tous les menus instruments que son maître avait successivement inventés.

§ 9. « Il [Jean] gagna d'abord Amsterdam, ensuite « Cologne, et de là se rendit à Mayence, comme en un lieu « d'asile où il pût, hors de la portée du trait, comme on « dit, demeurer sûrement, et recueillir, en ouvrant un « atelier, le fruit de ses rapines. Ce qu'il y a de certain, « c'est que ce fut un an environ après le vol, vers l'année « 1442, que parurent, avec les types mêmes qu'avait em- « ployés Laurent de Haarlem, le *Doctrinale* d'Alexandre « Gallus, grammaire très-usitée alors, et les traités de Pierre « d'Espagne, ouvrages qui furent assurément les premiers « produits de cet atelier. »

On a longtemps rejeté comme une fable sans fondement cette partie du récit de Junius, parce que les Hollandais ne pouvaient produire les ouvrages dont il est fait mention ici; mais les découvertes modernes des bibliographes sont venues donner, sinon gain de cause, au moins droit de discussion aux partisans de Coster. On ne connaît pas encore, il est vrai, les traités de Pierre d'Espagne, dont parle Junius; mais on a retrouvé de nombreux fragments du *Doctrinale* d'Alexandre Gallus, ou mieux d'Alexandre de Ville-Dieu, surnommé *Gallus* sans doute à cause de son origine française (il était né à Dol en Bretagne), et les caractères employés pour l'impression de ce livre ont une ressemblance frappante avec ceux du *Speculum*, ainsi qu'on peut s'en convaincre en considérant les rares feuillets que possèdent différentes bibliothèques publiques, et particulièrement la Bibliothèque nationale de Paris[1].

En historien consciencieux, Junius croit devoir nous faire connaître ses autorités en terminant son récit. Voyons si elles offrent des garanties suffisantes d'exactitude.

§ 10. « Voilà ce que j'ai appris autrefois de la bouche « de vieillards fort âgés et dignes de foi, qui avaient re- « cueilli ce récit comme un flambeau passé de main en « main, et il m'a été confirmé par d'autres attestations. « Je me souviens d'avoir ouï conter à Nicolas Galius, mon « précepteur dans ma jeunesse, homme d'une mémoire « sûre, et respectable par son grand âge, que, dans son

[1] *Catalogue des vélins de la Bibliothèque du roi* [par Van Praet], t. IV, p. 9, n°s 16 et 17.

« enfance, il avait plus d'une fois entendu un certain Cor-« nelius, relieur (*bibliopegam*), âgé d'au moins quatre-« vingts ans, qui avait été employé dans cet atelier, rap-« peler avec tant de chaleur la suite de ces événements, « la naissance, la marche de l'invention telle que son « maître la lui avait racontée, et tout ce qui s'y rattachait, « que, malgré lui, il fondait en larmes au souvenir de « l'action infâme [de Jean], lorsqu'on venait à parler de « son larcin; quelquefois ce vieillard s'irritait si fort du vol « fait à la gloire [de son maître], qu'il disait qu'il ferait « volontiers l'office de bourreau (*lictoris*) à l'égard du vo-« leur, s'il existait encore, et qu'il dévouait à l'enfer ven-« geur sa tête sacrilége; il maudissait les nuits qu'il avait « passées, pendant quelques mois, dans le même lit que « ce scélérat. Ce récit ne diffère pas de celui que le con-« sul [bourgmestre] Quirinus Talesius m'a dit tenir du « même relieur (*librarii*). »

Lambinet se moque avec une certaine verve de tout le récit de Junius; il appelle les témoignages invoqués ici par ce dernier *des siècles parlans et ambulans*[1]. Il n'y a pourtant rien là d'extraordinaire. Ottley[2] a prouvé, par une circonstance à lui personnelle, qu'on pouvait avoir par tradition la certitude d'un fait datant de plus d'un siècle. Et en vérité l'histoire ne pourrait être écrite, s'il lui fallait toujours s'appuyer sur des preuves matérielles. Tout ce qu'on peut demander à la tradition, c'est qu'elle ne soit

[1] *Origine de l'imprimerie*, t. I, p. 267.
[2] *An inquiry*, etc. p. 184, note.

pas contraire aux faits positifs. Or, quant à moi, je ne vois rien là de contradictoire. Je ne me crois pas obligé d'accepter tous les petits détails dans lesquels Junius est entré ; mais lorsqu'il invoque à l'appui de son récit le témoignage d'un contemporain recommandable comme Quirinus Talesius, qui avait lui-même entendu les doléances de Cornelius, je ne me crois pas le droit de rejeter l'ensemble du récit parce qu'il s'y trouverait quelques inexactitudes de détail. C'est cependant ce que font, avec un dédain peu justifié, les partisans exclusifs de Mayence.

« Lorsque, dit Lambinet[1], la distance des lieux et des siècles dérobe à notre esprit et à nos sens un fait, un événement quelconque, quelles sont les voies que nous devons quêter pour l'atteindre, et obtenir une certitude morale de son existence?... Il y en a quatre : 1° la déposition de témoins oculaires ou contemporains; 2° la tradition orale; 3° l'histoire écrite; 4° les monuments. » Après ce début si simple, Lambinet entre dans de grands développements pour prouver que les partisans de Coster ne peuvent s'appuyer sur aucun de ces éléments historiques. Qu'est-ce donc que le témoignage de Cornelius, transmis à Galius et à Talesius, et par ceux-ci à Junius, sinon la déposition d'un témoin oculaire? Qu'est-ce donc que cette opinion commune à Haarlem et dans toute la Hollande, que nous ont fait connaître Van Zuyren, Coornhert, Guicciardini, etc. avant que le livre de Junius eût été publié, sinon une tradition orale? Qu'est-ce

[1] *Origine de l'imprimerie*, t. I, p. 267-268.

donc que le récit de la Chronique de Cologne, sinon de l'histoire écrite? Qu'est-ce donc enfin que les diverses éditions du *Speculum*, sinon des monuments?

Mais laissons de côté ces incrédules systématiques. Il y a longtemps qu'on l'a dit : « Il n'est pire sourd que celui qui ne veut pas entendre. » Et pourquoi donc la Hollande n'aurait-elle pas trouvé aussi bien que l'Allemagne le procédé de la mobilité des caractères? Ce pays, qui ressortissait alors féodalement à la France, n'est-il pas, de l'aveu de tout le monde, le premier qui ait fait usage de la xylographie? N'est-il pas le premier qui ait employé le procédé de stéréotypage, et cela cinquante ans avant qu'aucun peuple s'en fût occupé[1]? N'a-t-il pas inventé un papier d'impression dont la beauté est devenue proverbiale? Et dans une autre sphère d'action, qui se rattache par plus d'un point à celle qui nous occupe, n'a-t-il pas eu l'honneur de donner son nom à une école de peinture, grâce au nombre considérable d'artistes originaux qu'il a produits[2]? Et qu'on n'objecte pas cette fin de non-recevoir que Coster n'a mis son nom à aucun

[1] Voyez un curieux livre publié à la Haye (in-8°, 1833), en hollandais et en français, sous ce titre : « Rapport sur les recherches relatives à l'invention première et à l'usage le plus ancien de l'imprimerie stéréotype, fait, à la demande du gouvernement (des Pays-Bas), par le baron de Westreenen de Tiellandt. » L'auteur y démontre que c'est Jean Miller et son fils Guillaume qui ont les premiers stéréotypé vers la fin du XVIIe siècle.

[2] Fournier, qui certes est loin d'être favorable à Haarlem, ne peut s'empêcher de lui attribuer un grand rôle dans l'histoire de la peinture : « Les premiers peintres que l'histoire nous fasse connoître, dit-il, soit Alemands, soit Flamands ou Hollandais, sont de Haarlem. Albert Van Ou-

livre, car on pourrait la rétorquer contre Gutenberg lui-même, dont le nom ne se trouve sur aucun volume, quoiqu'on ne puisse contester qu'il n'en ait imprimé : ce n'était pas alors l'usage des scribes de se nommer sur leurs œuvres, et d'ailleurs les produits de la presse de Coster étaient trop imparfaits pour qu'il en pût tirer vanité. Si l'on avait su que ces livres grossiers étaient le résultat d'un moyen mécanique, le public, qui les recherchait avec empressement à cause de leur bas prix, les aurait peut-être rejetés comme une œuvre vile, inspiré par le sentiment de dédain qu'on éprouve instinctivement pour les travaux purement matériels.

Voici ce qui ressort, suivant moi, du récit de Junius combiné avec l'étude des monuments :

Laurent Coster, né vers 1370, d'une famille bourgeoise

watter, né en cette ville, est un des premiers qui aient peint à l'huile après Van Eych, vers 1400. Guérard de Haarlem, ainsi nommé parce qu'il étoit de cette ville, fut son élève. Le célèbre Albert Durer, peintre et graveur sur bois, charmé des ouvrages de ce Guérard, fit le voyage de Haarlem exprès pour les voir. Dirk, autre peintre de cette ville, étoit connu vers 1440. Jean Mandyn et Volkaert, encore de la même ville, travailloient vers 1450. On ne doit donc pas être surpris de trouver à Haarlém d'anciens monuments de la gravure en bois, qui étoient certainement les ouvrages de quelques-uns de ces artistes antérieurs à Coster et à l'invention de l'imprimerie, Ce qui peut servir encore à fixer cette opération dans cette ville, c'est que, dans l'*Histoire de saint Jean* en figures [un des plus anciens ouvrages xylographiques à gravures], on aperçoit ce saint dans un vaisseau qui est supposé le transporter dans l'île de Patmos, et dont la figure est semblable à celui que l'on voyoit aux anciennes armes de Haarlem, avant qu'on y eût substitué la couronne impériale, dont cette ville fut honorée par Maximilien Ier. » (*De l'origine de l'imprimerie*, p. 141.)

de Haarlem, qui devait son nom à une charge de sacristain, qu'elle possédait héréditairement, se consacra, au commencement du xve siècle, à la profession d'imprimeur en xylographie. Après quelques années de pratique, il fut frappé de l'imperfection du procédé en usage, surtout en ce qui concernait l'impression des textes des livres, et songea au moyen d'économiser les frais de gravure de ses caractères. Il grava un jour sur bois des lettres isolées, à l'aide desquelles il put imprimer avec la main quelques sentences morales. Ce premier résultat lui donna l'idée de remplacer ses planches fixes par des caractères mobiles en bois; mais il fut bientôt forcé de renoncer à ce moyen, n'ayant pu réussir à imprimer des pages entières de la sorte. Après de longs tâtonnements, il eut la pensée de fondre des caractères en métal dans le sable. Ce mode d'opérer ayant réussi à son gré, il songea à tirer le parti le plus avantageux de son invention. Il n'avait jusque-là imprimé qu'au frotton : il imagina de lui substituer la presse, déjà en usage dans plusieurs autres professions; mais pour cela il avait besoin d'une autre encre que la couleur à la détrempe employée par les imagiers ses confrères. Il parvint avec beaucoup de peine à fabriquer une encre oléagineuse qui était mieux appropriée à son nouveau procédé d'impression. Coster fit usage de ses inventions dans le *Speculum*, qu'il imprimait alors à l'aide de planches xylographiques. Il arrêta la gravure des textes au point où elle en était, et exécuta ces derniers en caractères mobiles : c'est ce qui explique la répartition singulière des pages en caractères fixes et en caractères mobiles dans l'édition *A*, que je regarde comme la première de ce livre.

Quand eut lieu cette opération? C'est ce qu'il est difficile de dire d'une manière précise; mais si l'on songe, d'une part, que la promenade de Coster doit être antérieure à 1426, et que, d'autre part, il a donné avant sa mort, arrivée vers 1440, au moins quatre éditions du *Speculum*, on peut facilement faire remonter la première à 1430, chacune d'elles réclamant un certain intervalle pour son écoulement.

Dans les éditions suivantes, Coster remplaça complétement les textes xylographiques par des caractères typographiques; mais il continua toujours à imprimer les gravures à l'aide du frotton, n'osant pas, sans doute, les soumettre à l'effort de la presse ni au lavage que l'emploi de l'encre oléagineuse aurait réclamé. De là la nécessité d'imprimer le livre *en blanc*, c'est-à-dire sur un seul côté du papier.

Ce résultat obtenu, Coster se mit à imprimer de petits livrets d'un usage commun, et particulièrement le Donat, espèce de grammaire latine dont les enfants faisaient dans les écoles une grande consommation, et qui avait jusqu'alors été exécutée à la main. Ces livres n'ayant pas de gravures, il était facile de les imprimer en retiration, c'est-à-dire sur les deux côtés de la feuille, et de faire ainsi une concurrence avantageuse aux scribes. On connaît plusieurs éditions du Donat qui paraissent sortir de l'atelier de Coster, s'il est permis d'en juger par la forme des caractères et le mode d'impression[1]. Il en est un surtout qui vient confirmer la tradition hollandaise, c'est celui dont Meerman a trouvé un feuillet dans la couverture d'un livre de compte de l'église de Haarlem daté de 1474; feuillet sur lequel on lit une inscription manuscrite en hollandais dont voici la traduction : « Item, j'ai donné à Cornelius le relieur six florins à la rose, à compte de la reliure des livres[2]. » Il est assez curieux qu'on retrouve là le nom du relieur dont parle Junius, et que les détracteurs du système hollandais regardent comme un mythe.

Parmi les autres ouvrages du même genre qu'on attribue à Coster, nous citerons un opuscule de quatre feuillets in-quarto, connu sous le titre de *Catonis disticha*, dont la bibliothèque de lord Spencer possède un exemplaire, et où l'on retrouve la lettre ñ avec l'accident signalé précédemment dans la description du *Speculum*. Mais le plus célèbre de tous les livres attribués à Coster, après ce dernier toutefois, c'est le fameux *Horarium*, dont MM. Enschedé, imprimeurs à Haarlem, possèdent encore les huit

[1] Meerman en mentionne particulièrement trois, dont il donne des *fac-simile*. (*Orig. typogr.* t. II, pl. III, IV, VI*.) La Bibliothèque nationale possède de nombreux fragments de ces livres. (Voyez Van Praet, *Catalogue des vélins de la Bibliothèque du roi*, Belles-lettres, n°s 4 à 17, et les suppléments.)

[2] Voyez-en le *fac-simile* dans Meerman, *Orig. typogr.* t. II, tabl. VI*. La Bibliothèque nationale a cinq feuillets de cette édition. (Voyez Van Praet, *Catal.* etc. Belles-lettres, n° 10.)

seules pages existantes. Elles ont été trouvées par leur aïeul, au milieu du XVIIIe siècle, dans la couverture d'un livre de prières en hollandais provenant d'une ancienne famille du pays. C'est une espèce d'in-seize, tiré sur vélin. Meerman considère ce livre, dont il a donné un *fac-simile* assez exact, comme le premier essai typographique de Laurent. Je ne partage nullement son opinion. Ce n'est pas dès le début de l'art qu'on a résolu la difficulté des *impositions*. Nous pouvons être certains que le premier format usité par l'imprimerie a été l'in-folio. Ce n'est que successivement qu'on a pu descendre à l'in-quarto, à l'in-octavo, puis enfin à l'in-seize[1], qui semble être le format du livre en question, imprimé d'ailleurs sur vélin et des deux côtés. L'imperfection qu'on a cru remarquer dans les caractères provient uniquement, je pense, des vicissitudes qu'a éprouvées ce fragment de parchemin.

Suivant les recherches nouvelles de M. de Vries[2], Coster serait mort en 1439. Cela s'accorde parfaitement avec ce qu'écrivait Junius vers 1568 : « Il y a cent vingt-huit ans demeurait à Haarlem, » etc. *Demeurait* équivaut ici à *vivait*, et nous apprend par conséquent l'époque vers laquelle Coster cessa de vivre. Peut-être pourrait-on lui appliquer les détails suivants, consignés dans un travail de l'abbé des Roches sur l'origine de l'imprimerie[3], et dans

[1] L'in-douze, plus compliqué encore, n'a dû venir que fort tard, aussi bien que l'in-dix-huit, etc.

[2] *Éclaircissements*, p. 117 et suiv.

[3] *Mémoires de l'académie de Bruxelles*, t. I, p. 536 et 540.

lequel ce savant s'est vainement efforcé, au siècle dernier, de revendiquer pour Anvers l'honneur de l'invention de l'art typographique :

« Je suis possesseur d'un manuscrit du XIVe siècle, contenant des vies des saints et une chronique assez curieuse. A la fin du volume se trouve un petit catalogue de la bibliothèque du monastère de Wiblingen (Souabe), dont l'écriture, singulièrement abrégée, me paraît du siècle suivant. Parmi les titres de livres on lit :

« *Item, Dominicalia in parvo libro stampato in papyro, non scripto.* »

« Et à la fin du manuscrit :

« *Anno Domini 1340 viguit qui fecit stampare Donatos.* »

Il faut évidemment lire ici 1440 au lieu de 1340 qu'a écrit des Roches, puisqu'il nous apprend lui-même que son catalogue était du XVe siècle, ce que prouve au reste suffisamment l'emploi des chiffres arabes. Si le livre portait réellement 1340, c'était une erreur comme celles qu'on rencontre fréquemment dans les anciens aussi bien que dans les nouveaux manuscrits, voire même dans les imprimés : les ouvrages exécutés au frotton ne remontent pas si haut, et encore moins ceux exécutés à la presse, comme devait l'être le *Dominicalia* dont il est ici question, puisqu'on le qualifie de *stampato*. En effet, ce mot, que nous avons vu déjà, quoique sous une forme un peu différente, dans le décret du sénat de Venise de 1441, implique nécessairement l'idée d'une pression : or l'emploi de la presse dans la confection des livres n'est pas antérieur au XVe siècle, et n'est pas même des premières années de ce siècle, comme nous l'avons vu. Ce n'est guère que vers 1430 qu'elle a pu être employée pour la première fois par Coster[1].

Quoi qu'il en soit, Coster mourut, comme nous l'avons vu, vers 1440. Un de ses ouvriers profita, dit-on, du désordre inséparable d'un pareil événement pour voler ses maîtres, et aller s'établir ailleurs. Ce vol ne me semble pas parfaitement démontré; mais il est sans importance dans la question. Du moment qu'on admet que

[1] M. de Laborde paraît croire qu'on imprimait déjà des gravures à la presse en 1423. Voici en effet ce qu'il dit dans son travail sur le *saint Christophe* publié dans *l'Artiste*, 2e série, t. IV, huitième livraison (20 octobre 1839), p. 120, note 2 : « Tous les auteurs ont remarqué avec étonnement qu'une impression de 1423 fut exécutée à la presse, et avec un noir qui ne le cède en rien à celui qu'on employa trente années plus tard à Mayence. » L'impression à la presse de l'exemplaire du saint Christophe daté de 1423 ne prouve pas qu'on l'imprima par ce procédé en 1423. Il est très-probable, au contraire, que l'impression de cette gravure se fit lontemps au frotton, comme l'a été celle de 1418, que possède la Bibliothèque royale de Bruxelles, et que ce ne fut que plus tard qu'on la soumit à la presse. C'est ainsi que nous voyons les gravures du *Speculum*, imprimées au frotton dans les premières éditions de ce livre, tirées ensuite à la presse dans l'édition de 1483. Évidemment si l'on eût opéré l'impression des gravures à la presse dès 1423, l'éditeur du *Speculum* ne se serait pas donné la peine d'imprimer les siennes au frotton, au prix de mille difficultés. Il est certain que longtemps encore après que la presse eut été inventée on hésita à s'en servir pour l'impression des gravures, dans la crainte que le lavage forcé auquel il aurait fallu les soumettre après les avoir enduites d'encre d'imprimerie, ne les altérât. Cette crainte n'était pas sans fondement, attendu que presque toutes les gravures étaient alors sur bois de poirier, bien plus sensible que le bois qu'on emploie aujourd'hui, et qui cependant se cambre souvent après un certain nombre de tirages.

l'ouvrier Jean avait été initié à tous les travaux de l'invention nouvelle, il n'était pas nécessaire qu'il se fît voleur pour monter un établissement à son compte : il lui suffisait de mettre en pratique l'art qu'il avait appris de Coster, et dont ce dernier ne pouvait sans doute pas espérer de garder toujours le secret, puisqu'il employait des mercenaires. Quelques auteurs attribuent, il est vrai, à ce vol de Jean la cessation des travaux de l'atelier de Haarlem; mais le chômage de cet atelier pourrait s'expliquer naturellement par l'absence de Coster et de Jean, qui en étaient l'âme, et par le peu d'aptitude des héritiers du premier. Il se pourrait d'ailleurs que ces derniers n'aient pas voulu continuer l'industrie paternelle comme étant au-dessous du rang et de la fortune qu'elle leur avait procurés. Le seul vol dont Coster me semble avoir éprouvé le préjudice, c'est le *vol de sa gloire*, suivant l'expression que Junius prête à Cornelius; mais ici il était puni par où il avait péché. Pour Coster, l'imprimerie ne fut qu'un moyen de gagner de l'argent : il ne paraît pas même avoir entrevu sa portée sociale. Il garda si soigneusement son secret, que nul autre que ses ouvriers ne le connut de son vivant : il ne pourrait pas se plaindre que ces derniers l'eussent divulgué, et en le divulguant en eussent eu le mérite; mais ce fait même n'eut pas lieu. Comme Coster, ses élèves gardèrent un si impénétrable secret sur leur travail, qu'on ne sait encore rien de positif sur leur existence. C'est à l'école de Mayence et non à celle Haarlem que l'humanité doit la révélation de l'art typographique.

En réalité, on ignore si les héritiers de Coster ont continué ou non l'imprimerie. Junius n'en dit rien. Meerman leur attribue cependant quelques ouvrages, et entre autres l'édition en partie xylographique du *Speculum*. Suivant lui, ne sachant comment remplacer les caractères que l'ouvrier Jean avait emportés, ils firent graver des planches de bois pour achever une édition en cours d'exécution. Cette explication n'est pas admissible. Il aurait été beaucoup plus prompt et moins coûteux de faire fondre de nouveaux caractères. On ne s'expliquerait pas d'ailleurs pourquoi les pages xylographiques ne sont pas toutes à la fin du livre, car il est bien évident que l'imprimeur, quel qu'il soit, qui a exécuté les *Speculum*, n'avait pas fondu des caractères en assez grande quantité pour pouvoir composer et imprimer à la fois toutes les feuilles de ce livre : ç'aurait été rendre nul l'avantage de la typographie. Il aurait indubitablement commencé par tirer les premières feuilles, et les héritiers n'auraient eu qu'à imprimer les dernières. On comprend, au contraire, parfaitement qu'une édition xylographique ait pu être commencée indifféremment sur toutes les parties, puisque toutes les pages devaient être établies à la fois. C'est là, suivant moi, ce qui explique l'étrange répartition des pages typographiques dans l'édition *A* : on a achevé en caractères mobiles toutes les feuilles qui restaient à tirer de l'édition xylographique. Il y a au reste une autre circonstance qui condamne formellement l'opinion de Meerman, c'est que les textes xylographiques font pour ainsi dire corps avec les gravures, et ont été imprimés par le même procédé, le frotton. Les héritiers de Coster auraient donc renoncé tout à coup à se servir de tous les instruments que ce dernier avait inventés, et particulièrement de la presse, que le prétendu voleur n'avait pu emporter?

Ottley, au contraire, attribue aux héritiers de Coster l'édition *C*, parce qu'il suppose que les deux pages en caractère différent que renferme cette édition ont été exécutées avec des caractères fondus pour remplacer ceux soustraits par l'ouvrier Jean. Rien n'empêche de croire que Coster lui-même ait commencé l'essai d'un nouveau type. Par le procédé de fonte que j'ai indiqué, il n'en coûtait presque rien de changer la forme des lettres, lorsqu'on renouvelait le caractère.

Quant à moi, je pense que, si les héritiers de Coster ont réellement imprimé une édition du *Speculum*, c'est l'édition *D* qui leur appartient, attendu que c'est la plus défectueuse de toutes, et qu'on ne peut pas cependant en attribuer l'imperfection au manque d'instruments (comme cela devrait être si c'était la première), puisqu'elle est imprimée tout entière (sauf les gravures) à la presse et en caractères mobiles d'une nouvelle forme. Cette édition me paraît être évidemment le premier essai d'un nouvel imprimeur encore inexpérimenté.

Mais est-ce bien un des héritiers de Coster qui l'a exécutée? Je n'ose me prononcer à cet égard. Je suis même tenté de croire que l'imprimeur de ce livre est un des ouvriers de Coster, auquel les héritiers de ce dernier auraient cédé, n'importe à quel titre, la plupart de ses instruments, devenus inutiles en leurs mains. Je ne puis admettre que les divers *aides* dont parle le récit de Junius, et qui devaient exister, en effet, dans l'imprimerie de Coster, si l'on en juge par le nombre des éditions qu'il a mises au jour, aient tous renoncé, après la mort de leur maître, à l'art qu'ils avaient appris. Je crois même avoir la preuve qu'un d'entre eux, au moins, continua à pratiquer pendant quelque temps l'imprimerie dans le pays ou dans les environs, sans parler de celui qui était allé s'établir à Mayence, non plus que de Cornelius, qui s'était fait relieur de livres à Haarlem, ne se jugeant pas sans doute assez savant dans l'art typographique pour l'exercer lui-même.

Le témoignage dont je veux parler se trouve dans les Mémoriaux de Jean Le Robert, abbé de Saint-Aubert de Cambrai, précieux manuscrit original, conservé aujourd'hui dans les archives du département du Nord, à Lille, où je l'ai vu et étudié de mes propres yeux.

Voici ce qu'on lit, entre autres choses, dans deux endroits différents de cette espèce de journal quotidien des faits relatifs au monastère et à son abbé :

Item pour .I. doctrinal gette en molle anvoiet querre a Brug. par Marq. .I. escripvain de Vallen. ou mois de jenvier XLV pour Jaq. XX s. t. Sen heult Sandrins .I. pareil q. leglise paiia.....[1].

Item envoiet Arras .I. doctrinal pour apprendre ledit d. Girard qui fu accatez a Vallen. et estoit jettez en molle et cousta XXIIII. gr.

[1] Fol. 158 recto.

Se me renvoia led. doctrinal le jour de Touss. lan .LI. disans quil ne falloit rien et estoit tout faulx. Sen avoit accate .I. XX patt. en papier.....[1].

On trouvera le texte original de ces deux passages dans les *fac-simile* de pièces, nos 1 et 2. Voici maintenant la restitution qu'a bien voulu m'en donner M. Leglay, archiviste en chef du département du Nord. Cette restitution est d'autant plus nécessaire, qu'il y a dans ce document des idiotismes dont tout le monde ne comprendrait pas le vrai sens.

« Item, pour un Doctrinal imprimé, que j'ai envoyé chercher à Bruges par Marquet (ou Marquart), qui est un écrivain de Valenciennes, au mois de janvier 1445, pour Jacquet, vingt sous tournois. Le petit Alexandre en eut un pareil que l'église paya.

« Item, envoyé à Arras un Doctrinal pour l'instruction de dom Gérard, lequel fut acheté à Valenciennes, et était imprimé, et coûta vingt-quatre gros. Il me renvoya ledit Doctrinal le jour de la Toussaint 1451, disant qu'il ne valait rien, et était tout fautif. Il en avait acheté un autre dix patards[2] en papier. »

Ainsi voilà qui est positif : on vendait dans les Flandres, en 1445, c'est-à-dire avant que l'école mayençaise eût encore rien produit, des livrets imprimés sur vélin et

[1] Fol. 161 recto.

[2] Ancienne monnaie de Flandre et de Brabant qui équivalait au sou de France. L'emploi de ce mot était encore fréquent, il y a quelques années, dans ces deux provinces belges.

sur papier, avec des caractères *moulés*, c'est-à-dire coulés dans un moule : or qui pouvait donc avoir imprimé ces livres, sinon un des ouvriers de Coster?

Van Praet, qui cite les Mémoriaux de Jean Le Robert dans son *Catalogue des vélins*[1], prétend que le Doctrinal de 1445 « ne pouvait être imprimé qu'en planches de bois et non en lettres mobiles. » Mais c'est une opinion erronée, basée sur la tradition mayençaise, qui retarde l'invention des caractères mobiles jusqu'en 1450. On ne pourrait pas citer un seul exemple de cette expression de *lettres moulées* appliquée aux ouvrages xylographiques, qui sont bien antérieurs cependant à la typographie, tandis qu'on la voit employée constamment pour désigner les caractères mobiles de fonte. Ainsi nous trouvons l'*escriture en molle* dans les lettres de naturalisation accordées par le roi Louis XI aux premiers imprimeurs de Paris, en février 1474 (ancien style), et dont l'original est conservé aux Archives de la république[2]; en 1496, le duc d'Orléans fait acheter deux livres d'heures en parchemin, et le comptable les dit l'un et l'autre *escrits en moule*[3]; Philippe de Commines, dans ses Mémoires, écrits en 1498, mentionne les sermons de Savonarole, qu'il a fait mettre *en molle;* l'Inventaire des meubles, bijoux et

[1] *Vélins des bibliothèques particulières*, t. II, p. 7.

[2] Carton K 71, pièce 40 de l'inventaire. On trouvera cette pièce plus loin, à l'article de Paris.

[3] M. de Laborde, *Inventaire des tableaux..... de Marguerite d'Autriche*, in-8°, 1850, p. 12, note. (Extrait de la *Revue archéologique*, vol. VII.)

livres d'Anne de Bretagne, rédigé vers le même temps, mentionne plusieurs livres, *tant en parchemin que en papier, à la main et en molle;* Guy Marchand nous apprend, dans le Livret des consolations, imprimé en 1499 et en 1502, qu'il l'a fait mettre *en mole* pour le salut des âmes; le Catalogue de la bibliothèque des ducs de Bourbon, fait à Moulins en 1523, distingue les ouvrages imprimés des manuscrits par les mots *en molle* et *à la main.* Je n'en finirais pas si je voulais citer tous les exemples semblables; je n'en mentionnerai plus qu'un, d'une époque beaucoup plus tardive, consigné dans un livre publié par moi-même il y a quelques années. Parmi les documents relatifs aux états généraux de 1593, j'ai inséré la relation d'un député du pays de Caux, appelé Odet Soret, qui se qualifie de *laboureur :* ce député nous apprend que certaines pièces officielles furent *moulées* par ordre de l'assemblée dont il faisait partie, afin « qu'aucun n'en prétende cause d'ignorance[1]. » Il n'y a donc pas de doute que les mots *jeté en moule, lettres moulées*, etc. qui sont encore employés par les gens de la campagne, ne désignent l'impression typographique. Je les ai souvent entendu employer dans ce sens par les paysans de mon pays, lorsqu'ils venaient faire imprimer quelque affiche chez mon père, imprimeur à Montbrison. Ainsi la filiation de ces mots est parfaitement établie depuis 1445 jusqu'à nos

[1] *Procès-verbaux des états généraux de 1593;* Paris, Impr. royale, in-4°, 1842. Voyez page 652 du volume, qui fait partie de la *Collection de documents inédits sur l'histoire de France.*

jours, dans le nord comme dans le midi de la France. J'ajoute qu'ils ne peuvent pas avoir un autre sens que celui que je leur donne, car les caractères mobiles de fonte nécessitent seuls l'emploi des moules; et il est évident que le vulgaire, qui ignorait comment étaient confectionnés les livres imprimés, a emprunté ces expressions à la langue des érudits, ou tout au moins à celle des marchands de cette époque, qui ont dû employer des termes particuliers pour désigner les produits nouveaux de l'art typographique. D'ailleurs je ferai remarquer, que, sauf le dernier, les livrets dont parle Jean Le Robert étaient en vélin, et qu'on n'aurait pu imprimer au frotton sur des peaux de vélin.

Je viens de donner les motifs qui me portent à croire que les Donats *moulés* de 1445 étaient en caractères mobiles. J'irai plus loin : je soutiens qu'ils ne pouvaient pas être autrement, et qu'il n'a pas été imprimé de Donat xylographique avant l'invention de la typographie. En effet, des livrets purement *littéraires*, c'est-à-dire sans *images*, pouvaient être confectionnés à la plume à très-bas prix, ou du moins à meilleur marché qu'avec les procédés anciens des xylographes. On ne put songer à faire concurrence aux scribes pour ce genre de livres que lorsqu'on eut trouvé un mode d'opérer plus prompt et plus économique que le frotton, qui, du reste, n'a jamais pu servir à imprimer le vélin, généralement employé à cette époque pour les livres destinés aux écoliers. Jusqu'à ce qu'on eût le moyen d'imprimer sur vélin et des deux côtés de la feuille, il était à peu près impossible que les imprimeurs songeassent à exécuter des Donats : or la presse à imprimer est postérieure ou tout au plus contemporaine des caractères mobiles, dont elle était le complément indispensable : ce n'est donc qu'après la réalisation des caractères mobiles qu'on put s'occuper des Donats. Encore cette impression demanda-t-elle un certain temps d'apprentissage; car ce ne fut pas sans doute une petite affaire que l'opération de la *retiration*. Il fallut d'abord inventer les *pointures*, pour faire tomber les pages exactement l'une sur l'autre, c'est-à-dire *en registre*, puis trouver un moyen d'empêcher l'encre de chaque feuille retirée, et qui se *déchargeait* sur le *tympan*, de maculer la feuille suivante [1] : c'est à quoi pourvurent les feuilles de *décharge*.

En réalité, la xylographie n'offrait un avantage réel que pour l'impression des gravures, parce que là elle utilisait le talent, qu'on n'aurait pu trouver chez tous les scribes. Cela est si vrai, qu'il existe des livres d'images imprimés au frotton dont les textes sont écrits à la main, dans un espace réservé *ad hoc*. M. Guichard le dit, après Fournier et Papillon, mais sans en administrer la preuve [2]. Je ferai mieux : je la donnerai. On peut voir à la biblio-

[1] La feuille opisthographe de l'exemplaire du *Speculum* de la bibliothèque de Lille pourrait bien n'être qu'une feuille ainsi maculée. (Voy. p. 20.)

[2] Fournier, *De l'origine et des productions de l'imprimerie*, p. 176. — Papillon, *Traité historique et pratique de la gravure sur bois*, t. I, p. 101. — Guichard, *Notice sur le Speculum*, p. 118.

thèque Sainte-Geneviève, sinon un livre tout entier, du moins un feuillet de livre exécuté de la sorte. Ce feuillet, qui fait partie d'un recueil in-folio de fragments xylographiques acquis par ordre de Daunou, alors administrateur en chef de la bibliothèque Sainte-Geneviève, à la vente des livres du célèbre bibliographe Panzer, qui eut lieu en 1804, je crois, nous offre deux sujets à personnages. Au-dessus de chaque gravure on a réservé un compartiment, et ce compartiment est rempli de cinq à six lignes d'explication manuscrites en allemand. Pourquoi s'imposer un pareil travail si la gravure des textes eût été chose habituelle?

A cela on m'objectera sans doute les nombreux Donats xylographiques qui existent aujourd'hui. On me demandera pourquoi, si ces livres n'ont été publiés que lorsque les caractères mobiles étaient connus, on a cru devoir les imprimer en planches fixes. Ma réponse est facile. Pour des livres peu considérables et souvent réimprimés, il était plus économique, une fois l'imprimerie organisée, de les faire graver, afin de les conserver en magasin, et de pouvoir les réimprimer à volonté, que de les composer chaque fois en caractères mobiles. Dans ce cas, les planches de bois faisaient l'office de nos *clichés* ou *stéréotypages* d'aujourd'hui.

Deux faits viennent à l'appui de cette opinion : le premier c'est qu'on ne connaît pas un seul fragment de Donat imprimé à la détrempe, et par conséquent au frotton, quoiqu'on en possède beaucoup exécutés avec des planches de bois; le second, c'est que tous les Donats xylographiques qu'on a sont imprimés des deux côtés[1], en belle encre noire, et portent des *signatures*. Cette dernière circonstance surtout est très-importante dans la question, car on sait que les *signatures* ne furent introduites que fort tard dans la pratique typographique, quoiqu'elles fussent en usage de toute ancienneté dans les manuscrits. En effet, j'ai en ce moment sous les yeux un volume sur vélin, du XIIe siècle, dont chaque cahier est marqué d'une des lettres de l'alphabet; seulement, au lieu d'être à la première page, suivant l'usage actuel, c'est à la dernière que cette signature se trouve[2].

Il existe encore un grand nombre de planches de bois provenant de Donats xylographiques. La Bibliothèque nationale en possède deux qui lui viennent de la bibliothèque la Vallière[3]. L'une d'elles porte une signa-

[1] On trouve à la Bibliothèque nationale (*Vélins*, belles-lettres, n° 11) un fragment de Donat, in-4°, en vélin, qui n'est imprimé que d'un côté; mais c'est sans doute parce que la feuille a été gâtée au tirage du *côté de première* qu'on ne l'a pas retirée, car la beauté des caractères de ce Donat, qui sont d'ailleurs mobiles, ne permet pas de supposer qu'il ait été imprimé avant 1460. J'ajouterai que la fraîcheur du vélin, qui paraît avoir été de bonne heure employé à la reliure d'un livre, démontre qu'il n'a jamais passé par les mains d'un écolier.

[2] *Cartulaire d'Ainay*, à la Biblioth. nat. série des cartulaires, n° 75.

[3] Le secrétaire d'état Foucaud les avait achetées en Allemagne; elles devinrent la propriété du président Desmaisons, de Dufay et du chirurgien Morand, mort en 1773, et passèrent alors dans la bibliothèque du duc de la Vallière, d'où elles parvinrent directement à la Bibliothèque nationale. On n'a pu m'en montrer qu'une dans cet établissement; mais j'ai étudié ces deux monuments sur les épreuves qui se trouvent dans le

ture (C), l'autre n'en a pas; mais cela ne prouve rien contre mon assertion, puisque deux pages seulement sur huit avaient des signatures.

Au sujet de cette dernière planche, Van Praet[1] a commis une erreur[2] qu'il est bon de relever, car elle se rattache par un point à notre sujet. Trouvant parmi les Donats de la Bibliothèque une édition en papier[3] dont les caractères ont une grande conformité avec ceux de la planche en question, et dont la page correspondante est composée presque de la même manière (du moins quant à la portion de la planche qui reste, car elle n'est pas complète), Van Praet en a conclu que cette édition provenait de son Donat xylographique; mais il s'est trompé : le Donat auquel il a fait allusion est en caractères mobiles. Pour un œil exercé, cela ne fait pas de doute. J'en citerai, au reste, une preuve irrécusable : il y a une *coquille* à la troisième page de la troisième feuille. Au lieu de C II, la signature porte B II. Van Praet avait bien remarqué quelque différence entre la planche xylographique et la page correspondante de l'édition du Donat; mais il attribuait cela à une retouche postérieure de la planche, ne prenant pas garde que ces différences sont radicales, et n'admettent pas son hypothèse. Ainsi les *i*

catalogue de la Bibliothèque la Vallière (Belles-lettres, t. II, p. 8). Van Praet les cite dans ses *Vélins du roi*, t. IV, p. 9.

[1] *Vélins du roi*, t. V, p. 373.

[2] Il a été suivi en cela par M. Brunet (*Manuel*, 4e édit. t. II, p. 122, article *Donatus*, § 5).

[3] P. 3652, in-4°.

dans la planche de bois ont un point ressemblant à un accent aigu, tandis que, dans l'édition prise pour terme de comparaison, les points des *i* sont en forme de croissant. Où le graveur aurait-il pu trouver pour sa retouche le bois nécessaire à la première forme d'accent? Au surplus, l'erreur commise par Van Praet est très-fréquente chez les bibliographes. Il leur arrive souvent d'affirmer que deux caractères sont identiques parce qu'ils ont beaucoup de traits de ressemblance; mais en typographie ce n'est pas l'à peu près qui peut déterminer l'identité, c'est la ressemblance absolue : deux caractères qui diffèrent un peu sont aussi étrangers l'un à l'autre que deux caractères qui diffèrent totalement de grosseur et de forme.

Et à ce sujet je dois consigner ici une observation qui me confirme de plus en plus dans l'opinion où je suis que les Donats xylographiques sont postérieurs aux Donats typographiques : c'est qu'ils leur ressemblent d'une manière singulière, surtout dans le format in-quarto, qui est le plus habituel. Ils paraissent évidemment copiés les uns sur les autres, offrant non-seulement le même nombre de lignes (une vingtaine), mais la même *composition* de ligne. Or, comme on ne peut pas supposer qu'on a voulu imiter avec des caractères mobiles des caractères fixes, ce qui était impossible, c'est donc le contraire qui a eu lieu. En effet, il n'y a qu'une manière d'expliquer cette ressemblance, c'est de supposer que les Donats typographiques ont servi de modèles aux Donats xylographiques. C'était un dessin tout fait et bien plus exact que celui qu'aurait pu se procurer le graveur. Suivant moi, ce n'est que lorsqu'on aura reconnu combien était considérable la vente de ces livres, confectionnés jusque-là par les scribes, que les imprimeurs se seront déterminés à en faire l'objet d'une gravure spéciale. S'il en existe de si divers et de si grossiers, c'est que chaque typographe débutait par là pour faire l'essai de ses instruments, bien sûr du débit du livre, quelque imparfait qu'il fût. On verra plusieurs exemples de ce fait dans le cours de mon travail. En tout cas, ce qu'il y a de certain, c'est qu'on connaît une foule de Donats xylographiques postérieurs à l'invention des caractères mobiles, et pas un seul dont on puisse prouver l'antériorité; de même nous avons le nom de plusieurs typographes qui imprimaient des Donats xylographiques à la fin du xve siècle, comme Conrad Dinckmut, par exemple[1], et l'on ne connaît pas un seul artiste qui se soit livré à ce genre d'industrie avant 1470.

Ce que je viens de dire me ramène naturellement à Coster et à son école. S'il est démontré que les Donats xylographiques sont postérieurs à l'invention de la ty-

[1] Voyez le *fac-simile* d'un Donat xylographique de cet artiste dans l'ouvrage de M. de Laborde intitulé : *Débuts de l'imprimerie à Mayence et à Bamberg* (pl. de la p. 12), et dans la curieuse collection de *fac-simile* du docteur Kloss, de Francfort, feuilles 12 et 13. Dinckmut, qui se dit citoyen d'Ulm dans la souscription de ce livre, imprimé vers 1490, avait déjà publié à Munich, en 1482, une lettre d'indulgences également xylographique. (Voyez l'ouvrage cité de M. de Laborde, p. 28, et l'ouvrage de M. Falkenstein, *Geschichte der Buchdruckerkunst*, p. 18.)

pographie, il l'est également, par conséquent, que les Donats hollandais dont parle la Chronique de Cologne étaient en caractères mobiles et non en planches fixes. L'imprimerie existait donc en Hollande, d'une manière imparfaite, il est vrai, avant sa réalisation à Mayence.... Ainsi est justifié le récit de Junius.

Avant de terminer ce chapitre, je répondrai encore un mot aux critiques du système hollandais faites par M. Ant. Aug. Renouard, dont les déductions parurent, dit-on, si concluantes, lors de leur publication, aux yeux d'Ottley, que cet auteur crut devoir renoncer à tout ce qu'il avait écrit en faveur de Haarlem.

Dans son *Catalogue de la bibliothèque d'un amateur*[1], M. Renouard décrit un livre in-folio, sans date, sans indication du nom de l'imprimeur ni du lieu d'impression, renfermant quelques petits ouvrages de Guillaume de Saliceto, de Jean de Turrecremata et du pape Pie II (Æneas Silvius). Ce livre, dit-il, a été indubitablement imprimé dans les Pays-Bas, avec des caractères mobiles de fonte, d'une mauvaise fabrication, et si ressemblants à ceux qui ont servi à l'impression du *Speculum*, des *Donatus* et d'autres pièces qu'on attribue à Coster, qu'il n'est pas possible de douter que l'imprimeur de ces derniers ne soit aussi celui du premier. *Le type est cependant autre* et

[1] Quatre volumes in-8°, Paris, 1819, t. II, p. 152-158. Ce passage a été plusieurs fois depuis réimprimé séparément en une petite brochure de 16 pages in-8°. Elle se trouve jointe à la première et à la seconde édition des *Annales des Estienne,* du même auteur, sous le titre de *Note sur Laurent Coster ;* j'en ai déjà parlé précédemment.

un *peu plus gros* que celui des pièces en question, mais entièrement le même que celui de quatre feuillets que je possède de ce *Doctrinale* que l'ancien serviteur de Coster, Jean, aurait imprimé à Mayence avec des lettres soustraites à son maître.

La conclusion que M. Renouard tire de l'existence de son volume c'est que, quelques-unes des pièces qui le composent, celles de Jean de Turrecremata, par exemple, n'ayant pu être imprimées qu'après la mort de ce dernier, arrivée vers 1467, l'ouvrage entier est postérieur à cette date : or, comme les caractères de cette pièce ont une grande ressemblance avec les livres attribués à Coster, il en résulte, suivant M. Renouard, que ces livres ne peuvent appartenir à ce dernier, mort vers 1440.

Cette conclusion ne me semble pas parfaitement rigoureuse. D'abord M. Renouard reconnaît que les caractères de son volume sont un peu plus gros que ceux du *Speculum*, ce qui, en typographie, revient à dire qu'ils sont entièrement différents : son argument n'a donc aucun fond relativement à ce dernier ouvrage, qui diffère encore plus d'ailleurs du livre de M. Renouard par le procédé de l'impression que par la forme des caractères.

A la vérité, les caractères de ce livre ressemblent à ceux qu'on voit sur quatre feuillets du *Doctrinale*, que possède également M. Renouard, et qu'on dit imprimé par l'ouvrier de Coster établi à Mayence. Mais qui donc a constaté que ce *Doctrinale* était précisément celui qu'on a attribué à Jean ? N'a-t-on pas pu imprimer quelques années après la mort de cet ouvrier d'une manière à peu près semblable, ou du moins avec des caractères pareils? N'est-il pas, au contraire, fort naturel qu'on ait conservé aux caractères typographiques, en Hollande, une forme qui se rapprochait de l'écriture en usage alors dans ce pays? Les caractères seraient les mêmes dans les deux ouvrages, que cela ne prouverait rien encore contre le système hollandais; car il se pourrait fort bien qu'on eût vendu des caractères de Coster à un autre imprimeur, qui s'en serait servi longtemps après la mort de ce dernier, comme on s'est servi longtemps après lui de ses gravures du *Speculum*.

M. Renouard, il est vrai, suppose, à l'exemple des partisans exclusifs de Mayence, que le voleur de Coster avait tout emporté. Nous avons vu plus haut que Junius ne disait rien de semblable. Mais, dit M. Renouard, si le voleur n'a pas tout emporté, comment se fait-il que l'imprimerie de Coster n'a pas continué à produire? Rien ne prouve, en réalité, qu'elle n'ait plus produit; mais deux circonstances durent successivement la frapper d'impuissance : d'abord la mort de Coster, arrivée peu de temps avant le départ de son principal ouvrier, et qui avait probablement ralenti, sinon suspendu les travaux; en second lieu, la réalisation de nouveaux procédés beaucoup moins imparfaits, qui devaient la mettre hors de combat ou la forcer à se transformer. Il en fut peut-être de cet atelier comme de celui de Plantin, à Anvers, qui s'est perpétué jusqu'à nos jours, et qui, fort actif encore il y a vingt ans, grâce à certains priviléges, est aujourd'hui si complétement stérile, qu'il n'est pas même mentionné sur les annuaires parmi les imprimeries d'Anvers, quoique beaucoup plus considérable sans doute que toutes ces dernières ensemble par l'importance de son matériel. La raison de ce fait, c'est que le propriétaire de l'imprimerie plantinienne, M. Albert Moretus, descendant de Plantin par les femmes, s'est obstiné à conserver les instruments qu'il tient de ses aïeux, et au moyen desquels il ne peut lutter avec la typographie moderne. L'obstination de M. Moretus, au reste, est pieuse et logique, car, s'il change ses types et ses presses, ce ne sera plus l'atelier de Plantin qui fonctionnera chez lui, et il ne lui sera plus permis de souscrire ses livres de l'*officina plantiniana*, si célèbre jadis.

Il s'est probablement produit quelque chose d'analogue au XVe siècle. L'atelier de Coster, devenu inutile entre les mains de ses héritiers ou de son successeur, se sera *éteint* un jour, et les ouvriers qui s'y étaient formés seront allés chercher fortune ailleurs, chacun de son côté, ou se seront fondus dans l'école mayençaise.

Il y a tout lieu de croire, en effet, qu'on a continué à imprimer en Hollande avec le procédé costérien : c'est la seule manière d'expliquer l'existence d'un certain nombre de petits livrets anonymes qui portent visiblement le cachet d'une grande ancienneté, et qu'il est impossible pourtant d'attribuer à aucun imprimeur de la nouvelle école. On ne peut pas non plus expliquer autrement les termes des Mémoriaux de Jean Le Robert, que nous avons cités précédemment, et qui sont si péremptoires : c'est vainement qu'on a cherché à les réfuter de nos jours, en supposant qu'ils admettraient l'existence d'imprimeries à Bruges[1], à Valenciennes et ailleurs, dès l'année 1445. L'abbé de Saint-Aubert de Cambrai ne dit rien de semblable. Il faisait acheter en 1445 des livres *moulés* chez des libraires de Bruges et de Valenciennes, qui, eux, se les procuraient par la voie ordinaire du commerce, c'est-à-dire en les demandant au fabricant, quel qu'il fût, ou du moins à ses facteurs. Or, ce fabricant, quel était-il? Ce n'était pas Gutenberg, qui, de l'aveu de ses plus zélés partisans, n'avait encore rien produit en 1450, et dont l'officine, en tout cas, était trop éloignée de Valenciennes et de Bruges? C'était donc le successeur de Coster!

Mais, dira-t-on, comment cet atelier costérien a-t-il pu disparaître sans laisser de traces? A cela, je répondrai d'abord que, fût-il exact, le fait ne prouverait rien; car il est bien évident que nous ne connaissons pas toutes les imprimeries qui ont existé jadis. Il n'y a pas plus d'un demi-siècle qu'on a constaté l'existence à Bamberg, vers 1460, d'un atelier typographique bien plus important que celui de Haarlem : je veux parler de l'imprimerie de Pfister[2], qui avait échappé jusque-là aux recherches de tous les bibliographes, quoiqu'il eût mis au jour plu-

[1] Voyez dans la deuxième partie le rôle important que jouait alors la ville de Bruges, résidence habituelle des ducs de Bourgogne.

[2] On trouvera un long article sur cet artiste dans la deuxième partie.

sieurs livres datés et souscrits de son nom, sans parler d'une bible anonyme en *trois volumes in-folio!*

Ensuite, est-il exact de dire qu'il ne reste pas trace de l'atelier de Coster? Sans doute, ni Coster ni aucun de ses élèves n'a mis son nom sur un livre; mais le fait n'a rien d'extraordinaire : c'est le contraire qui le serait; car ce n'était pas l'usage des *librarii* ni celui des imprimeurs xylographes de cette époque, et les produits nouveaux de l'imprimerie n'étaient pas assez beaux pour justifier une pareille exception. Mais n'est-ce rien que cette masse de livres et de fragments d'incunables de même apparence trouvés à Haarlem ou dans les environs? N'est-ce rien que l'existence à Culembourg en 1483 des planches du *Speculum?* Il me semble naturel de penser que Veldener avait acquis ces bois lorsque les héritiers de Coster crurent devoir se défaire du mobilier typographique que ce dernier leur avait laissé, et dont ils ne savaient pas faire un usage avantageux, en présence des procédés de la nouvelle école de Mayence. Il n'est pas impossible même que Veldener, qui changea plusieurs fois de résidence, les ait achetés à Haarlem, où il aurait exercé pendant quelque temps sa profession, avant de se rendre à Culembourg, qui est fort voisin de cette dernière ville.

Je terminerai ce chapitre par la nomenclature des ouvrages qu'on peut attribuer à ce que j'appelle l'école costérienne.

Les *Speculum.* (Les différentes éditions anonymes décrites dans les chapitres précédents. Pour les *fac-simile*, voyez entre autres

Meerman, Koning, Ottley, Wetter, Falkenstein, etc. et, dans ce livre même, le n° 1 des *fac-simile* de caractères.)

Les *Donats*. (Parmi le grand nombre de Donats qu'on connaît, il en est plusieurs qui nous offrent des caractères semblables à ceux des *Speculum* : voyez particulièrement les n°ˢ 7, 8, 9, 10, 12, 17 de la Bibliothèque nationale. Pour les *fac-simile*, voyez Fischer, Koning, Wetter, etc.)

Catonis Disticha. (Voyez-en un *fac-simile* dans Falkenstein, *Geschichte*, etc. p. 85.)

Laurentii Valensis Faceties morales. (Voyez-en un *fac-simile* dans Falkenstein, p. 86, et dans Koning, p. 84.)

Ludovici de Roma Singularia in causis criminalibus. (*Fac-simile* ibid[1].)

Guillelmus de Saliceto, *de Salute corporis*[2]. (A la Bibliothèque nationale.)

Horarium. (Voyez le *fac-simile* dans Meerman, *Orig. typogr.* t. II, pl. I.)

Alexandri Galli Doctrinale. (Voyez-en un *fac-simile* dans Falkenstein, p. 86.)

Petri Hispani tractatus.

Francisci Petrarchæ de Salibus virorum illustrium et faceciis tractatus. (*Fac-simile* dans Falkenstein, p. 86; dans Koning, p. 84.)

[1] Il est ici question d'une édition complétement isolée. Ce livret a depuis été réimprimé en caractères analogues avec d'autres opuscules. Ainsi l'on en connaît une édition postérieure à la suite de laquelle se trouve un livre de Pie II (Æneas Sylvius), intitulé : *De mulieribus pravis*, etc. que j'ai vu à Haarlem, dans la bibliothèque de MM. Enschedé.

[2] Ce livre a également été réimprimé avec un caractère analogue à celui du *Speculum*, à une époque assez tardive, car il est joint d'une manière inséparable à des opuscules qui n'ont pu être imprimés qu'après 1467. (Voyez ci-dessus, p. 109.)

CHAPITRE III.

JEAN GUTENBERG À STRASBOURG.

1420-1444.

Je crois avoir démontré, dans le chapitre précédent, que la typographie avait été réalisée imparfaitement à Haarlem avant 1440; mais, rejetât-on sur ce point mes conclusions comme fausses, il n'en serait pas moins certain que l'idée de la mobilité des caractères, qui germait depuis longtemps dans le cerveau humain, fut conçue entre les années 1430 et 1440, et réalisée, sinon avant, du moins peu après cette dernière date. C'est ce que je vais démontrer.

Jusqu'ici nous avons marché pour ainsi dire à tâtons; nous allons maintenant pouvoir nous appuyer sur des actes et sur des monuments incontestables: l'imprimerie va sortir des temps fabuleux.

Jean *Gensfleisch*[1], plus connu sous le nom de *Gutenberg*[2], qu'il tirait d'une maison apportée en dot à son père par Else de Gutenberg, et qui était sise à Mayence, na-

[1] Prononcez *Guensfleische* ou *Gäensfleisch*, comme on l'écrit quelquefois. Ce nom, qui signifie *chair d'oie* en allemand, est écrit de plusieurs manières dans les documents du temps; nous adoptons la forme la plus simple et la plus naturelle.

[2] Prononcez *Gouteneberguе*. Ce nom signifie *bonne montagne* en allemand; il est également écrit de diverses manières dans les documents du temps.

quit dans cette ville, et non à Strasbourg comme on l'a cru longtemps. Le doute à cet égard n'est plus permis, en présence des pièces publiées par Schœpflin, et qui, rédigées à Strasbourg même, désignent ainsi Gutenberg : *Johannes dictus Gensefleische, alias Gutenberg, de Moguntia*[1]. Vingt autres monuments d'ailleurs constatent le fait[2].

L'époque de la naissance de Gutenberg est moins certaine. Toutefois, en voyant quel rôle il joue à Strasbourg, où il figure sur les registres particuliers des contribuables nobles de 1436 à 1444, je ne fais nulle difficulté de la placer, ainsi que la plupart des historiens de l'imprimerie, un peu avant l'année 1400[3]. Pour ce qui concerne

[1] Schœpflin, *Vindiciæ typographicæ*, docum. p. 31 et 36.

[2] Je ne crois pas devoir relever ici les étrangetés produites récemment sur ce sujet dans un opuscule publié à Bruxelles, par M. Jean de Carro, sous le nom de M. Charles de Winaricky, et sous le titre : *Jean Gutenberg né en 1412 à Kuttenberg en Bohême* (1847, in-12), parce que ce livre, en dépit de l'érudition qu'on y trouve, me paraît l'œuvre d'un mystificateur. M. de Carro a continué cette mystification dans l'*Almanach de Karlsbade* pour 1848, où il a publié deux articles sous le nom de M. Winaricky faisant suite à l'opuscule relatif à Gutenberg.

[3] Les raisons que donne l'auteur de la brochure citée dans la note précédente pour fixer la naissance de Gutenberg à l'année 1412 sont vraiment étranges : l'une d'elles, la principale, c'est que si Gutenberg était né en 1400, l'on n'aurait pu l'appeler en 1439, comme on le faisait, d'un nom de jeunesse, tel que celui de Jeannet (Hans, Henchen, Henkin, etc.). Qui ne sait que ces noms donnés dans le bas âge restaient fort souvent autrefois comme surnoms? Nous en verrons un exemple dans la famille de Fust, et nous en pourrions citer plus d'un aujourd'hui. Nous avons d'ailleurs la preuve que Gutenberg garda toute sa vie son nom de jeunesse, puisqu'il lui est donné dans un acte de 1455, dont nous parlerons plus loin, voire même dans la Chronique de Cologne, rédigée en 1499.

sa famille, je renvoie au livre de M. Schaab, qui a dressé des généalogies plus ou moins exactes des diverses branches de la maison des Gensfleisch[1]. Il me suffira de dire ici que cette famille se divisait en deux branches principales, dont l'une gardait le nom de Gensfleisch, et l'autre prenait celui de Sorgenloch[2]; que le père de Jean s'appelait Frielo (diminutif de Frédéric), et sa mère, Else (diminutif d'Élisabeth ou Élise); que Jean Gutenberg avait un frère aîné appelé Frielo, comme son père, et un oncle appelé Jean, comme lui-même; mais portant le surnom de *vieux*, qui servait à le distinguer.

On ne sait rien des premières années de Jean Gutenberg. En 1420, il fut forcé d'émigrer de Mayence avec sa famille, ainsi que la plupart des patriciens de cette ville, à la suite de quelques troubles dans lesquels le parti populaire fut vainqueur. On ignore où il se retira; mais il est probable que ce fut à Strasbourg, où nous le retrouverons plus tard[3].

[1] *Die Geschichte der Erfindung der Buchdruckerkunst durch Johann Gensfleisch genannt Gutenberg zu Mainz;* 3 vol. in-8°, 1830, Francfort.

[2] Prononcez *Sorguenloch*, à la manière allemande.

[3] Oberlin (*Essai d'annales de la vie de Jean Gutenberg*, in-8°, Strasbourg, an IX, p. 3) et M. Fischer (*Essai sur les monuments typographiques de Jean Gutenberg*, in-4°, Mayence, an X, p. 22) ont publié, sur la foi de Bodmann, archiviste du département du Mont-Tonnerre, dont Mayence était le chef-lieu, et qui dépendait alors de la France, le texte d'un document qui constaterait le séjour de Gutenberg à Strasbourg en 1424; mais ce document, dont personne n'a vu l'original, renferme des erreurs matérielles qui en infirment complétement l'authenticité. M. Fischer, qui a publié, d'après les dessins de Bodmann, les prétendus sceaux de ce document dans

L'électeur Conrad III accorda, le 26 mars 1430, un décret d'amnistie en faveur de quelques-unes des personnes qui avaient émigré précédemment, et nommément en faveur de Jean Gutenberg[1]; mais ce dernier ne paraît pas en avoir profité; il est du moins certain qu'il continua à résider hors de son pays[2]. Un document daté de la deuxième férie avant la fête de saint Antoine 1430, rapporté par M. Wetter[3], constate que la veuve Else de Gutenberg négocia au nom de son fils, appelé dans l'acte Hengen (diminutif de Jean), pour sa pension de quatorze florins.

Il paraît, toutefois, que Gutenberg fit un voyage à Mayence en 1432, sans doute pour quelques arrangements d'intérêts[4]; mais il n'y resta pas, car nous le voyons agir personnellement et consécutivement à Strasbourg de 1434 à 1443.

Le premier acte qui révèle positivement sa présence

son *Essai*, imprimé à Mayence en 1802, m'a avoué en 1851, c'est-à-dire un demi-siècle après, dans une lettre écrite de Moscou, où il réside maintenant, qu'il n'avait jamais pu obtenir communication de la pièce elle-même.

[1] Voyez Johannis, Köhler, Fischer, Schaab, Wetter, etc.

[2] Je crois pouvoir conclure des termes de cet acte que Gutenberg ne résidait pas à Eltvil, autrement dit Ellfeld, comme le croit par induction M. Wetter; car ce lieu faisait partie du territoire ressortissant à Mayence.

[3] *Kritische Geschichte der Erfindung der Buchdruckerkunst*, p. 28. L'auteur date à tort cet acte du 11 juin, car s'il s'agit du saint dont la fête se célèbre le 13 juin; comme ce jour était un mardi en 1430, la férie seconde avant cette date doit tomber le lundi précédent, 12 juin.

[4] Köhler, *Ehrenrettung Guttenberg's*, p. 82.

en cette ville est un document publié par Schœpflin, et dans lequel Jean Gutenberg prend le surnom de *jeune*, pour se distinguer de son oncle, portant les mêmes noms que lui. Voici à quelle occasion cet acte fut rédigé. Les magistrats municipaux de Mayence, refusant ou éludant depuis plusieurs années, peut-être même depuis l'amnistie de 1430, de payer à Gutenberg les rentes qui lui étaient dues sur cette ville, celui-ci fit arrêter leur greffier communal (*Stadschreiber*), qui était venu à Strasbourg pour régler quelques affaires. Toutefois, il consentit à le relâcher, sur la demande des magistrats municipaux de cette dernière ville, qui craignaient sans doute que la mesure ne nuisît aux bonnes relations existantes entre les deux cités rhénanes[1]. L'acte de cette concession de Gutenberg, daté de 1434, le dimanche après la fête de saint Grégoire pape[2], commence ainsi : « *Ich Johann Gensefleisch der junge, genant Gutemberg*[3], etc. (Je Jean Gensfleisch le jeune, dit Gutenberg.) » Puis vient l'exposé de la cause, dans lequel on apprend que Nicolas, greffier de la ville de Mayence, s'était engagé par-devant la cour d'Oppenhem, petite ville voisine de Mayence, à payer à Gutenberg 310 florins du Rhin à la Pentecôte.

[1] Strasbourg dépendait même de Mayence sous le rapport religieux : l'évêque de la première ville étant suffragant du siége archiépiscopal de la seconde, qui était le chef-lieu réel de toutes les provinces rhénanes.

[2] La date de cet acte est très-difficile à déterminer, parce qu'il y a deux saints papes du nom de Grégoire, et de plus deux fêtes pour le premier, Grégoire le Grand, le 12 mars et le 3 septembre.

[3] Schœpflin, *Vind. typogr.* doc. 1.

La même année, le dimanche après la Saint-Urbain (c'est-à-dire le 30 mai, la Saint-Urbain tombant le mardi 25), par un accord inscrit non-seulement dans un vieux livre de rentes de la ville de Mayence[1], mais aussi dans un livre de comptes de la famille *zum Jungen*[2], de Francfort, Gutenberg charge sa mère de régler une affaire d'intérêt entre lui et son frère Frielo.

Deux ans après, c'est-à-dire en 1436, Gutenberg est appelé devant l'officialité de Strasbourg, par Anne dite *zur Isernen Thür* (à la Porte de Fer), à laquelle il avait fait une promesse de mariage[3]. On croit communément qu'il épousa cette dame à la suite de la décision judiciaire qui eut lieu (mais dont on ne connaît pas les termes), parce qu'on trouve plus tard, sur le rôle des contributions de la ville, une dame Ennel Gutenberg[4], qui, suivant Schœpflin, ne peut être autre qu'Anne devenue femme de Gutenberg. Quoi qu'il en soit, cette dame ne paraît pas avoir exercé une grande influence sur la destinée de celui-ci, car on ne la voit figurer dans aucun acte subséquent; elle ne l'a pas suivi à Mayence, et l'on ignore même si elle a vécu au delà de 1444.

En 1439, Gutenberg eut à soutenir un procès plus important, c'est celui qui nous a révélé ses premiers travaux typographiques. Les pièces de ce procès, qui exis-

[1] Wetter, *Kritische Geschichte*, etc. p. 54.
[2] *Id. ibid.* p. 38. Jungen, prononcez *Ioungen.*
[3] Schœpflin, *Vind. typogr.* p. 17.
[4] *Id. ibid.* doc. n° VII, à la fin.

tent encore en original dans la bibliothèque de Strasbourg, où j'ai eu le plaisir de les parcourir et d'en constater l'authenticité[1], ont été publiées pour la première fois dans leur langue originelle (l'allemand) par Schœpflin[2], qui les découvrit dans une vieille tour, parmi les protocoles du tribunal de Strasbourg. Elles ont été réimprimées plusieurs fois depuis, et traduites dans différentes langues. Je vais en donner des extraits en français, et suivrai de préférence la traduction de M. de Laborde, parce qu'elle me semble à la fois la plus littérale et la plus exacte. J'y ai fait toutefois quelques changements aux endroits qui me paraissaient le réclamer.

Voici d'abord, pour mettre le lecteur au courant du procès, l'exposition de la cause, telle qu'elle se trouve dans le texte du jugement[3], lequel fut rendu la vigile de la fête des saintes Lucie et Otilie (12 décembre) 1439 :

« Nous Cune Nope, maître et conseiller à Strasbourg, faisons savoir à tous ceux qui verront cet écrit, ou en entendront la lecture, que Georges Dritzehen, notre concitoyen, est venu devant nous en son nom, et avec le plein pouvoir de son frère Claus Dritzehen, et a cité Hans[4] Genszfleisch, de Mayence, nommé Gutenberg, notre

[1] Les Mayençais sont allés jusqu'à la nier; et pourtant ils datent l'invention de Gutenberg de 1437. D'après quels monuments?

[2] *Vind. typogr.* doc. n° II.

[3] Pour le texte allemand, voir Schœpflin, *ubi supra;* Meerman, *Orig. typogr.* t. II, n° 7; Wetter, *Kritische Geschichte,* etc. p. 56; M. Léon de Laborde, *Débuts de l'imprimerie à Strasbourg,* p. 24.

[4] Diminutif de Jean (*Johannes,* dont on retire la première syllabe).

hindersosz[1], et a déposé que feu André Dritzehen, son frère, avait hérité [à la mort] de son père d'un bien considérable; qu'il l'avait engagé, et en avait réalisé une bonne somme d'argent; qu'il était entré avec Hans Gutenberg et d'autres dans une société, et avait formé une association, et qu'il avait remis son argent à Gutenberg, [le chef] de cette association, et que pendant un certain temps ils avaient fait et exercé ensemble leur industrie, dont ils tiraient un bon profit; mais que, par suite des entreprises de l'association, André Dritzehen se serait fait garant, de côté et d'autre, pour *du plomb et d'autres choses* qu'il aurait achetés, qui étaient nécessaires à ce métier, et qu'il aurait aussi garanti et payé; que comme, sur ces entrefaites, André était mort, lui (Georges) et son frère Claus auraient exigé, avec instance, de Hans Gutenberg qu'il les prît à la place de feu leur frère dans la société, ou qu'il s'arrangeât avec eux pour l'argent qu'il (André) avait mis dans l'association; mais qu'il (Gutenberg) ne voulut rien faire de tout cela, et s'était excusé par cette raison qu'André Dritzehen ne lui avait jamais remis pareille somme. Comme lui (Georges) espérait et se faisait fort de prouver que la chose s'était passée ainsi, il avait exigé que Gutenberg les prît, lui et son frère Claus, dans la société, à la place de feu leur frère, comme jouissant de son héritage, ou qu'il restituât l'argent que feu leur frère avait apporté, puisque, comme héritiers, ils y avaient droit,

[1] Les traductions latines rendent ce mot par *incola*, habitant. Il équivaut à *locataire*, par opposition à *propriétaire*.

ou bien qu'il dise au moins pourquoi il ne voulait point accéder à leur demande.

« En réponse à cet exposé de la plainte, Hans Gutenberg a répondu que cette réclamation de Georges Dritzehen lui paraissait injuste, puisqu'il était suffisamment prouvé par plusieurs écrits et billets, que lui (Georges) et son frère (Claus) ont pu trouver après la mort d'André Dritzehen, de quelle manière avait été formée l'association. En fait, André Dritzehen était venu à lui (Gutenberg), il y a *plusieurs années*, et l'avait engagé à lui communiquer et à lui faire comprendre plusieurs secrets; c'est pourquoi, pour satisfaire à sa prière, il (Gutenberg) lui avait appris à polir les pierres, dont il (Dritzehen) avait dans le temps tiré un bon profit. Ensuite, après un bon laps de temps, il (Gutenberg) était convenu avec Hans Riffe, maire à Litchetenow, d'exploiter un secret pour les foires d'Aix-la-Chapelle, et ils s'étaient associés de la sorte: que Gutenberg avait deux parts dans l'entreprise, et Hans Riffe une. Cette convention vint à la connaissance d'André Dritzehen, qui pria Gutenberg de lui communiquer et de lui apprendre aussi ce secret, pour lequel il serait son débiteur à sa volonté. Sur ces entrefaites, le sieur Antoine Heilmann lui aurait fait la même prière en faveur de son frère André Heilmann ; alors il (Gutenberg) aurait examiné les deux demandes, et il leur aurait promis (aux solliciteurs) de leur faire connaître le secret, et aussi de leur donner et accorder la moitié des produits; de telle sorte qu'eux deux auraient une part, Hans Riffe une autre part, et lui (Gutenberg) la moitié; mais pour cela il fallait qu'eux deux lui donnassent, à lui Gutenberg, 160 florins pour la peine de leur apprendre et de leur faire connaître le secret, et plus tard ils devaient encore lui remettre chacun 80 florins. Lorsqu'ils arrêtaient leurs conventions, la foire devait avoir lieu dans l'année; mais lorsqu'ils se furent arrangés et préparés à exploiter leur secret, la foire fut remise à l'année suivante; alors ils avaient exigé que Gutenberg ne leur cachât plus rien de ce qu'il pouvait savoir ou découvrir d'inventions et de secrets, et ils lui proposèrent de s'entendre là-dessus; et il fut arrêté qu'ils ajouteraient à la première somme encore 250 florins, ce qui formerait ensemble 410 florins; et ils devaient en payer 100 comptant, dont, à cette époque, André Heilmann paya 50, et André Dritzehen 40; de manière qu'André Dritzehen était encore débibiteur de 10 florins. Ajoutez à cela que les deux associés devaient payer les 75 florins restants à trois différents termes, qui furent convenus entre eux; mais avant l'échéance de ces termes André Dritzehen mourut, restant encore devoir cet argent à Gutenberg. A l'époque de l'engagement, il avait été établi que l'exploitation de leur secret devait durer cinq ans entiers; et dans le cas où l'un des quatre mourrait dans les cinq années, tous les ustensiles du secret et tous les ouvrages déjà faits resteraient aux autres, et les héritiers de celui qui était mort recevraient, après l'expiration des cinq années, 100 florins... En conséquence, et parce que l'acte qui est conçu dans ces formes, et qui fut trouvé chez André Dritzehen, déclare entièrement ce qui précède et le contient, et que lui Hans Gutenberg espère le prouver par de bons témoignages, il demande que Georges Dritzehen et son frère Claus déduisent les 85 florins qui lui étaient encore dus par feu leur frère sur les 100 florins, et alors il consentirait à leur rendre les 15 florins, bien qu'il eût encore, selon les termes du contrat, plusieurs années pour se libérer. Et quant à ce que Georges Dritzehen a déclaré, que feu André Dritzehen, son frère, avait beaucoup pris sur l'héritage de son père et sur son bien, l'avait engagé ou vendu au profit de l'entreprise, cela ne le regardait pas, car il n'en avait pas plus reçu qu'il ne l'a exposé, excepté un demi-*omen* de vin, une corbeille de poires et un demi-*fuder* de vin, que lui et André Heilmann lui avaient donnés; qu'eux deux, au reste, avaient consommé chez lui l'équivalent et au delà, pour lequel ils n'avaient rien eu à payer. Aussi, lorsqu'il (Georges Dritzehen) demande à être admis dans la société comme héritier, il sait fort bien que cette réclamation n'est pas plus fondée que toute autre, et qu'André Dritzehen n'a jamais été garant pour lui (Gutenberg) ni pour du plomb, ni pour autre chose, excepté *une fois* devant Fridel de Seckingen; mais il l'avait, après sa mort, affranchi et libéré de cet engagement; et c'est pour donner la preuve de ses assertions qu'il demande qu'on entende les dépositions. »

Les dépositions des témoins parurent, en effet, si bien se rapporter aux déclarations de Gutenberg, que le juge lui donna gain de cause, en exigeant seulement la formalité du serment.

Nous allons maintenant extraire, des nombreuses dépositions qui nous ont été conservées, celles qui ont le plus grand intérêt pour nous. On a dû remarquer que les déclarations précédentes ne font pas même allusion à l'imprimerie. On s'explique facilement cela de la part de Gutenberg et de Dritzehen, qui espéraient tirer un grand parti du secret, et qui devaient éviter de le divulguer. Il n'en est pas de même des gens étrangers à l'entreprise; aussi sont-ils beaucoup plus explicites : toutefois, ne connaissant pas le secret de Gutenberg, ils ne peuvent nous renseigner complétement.

« Barbel de Zabern la mercière a déposé qu'elle avait pendant une nuit causé avec André Dritzehen de diverses choses, et qu'entre autres paroles elle lui avait dit : « Ne « voulez-vous pas à la fin aller dormir? » Mais il lui avait répondu : « Il faut avant que je termine ceci. » Alors le témoin parla ainsi : « Mais, Dieu me soit en aide! quelle « grosse somme d'argent dépensez-vous donc? Cela a tout « au moins coûté 10 florins? » Il lui répondit : « Tu es une « folle; tu crois que cela ne m'a coûté que 10 florins. En- « tends-tu, si tu avais ce que cela m'a coûté en sus de 300 « florins comptant, tu en aurais assez pour toute ta vie : « cela m'a coûté au moins 500 florins. Et ce ne serait rien « si cela ne devait pas me coûter encore; c'est pourquoi « j'ai engagé mon avoir et mon héritage. » — « Mais, dit le « témoin, si cela vous réussit mal, que ferez-vous alors? »

Il lui répondit : « Cela ne peut pas nous mal réussir : avant « un an révolu nous aurons recouvré notre capital, et se- « rons tous bien heureux, à moins que Dieu ne veuille « nous accabler. »

Cette déposition semble en opposition avec la déclaration de Gutenberg, sous le rapport de l'argent reçu par ce dernier; mais elle ne l'est pas en effet : André Dritzehen n'entend pas dire que la chose lui a coûté 500 florins à lui-même, mais à l'association, comme le prouve la fin de la phrase, où il parle en nom collectif. Sous un autre rapport, cette déposition vient, au contraire, confirmer ce qu'a dit Gutenberg du profit qu'on devait retirer du secret aux foires d'Aix-la-Chapelle. On voit qu'André Dritzehen travaillait jour et nuit pour avoir fini à cette époque : c'est sans doute ce qui causa sa mort.

Cette ardeur au travail d'André Dritzehen est encore confirmée par la déposition d'une de ses cousines, qui l'aidait souvent.

« La dame Ennel, femme de Hans Schultheiss le marchand de bois, a déposé que Lorentz Beildeck [domestique de Gutenberg] vint une fois dans sa maison, chez Claus Dritzehen, son cousin, et dit à celui-ci : « Cher Claus « Dritzehen [1], feu André Dritzehen avait quatre pièces cou-

[1] Dans l'original il y a ici quelques mots qui ont été effacés, parce que le greffier a cru devoir donner une autre tournure à sa phrase. Ces mots peuvent se rendre de la manière suivante : « Mon jeune maître ou jeune seigneur Jean (*mein Junker Hanns*) Gutenberg nous a prié de....... » M. de Carro (ouvrage cité, p. 12) croit avoir là la preuve de la jeunesse

« chées dans une presse, et Gutenberg a prié que vous les « retiriez de la presse, et que vous les sépariez les unes des « autres, afin que l'on ne puisse comprendre ce que c'est; « car il n'aimerait pas que quelqu'un vît cela. » Ce témoin a aussi déposé que, lorsqu'elle était chez André Dritzehen, son cousin, elle a aidé à faire cet ouvrage nuit et jour. Elle a aussi dit qu'elle savait bien qu'André Dritzehen, son cousin, avait engagé dans ce temps son capital; mais qu'il l'ait employé à cet ouvrage, elle n'en savait rien. »

Cette déposition, si favorable à la déclaration de Gutenberg, avec laquelle elle se rapporte complétement, a de plus l'avantage de nous initier au genre de travail d'André Dritzehen. Nous voyons qu'il avait une presse, sur laquelle se trouvaient quatre *pièces;* l'explication de ce dernier mot viendra plus loin. L'exactitude de cette partie de la déclaration de la dame Ennel est confirmée

de Gutenberg, qu'il fait naître en 1412; mais je ferai remarquer que cette dénomination est encore donnée à Gutenberg dans une pièce de 1455, comme je l'ai dit déjà, et qu'alors, dans le système de M. de Carro lui-même, Gutenberg aurait eu quarante-trois ans, c'est-à-dire qu'il aurait été plus âgé qu'en 1439 d'après l'opinion commune qui place sa naissance vers 1400. Si donc on conclut de la qualification de *jeune*, qui est donnée à Gutenberg en 1439, qu'il était jeune, en effet, alors, que conclura-t-on en présence de l'acte de 1455? Que conclura-t-on surtout des termes de la Chronique de Cologne de 1499, qui lui donne la même qualification? N'est-il pas évident que Gutenberg avait pris ce titre, d'abord pour se distinguer de son oncle, et qu'on le lui conserva ensuite par habitude, même après la mort de ce dernier? Je ferai remarquer en outre que, dans le procès de Strasbourg, c'est le domestique de Gutenberg qui donne à ce dernier la qualification de *jeune*, et que, dans la bouche d'un serviteur, vieux sans doute, ce mot n'a pas le sens absolu qu'on veut lui attribuer.

d'ailleurs par celle de son mari, faite dans les mêmes termes, et par celle de l'ouvrier qui avait fabriqué la presse :

« Hans Schultheiss a dit que Lorentz Beildeck était venu un jour dans sa maison, chez Claus Dritzehen, où ce témoin l'avait conduit. C'était à l'époque de la mort d'André Dritzehen. Alors Lorentz Beildeck parla ainsi à Claus Dritzehen : « Feu votre frère André Dritzehen a quatre « pièces couchées en bas dans une presse, et Hans Gu- « tenberg vous prie de les en retirer et de les séparer les « unes des autres, afin qu'on ne puisse voir ce que c'est. » Claus Dritzehen y alla, et il chercha les pièces ; mais il n'en trouva aucune..... »

« Conrad Sahspach a déposé qu'André Heilmann était une fois venu chez lui, sur la place du marché, et lui avait dit : « Cher Conrad, puisque André Dritzehen est mort, « comme c'est toi qui as fait les presses, et que tu connais « la chose, vas-y donc, et retire les pièces de la presse, « et sépare-les les unes des autres ; décompose-les, et ainsi « personne ne pourra savoir ce que c'est. » Mais comme ce témoin voulait exécuter cela, et cherchait les presses (c'était le jour de saint Étienne passé), tout avait disparu. »

Gutenberg, qui redoutait si fort les investigations indiscrètes des curieux, avait sans doute envoyé démonter les formes par quelque autre personne.

« Lorentz Beildeck a déposé que Jean Gutenberg l'envoya une fois chez Claus Dritzehen, après la mort d'André, son frère, pour dire au premier qu'il ne devait montrer à personne la presse qu'il avait sous sa garde; ce que le témoin fit aussi. Il me parla en outre, et dit qu'il (Claus) devait se donner la peine d'aller à la presse et de l'ouvrir au moyen de deux vis; qu'alors les pièces se détacheraient les unes des autres : ces pièces, il devait ensuite les placer dans la presse ou sur la presse, et personne après cela n'y pourrait rien voir ni comprendre; et quand il sortirait, il devait venir chez Jean Gutenberg, car ce dernier avait quelque chose à lui dire. Ce témoin se rappelle fort bien que Jean Gutenberg ne devait rien à feu André, et qu'au contraire André devait à Jean Gutenberg, ce qu'il comptait lui payer à certains termes, avant lesquels il mourut. Il a aussi déposé qu'il n'avait jamais été présent à leurs réunions depuis Noël. Ce témoin a vu André Dritzehen souvent dîner chez Jean Gutenberg, mais il ne lui a jamais vu donner un pfenning[1]. »

« Le sieur Antoine Heilmann a déposé que, lorsqu'il apprit que Gutenberg voulait prendre André Dritzehen pour un tiers dans la société pour vendre des miroirs (*Spiegeln*) lors du pèlerinage d'Aix-la-Chapelle, il le pria instamment de prendre aussi son frère André, s'il voulait lui rendre un grand service à lui Antoine. Mais Gutenberg lui dit qu'il craignait que les amis d'André ne

[1] Petite monnaie de cuivre. La déposition si précise de Lorentz Beildeck lui attira des injures de la part de Georges Dritzehen, et même une menace de procès pour faux témoignage. Ce dernier l'apostropha ainsi hors du prétoire : « Témoin, il faut que tu dises la vérité, quand j'en devrais arriver avec toi à la potence. » Lorentz vint se plaindre au juge, mais il ne paraît pas que cette affaire ait eu aucune suite.

prétendissent que ce fût *de la sorcellerie*, ce qu'il ne voudrait pas. Là-dessus il (Ant. Heilmann) le pria de nouveau, et en obtint un écrit qu'il devait montrer aux deux futurs associés, et sur lequel ils devaient se consulter. En effet, Gutenberg leur porta l'écrit, et ils décidèrent qu'ils agiraient comme il était contenu dans l'écrit, et l'affaire s'arrangea ainsi. Au milieu de ces arrangements, André Dritzehen pria ce témoin (Ant. Heilmann) de l'aider de quelque argent, et celui-ci lui dit que, s'il avait un bon gage, il l'aiderait volontiers. Et en effet il l'aida de 90 livres, qu'il lui porta à Saint-Arbogaste..... Le témoin lui dit : « Que veux-tu faire avec tant d'argent? Tu n'as « pas besoin de plus de 80 florins. » Alors il lui répondit qu'il avait encore besoin d'argent, et que c'était deux ou trois jours avant l'Annonciation qu'il devait donner 80 florins à Gutenberg; et le témoin était obligé de donner aussi 80 florins [pour son frère André], car on était convenu de 80 florins pour chaque associé. Quant au tiers restant, que Gutenberg avait encore, cet argent devait revenir à ce dernier pour sa part et pour son art, et ne devait pas être confondu dans l'association. Après cela, Gutenberg dit à ce témoin qu'il fallait faire attention à un point essentiel, qui était que dans toute chose il y eût égalité, et qu'ils s'entendissent afin que l'un ne cachât rien à l'autre, et que chaque chose fût au profit de tous. Ce témoin fut content de ce propos, et le rapporta aux deux autres avec éloge. A quelque temps de là Gutenberg répéta ces paroles, et le témoin lui répondit avec les mêmes protestations, comme auparavant, et dit qu'il voulait s'en rendre digne. Après cela, Gutenberg lui fit un écrit en conséquence de ce propos, et dit à ce témoin : « Consultez-vous bien si cela vous convient. » Ce qu'il fit; et ils discutèrent longtemps sur ce point, et prirent même l'avis de Gutenberg, qui une fois se mit à dire : « Il y a « maintenant tant d'ustensiles prêts, et il y en a tant en « exécution, que votre part est bien près d'égaler votre « mise de fonds, et partant le secret vous sera confié. » Ils tombèrent ainsi d'accord au sujet de deux articles dont l'un devait être supprimé, l'autre mieux éclairci plus tard. L'article à supprimer était qu'ils ne voulaient point être redevables à Hans Riffe pour beaucoup ou pour peu, puisqu'ils n'avaient contracté aucune obligation avec lui; le droit qu'ils auraient, ils l'auraient de par Gutenberg. L'autre point à établir était, dans le cas où l'un d'eux mourrait, qu'il fût bien convenu de quelle manière on agirait, et il fut ainsi arrêté : « Que l'on donnerait aux héritiers, pour « tous les frais encourus, pour les *formes*, et pour tous les « objets, 100 florins, et seulement après les cinq ans. » Et Gutenberg dit que ce serait un grand avantage pour eux, s'il venait à mourir, car il leur abandonnerait tout ce qu'il aurait pu prendre comme part pour les frais, et cependant ils ne seraient obligés de donner à ses héritiers que 100 florins, comme pour l'un d'eux : et ceci fut ainsi conclu afin que, dans le cas de mort de l'un des associés, on ne fût point obligé d'apprendre, de montrer et de découvrir le secret à tous les héritiers, et c'était aussi favorable à l'un des associés qu'à l'autre. A quelque temps de là, à la réunion des *Kürsenern* (pelletiers?), les deux André dirent à ce témoin qu'ils étaient tombés d'accord avec Gutenberg quant à l'écrit; qu'il avait supprimé le passage concernant Hans Riffe, et voulait leur établir l'autre comme il était convenu. Et il fut présent lorsqu'André Dritzehen donna à Gutenberg 40 florins, et André Heilmann, son frère, 50. On était aussi tombé d'accord pour les termes de payements : c'était 50 florins comptant, comme porte l'écrit, et après, à la Noël suivante, 20 florins... Ce témoin a aussi déposé qu'il savait bien que Gutenberg, peu de temps avant Noël, avait envoyé son valet aux deux André pour chercher les *formes* (*formen*), afin qu'il pût s'assurer qu'elles avaient été séparées, et que même plusieurs formes lui avaient donné du regret. »

Comme ce dernier passage est très-confus, et a été traduit de différentes manières[1], je crois devoir donner ici le texte même : « Dirre gezuge hat ouch geseit das er wol wisse das Gutenberg unlange vor Wihnahten sinen kneht sante zu den beden Andresen, alle formen zu holen und würdent zur lossen das er ess sehe, und jn joch ettliche formen ruwete. »

Le mot de *forme* vient ici expliquer ce qu'a d'obscur celui de *pièces* que nous avons vu paraître précédemment pour désigner les objets placés sur la presse.

Achevons cette curieuse déposition.

« A l'époque où André (Dritzehen) mourut, comme le

[1] Voyez l'*Essai* de M. Fischer, p. 29; voyez aussi Fournier, *Observations typographiques*, p. 37.

témoin savait bien que des gens auraient volontiers examiné la presse, il fit dire à Gutenberg d'envoyer pour défendre qu'on la laissât voir. En effet, Gutenberg envoya son valet pour la mettre en désordre, et dire au témoin que, lorsqu'il aurait le temps, il voulait lui parler....... Il a déposé aussi qu'il avait demandé plus tard à son frère (André Heilmann) quand il commencerait à avoir communication du secret; alors celui-ci lui répondit que Gutenberg attendait 10 florins arriérés qu'André Dritzehen devait encore sur les 50 florins. »

Nous clorons ces extraits par la déposition de Jean Dünne, qui est peut-être la plus curieuse de toutes, quoique la plus courte :

« Hans Dünne, l'orfévre, a déposé qu'il avait, il y a trois ans environ, gagné (reçu) de Gutenberg près de 100 florins seulement pour les choses qui concernent l'*imprimerie* (*trucken*). »

La cause entendue, le juge rendit l'arrêt suivant :

« Nous maître et conseiller, après avoir entendu les réclamations de part et d'autre, les dépositions et les témoignages... et après avoir vu l'acte et la convention.... Considérant qu'il y a un acte qui démontre dans quelles formes les arrangements ont été pris et ont eu lieu, ordonnons que Hans Riffe, André Heilmann et Hans Gutenberg fassent un serment devant Dieu que les choses se sont passées ainsi que l'acte sus-cité le démontre, et que cet acte avait pour condition qu'un autre acte scellé aurait été fait si André Dritzehen était resté en vie; que

Hans Gutenberg jure en outre que les 85 florins ne lui ont point été payés par André Dritzehen, et de ce moment les 85 florins lui seront déduits de la somme de 100 florins dont il a été question, et il payera à Georges et Claus Dritzehen 15 florins, et les 100 florins auront ainsi été payés conformément à l'acte sus-cité... Ce serment ainsi formulé a été prêté devant nous par Hans Riffe, André Heilmann et Hans Gutenberg, avec cette observation toutefois que Hans Riffe a dit qu'il n'avait pas assisté à la première réunion; mais qu'aussitôt qu'il se trouva avec les autres (associés) il approuva la convention.»

Les extraits que je viens de donner sont bien longs, et pourtant ils ne contiennent pas tous les passages intéressants que renferment les pièces du procès de Strasbourg; ils suffisent néanmoins pour en donner une idée complète, et surtout pour bien faire connaître Gutenberg. On voit que c'était un homme actif, intelligent, l'esprit sans cesse occupé de projets industriels; moins praticien que théoricien peut-être; mais réalisant cependant par les mains de ses associés tous les plans que son esprit tenace avait conçus.

Il paraît, d'après la déposition de l'orfévre Hans Dünne, que depuis trois ans au moins, à l'époque du procès, c'est-à-dire depuis 1436 ou 1437, Gutenberg, laissant de côté ses autres *secrets*, s'occupait activement de réaliser celui qu'il avait inventé pour l'impression des livres. Afin de ne pas éveiller les soupçons, il vivait retiré hors de la ville, à Saint-Arbogaste, et c'est là que ses anciens associés pour le polissage des pierres le surprirent au milieu de ses nouveaux travaux, auxquels ils parvinrent à se faire initier. On sait le reste. On a vu avec quelle ardeur André Dritzehen se mit à la besogne. Il mourut aux environs de la Noël 1438, léguant un procès à la nouvelle association, dont il était devenu l'âme, et qui fut désorganisée, sinon détruite, par sa mort. Elle ne put pas profiter de l'occasion de la foire d'Aix-la-Chapelle, en vue de laquelle on travaillait, et qui eut lieu en 1440; car on voit par la sentence du juge de Strasbourg, datée du 12 décembre 1439, que cette société était encore alors menacée dans son existence.

Je parle toujours de l'association de Gutenberg comme ayant pour but l'exploitation de l'imprimerie; mais il est bon de dire, ne fût-ce que pour le réfuter, que les partisans de Haarlem et de Mayence y ont vu tout autre chose. Suivant eux, il se serait agi seulement d'une fabrication de glaces. Cette opinion est fondée sur deux passages où il est en effet question de miroirs. Dans le premier, André Dritzehen répond à Hans Niger, qui, au moment de lui prêter de l'argent, lui demande ce qu'il fait, *qu'il est miroitier.* Dans le second, Antoine Heilmann, étranger à l'association, mais frère d'un des intéressés, et par conséquent intéressé indirectement lui-même, paraît croire que la société avait pour but une vente de miroirs à la foire d'Aix-la-Chapelle (voy. p. 130).

Mais qu'est-ce que cela prouve? Que les associés, qui fondaient de grandes espérances sur leurs travaux, ne voulaient pas en déprécier les produits par avance, en faisant connaître l'objet de leur fabrication[1]. On a vu avec quelle insistance Gutenberg recommandait de démonter la presse et les formes qui étaient chez André Dritzehen, après la mort de ce dernier, afin qu'on ne pût pas deviner l'art *secret* (c'est le mot constamment employé dans tout le procès) auquel il se livrait. On ne peut admettre qu'André Dritzehen aurait naïvement attiré l'attention d'un étranger, d'un bailleur de fonds, sur les produits de cet art qui devait faire sa fortune et celle de ses associés. Il est évident qu'on était convenu d'une espèce de mot d'ordre pour dérouter les curieux. Qu'avait à faire, en effet, une presse dans la fabrication des miroirs? Elle servait peut-être, dit-on, à imprimer sur le cadre certains ornements..... De semblables hypothèses peuvent tout expliquer, mais ne prouvent rien. Aucune circonstance de la vie de Gutenberg ne justifie cette interprétation; tous ses travaux ultérieurs, au contraire, démontrent qu'il s'occupait d'imprimerie. La tradition est là vivante

[1] On argumente le plus souvent sur le peu de précision des dépositions; mais il me semble qu'il faut s'étonner, au contraire, du hasard qui nous a donné tant de détails, car le procès n'avait pas pour but de faire connaître l'invention de l'imprimerie, et ce qu'on en dit est tout à fait en dehors de la cause. De ce que les Mayençais et les Strasbourgeois ne sont pas d'accord sur ce détail de la vie de Gutenberg, les Haarlémois concluent qu'il ne faut croire ni les uns ni les autres dans ce qu'ils rapportent de cet inventeur de secret: c'est un singulier raisonnement! Il dispense, il est vrai, du soin de chercher la vérité, mais il ne prouve rien en faveur du système costérien, contre lequel à leur tour les Mayençais et les Strasbourgeois pourraient le rétorquer.

qui le confirme. L'Alsacien Wimpheling, presque contemporain de Gutenberg, et l'un des hommes les plus savants de l'époque, faisant sans doute allusion aux travaux que ce procès avait révélés, dit positivement que Gutenberg, qu'il croyait natif de Strasbourg, à cause de son long séjour dans cette ville, y inventa l'imprimerie en 1440, et qu'il perfectionna ensuite cette invention à Mayence. Voici ses propres expressions tirées de l'*Epitome rerum Germanicarum*[1] : « Anno Christi M. CCCC. XL. « Frederico tertio Romanorum imperatore, magnum « quoddam ac pene divinum beneficium collatum est uni« verso terrarum orbi a Joanne Gutenberg, Argentinensi, « novo scribendi genere reperto. Is enim primus artem « impressoriam (quam latiniores excusoriam vocant) in « urbe Argentinensi invenit. Inde Mogunciam veniens, « eandem fœliciter complevit. » Il revient encore sur ce sujet dans plusieurs de ses ouvrages, et particulièrement dans sa *Germania cis Rhenum*[2], où il dit, s'adressant aux habitants de Strasbourg : « Urbs vestra plurimum excel« lere videtur impressoriæ artis origine, licet in Moguntia « consummatæ. »

La Chronique de Cologne elle-même doit s'interpréter ainsi, quoique les termes y soient contraires en apparence. Voici, en effet, ce que porte cette chronique[3],

[1] Chap. LXV. Voyez Schardius, *Scriptores rerum Germ.* t. I, p. 396.

[2] Strasbourg, 1501, in-4°, p. 43.

[3] On en trouve le texte allemand dans Wolf, *Monum. typograph.* t. I, p. 470 et suiv.; dans Meerman, *Orig. typogr.* t. II, p. 105; dans Wetter,

que quelques personnes ont le tort de prendre trop à la lettre : « L'art admirable (de l'imprimerie) a été inventé d'abord en Allemagne, à Mayence sur le Rhin, et c'est un grand honneur pour la nation allemande qu'on y trouve des hommes aussi ingénieux. Cela arriva environ l'an 1440, et depuis ce temps jusqu'à l'an 1450 l'art et tout ce qui s'y rapportait fut perfectionné. Enfin l'an 1450, qui était l'année du jubilé, on commença à imprimer, et le premier livre qui ait été imprimé fut la Bible en latin, exécutée avec de gros caractères comme ceux qui servent aujourd'hui à imprimer les missels. Quoique l'art, tel qu'on le pratique actuellement, ait été trouvé à Mayence, comme nous l'avons dit, cependant la première idée vint de la Hollande et des Donats qu'on imprimait dans ce pays auparavant. Ces livres ont donc été l'origine de l'art; mais l'invention postérieure fut beaucoup plus subtile et plus parfaite que la première, et se perfectionna de plus en plus. Un certain auteur appelé Omnibonus a écrit, dans la préface de *Quintilien*[1] et dans d'autres livres, que c'était un Français nommé Nicolas Jenson qui le premier avait trouvé cet art. Cela est faux; il reste encore beaucoup de personnes qui peuvent attester qu'on avait imprimé des livres à Venise avant que Nicolas Jenson y vînt et eût commencé à y graver ses caractères. Le premier inven-

Kritische Geschichte, etc. p. 280. Wolf et Meerman en ont également donné des traductions latines.

[1] Publié par Jenson, à Venise, en 1471. Nous parlerons, dans la seconde partie, de ce *Quintilien* et de la préface d'Omnibonus.

teur de la typographie fut un bourgeois de Mayence né à Strasbourg, nommé Jean Gudenburch (Gutenberg), chevalier. L'art fut ensuite porté de Mayence à Cologne, puis à Strasbourg et enfin à Venise. Je tiens ces détails sur l'origine et les progrès de l'imprimerie d'honorable (personne) Ulric Zell, de Hanau, qui importa cet art à Cologne, et qui y exerce encore la profession d'imprimeur en cette année 1499. »

Si l'on s'en tient rigoureusement au texte du chroniqueur, son récit est inintelligible, car il renferme plusieurs passages contradictoires, comme nous aurons occasion de le prouver dans le cours de ce livre. En donnant à Gutenberg le titre de premier inventeur de l'imprimerie, le chroniqueur a voulu seulement dire qu'il était le premier de l'école mayençaise, et le distinguer ainsi de Schoiffer et autres qui ont continué de perfectionner l'art, et que certains auteurs commençaient même déjà à cette époque (1499) à placer au-dessus de lui. Nous venons de voir que le chroniqueur reconnaissait une école antérieure à celle de Mayence, celle de Hollande; Gutenberg n'a donc droit qu'à l'invention postérieure, « qui fut, il est vrai, beaucoup plus ingénieuse que la première. » Quant à la date de l'invention, le chroniqueur ne la fixe pas d'une manière positive; mais il dit qu'elle eut lieu vers l'an 1440. Cette indication est précieuse pour nous. En 1440, Gutenberg était à Strasbourg et non à Mayence, où il n'alla que plusieurs années après : ce n'est donc pas dans cette dernière ville qu'il conçut la première idée de son invention[1]. Le chroniqueur, au reste, semble avoir eu conscience du fait, lorsqu'il dit que Gutenberg, citoyen de Mayence, était né à Strasbourg : c'est le contraire qu'il fallait dire, car Gutenberg, né à Mayence, habitait Strasbourg en 1440. C'est une simple confusion qui a eu lieu dans la mémoire d'Ulric Zell, qui avait sans doute entendu dans sa jeunesse Gutenberg parler de son long séjour à Strasbourg. Peut-être aussi la confusion provient-elle uniquement du chroniqueur, qui a mal rendu le récit d'Ulric Zell. Quoi qu'il en soit, nous pouvons conclure des termes de la chronique, à laquelle on attache avec raison le plus d'importance, que l'invention de Gutenberg eut lieu à Strasbourg. On ne peut sérieusement récuser de pareils témoignages.

Mais, ceci acquis, il reste un point à déterminer. Où en était arrivé Gutenberg? Les uns pensent qu'il s'occupait seulement d'impression tabellaire ou xylographique; d'autres, et c'est le plus grand nombre, et ce sont les plus chauds partisans de Gutenberg, croient qu'il imprimait avec des caractères mobiles de bois ; un petit nombre seulement prétendent qu'il travaillait à l'impression avec des caractères mobiles de fonte. C'est cette opinion que j'ai adoptée, du moins en partie.

[1] En inscrivant la date de 1437 sur le piédestal de la statue qu'ils ont érigée à Gutenberg sur l'une des places de Mayence, les partisans du système mayençais se sont donné tort à eux-mêmes. Ce n'est pas en 1840 qu'ils auraient dû faire leur cérémonie séculaire, c'est en 1850, ou même en 1855, en se plaçant à leur point de vue exclusif. La date de 1437 est empruntée uniquement aux documents de Strasbourg, qu'ils rejettent.

A ceux qui pensent que Gutenberg n'en était encore arrivé en 1438 qu'à l'impression tabellaire, je réponds que ce mode d'impression, déjà ancien et fort répandu alors, n'aurait pu passer pour un secret aux yeux d'André Dritzehen, et ne pouvait dans tous les cas lui inspirer l'espoir de faire fortune en un an.

A ceux qui croient aux caractères mobiles de bois de Gutenberg, je réponds qu'il n'aurait pas consacré quatre ans à l'essai d'un procédé impossible, comme je l'ai démontré dans le premier chapitre ; que son esprit inventif devait bientôt et forcément le conduire à la réalisation des caractères mobiles de fonte, déjà en usage en Hollande.

Dans l'un et l'autre cas, d'ailleurs, on ne pourrait s'expliquer la coopération de l'orfévre Dünne et l'emploi du plomb qui a été signalé. C'est tout le contraire dans la troisième hypothèse.

Mais nous avons d'autres témoignages tout aussi explicites que celui de l'orfévre Dünne. Nous voyons que Gutenberg avait fait confectionner une presse par le menuisier Sahspach, et qu'il y avait sur cette presse, à l'époque de la mort d'André Dritzehen, quatre pièces que Gutenberg ordonne de retirer ou de séparer, afin qu'on ne puisse voir ce que c'est. Or qu'était-ce que ces quatre pièces, sinon des pages en cours d'impression? Cela est si vrai, qu'on leur donne ailleurs le nom de forme (*formen*), qui est encore en usage aujourd'hui dans l'imprimerie, et que nous verrons reparaître plus loin dans un document du même genre avec la même signification.

Quelques auteurs, parmi lesquels se trouve M. Wetter, consentent bien à faire de la presse de Gutenberg une presse à imprimer; seulement ils ne veulent voir dans les *quatre pièces* que quatre tables de bois gravées et serrées ensemble au moyen d'une vis pour être imprimées d'un seul coup. Mais, dit M. de Laborde[1], « les mots *van einander legen* sont commentés dans les actes mêmes par celui de *zerlegen*, dans la déposition de Conrad Sahspach. L'un et l'autre signifient, d'après l'esprit même des dépositions, non pas seulement *séparer*, mais encore *décomposer*. Il s'agissait de retirer de la presse les quatre formes, soit d'une page, soit, et c'est mon opinion, de deux pages in-folio à deux colonnes. » Ces pages retirées de la presse et *distribuées* ou mises en *pâte*, comme on dit dans la langue technique, les petits cubes éparpillés qui les composaient ne pouvaient trahir le secret des associés. Le seul fait d'avoir lâché les vis du châssis qui aurait contenu des planches fixes ne pouvait détourner l'attention des curieux. L'intelligence la plus vulgaire devait d'autant plus facilement saisir le rapport qu'il y avait entre les planches et la presse, que la xylographie était alors parfaitement connue; c'est différent si nous admettons qu'il s'agissait de pages typographiques : dans le premier cas, les précautions de Gutenberg étaient inutiles; dans le second, au contraire, elles étaient parfaitement suffisantes.

D'après M. Wetter, le seul progrès que Gutenberg aurait fait faire à la xylographie, pratiquée avant lui,

[1] Ouvrage cité, p. 64.

c'est qu'il aurait substitué la presse au frotton, et aurait pu ainsi imprimer d'un seul coup quatre tables de bois, et des deux côtés du papier, ce qui était impossible avec le frotton. Voilà donc ce qui aurait si fort enthousiasmé ses associés, que l'un d'eux mourut à la peine, avec la perspective de faire fortune en un an! En vérité, c'est abuser de la crédulité de ses lecteurs que de soutenir sérieusement une pareille hypothèse. La xylographie était connue depuis longtemps en 1438, la presse elle-même était déjà employée, non-seulement par Coster et son école, mais encore, il paraît, par les imagiers de Venise. Évidemment le secret de Gutenberg devait être quelque chose de nouveau.

Eh bien, ce quelque chose de nouveau, c'est, suivant moi, la fonte des caractères dans un moule de fer muni d'une matrice en plomb, où l'empreinte de l'œil de la lettre avait été fixée à l'aide d'un type en bois, appliqué dans le métal en fusion. Ce procédé, que décrit l'abbé Trithème, ainsi qu'on le verra plus loin, était un acheminement naturel au mode définitif et actuel de fonte des caractères; mais il était encore trop imparfait pour donner un résultat satisfaisant, et voilà pourquoi sans doute les essais de Gutenberg à Strasbourg n'ont pas abouti, que l'on sache. Aujourd'hui on serait plus heureux, grâce aux perfectionnements qui ont été apportés à la fonte des caractères[1].

[1] On fond tous les jours à l'Imprimerie nationale des caractères chinois par un procédé analogue. Voici comment on opère : pour ne pas altérer

Voici, suivant moi, ce qui ressort des pièces du procès de Strasbourg :

Vers 1436, Gutenberg, qui s'occupait depuis longtemps de procédés industriels, conçoit l'idée de la mobilité des caractères, soit de la propre initiative de son génie, comme je le crois, soit à la vue d'un Donat hollandais. Son esprit lui révèle aussitôt l'importance d'une pareille invention. Il reconnaît qu'il y aurait à la fois gloire et profit pour celui qui parviendrait à exécuter des livres entiers avec des caractères mobiles. En conséquence, il chargea Dünne, qui, en sa qualité d'orfévre, devait être aussi fondeur et mécanicien, de lui exécuter un travail dont les documents ne font point connaître la nature; toutefois, on peut induire avec sasurance, des circonstance du procès, que ce travail consistait dans la confection et l'ajustage de moules propres à la fonte des caractères. L'œuvre de l'orfévre coûta 100 florins : c'était une somme considérable pour l'époque. Gutenberg, dont les ressources étaient bornées, et que les autres préparatifs de son nouveau secret épuisaient,

les *poinçons* ou pour mieux dire les originaux des 43,000 caractères d'un des corps du chinois (caractères qui sont en bois), on les moule dans du plâtre; on fond dans ce moulage une ou plusieurs empreintes, et avec ces empreintes en matière un peu dure, on *frappe* des matrices, dont chacune peut servir à fondre un certain nombre de caractères avant de s'altérer. On pourrait encore, si l'on voulait s'éviter la peine de frapper des matrices, souder un pied, à l'aide d'un moule, aux empreintes produites par le moulage. Ce mode de stéréotypage est employé dans les fonderies actuelles pour certains caractères; mais il n'est pas probable que les premiers artistes y aient songé.

s'associa avec Hans Riffe, maire de Liechtenau, petite ville voisine de Strasbourg, mais située sur la rive opposée du Rhin. Il fit comprendre à ce magistrat municipal, qui habitait sans doute ordinairement Strasbourg, et dont le nom doit être conservé dans les annales de la typographie, l'importance du procédé nouveau. Ils conclurent ensemble un traité qui assurait à ce dernier, pour sa mise de fonds, un tiers des profits : Gutenberg se réservait à lui-même, comme inventeur et exploiteur, les deux autres tiers.

André Dritzehen, qui avait été précédemment associé avec Gutenberg pour le polissage des pierres, et y avait gagné quelque argent, ayant eu connaissance de la nouvelle convention conclue par celui-ci, dans lequel il avait grande confiance, lui demanda à être admis dans l'association, quoiqu'il n'en connût pas précisément tous les détails. De son côté, Antoine Heilmann, ami de Gutenberg, pria ce dernier de vouloir bien y admettre aussi son frère André. Après quelques difficultés, Gutenberg consentit à ces deux propositions. Le nouveau contrat qui fut rédigé à cette occasion, au commencement de 1438, portait que les deux nouveaux associés auraient un quart, Riffe un autre quart et Gutenberg la moitié. Les deux André devaient fournir chacun 80 florins de prime abord, puis plus tard 80 autres florins. Le premier terme fut en effet payé le 22 mars 1438; mais, avant que le second pût l'être, les conventions furent modifiées. A l'époque du premier contrat qui liait les quatre associés, la foire d'Aix-la-Chapelle devait avoir lieu en 1439, c'est-à-dire avant une année révolue; mais lorsqu'ils eurent fini tous leurs arrangements, et se furent mis en train d'exploiter leur secret, la foire fut remise à l'année suivante[1]. Sur ces entrefaites, les deux André, étant venus voir Gutenberg au couvent de Saint-Arbogaste[2], où il travaillait à son nouvel art, le trouvèrent au milieu de ses nouveaux instruments. « Ils virent qu'il leur avait caché plusieurs secrets qu'il ne s'était pas engagé à leur communiquer, ce qui ne leur plut pas[3]. Ils exigèrent que Gutenberg ne leur cachât plus rien de ce qu'il pouvait savoir ou découvrir d'inventions et de secrets[4]. » Là-dessus ils rompirent l'ancienne société, et en formèrent une nouvelle qui devait durer cinq ans. Par ce nouveau contrat, les deux André furent tenus d'apporter, outre les 80 florins déjà donnés, 125 florins chacun, dont 50 tout de suite et 75 plus tard : ce qui faisait en tout pour chacun d'eux 205 florins, et pour eux deux 410. Hans Riffe devait en fournir autant, ce qui donnait un total de

[1] Le pèlerinage d'Aix-la-Chapelle, où l'on montrait aux fidèles des reliques célèbres, n'avait lieu que tous les sept ans; on l'appelait *Heilthumsfahrt*. Il s'est continué comme foire commerciale jusqu'à nos jours. Ce pèlerinage arriva en effet en 1440. (De Laborde, *Débuts de l'imprimerie à Strasbourg*, p. 58.)

[2] Saint-Arbogaste était un monastère situé à l'ouest de la ville, près de la rivière d'Ill avant son entrée dans Strasbourg, dans le lieu qu'on appelle maintenant la Montagne-Verte : il n'y a plus là que quelques maisons particulières; toute trace du monastère a disparu.

[3] Déposition de Mydehart Stocker, p. 31 du livre de M. de Laborde.

[4] Sentence, p. 49.

820 florins, sans compter les instruments que Gutenberg apportait à la société, et qui lui assuraient double part, équivalente par conséquent à 820 autres florins. Il fut de plus arrêté que, si l'un des quatre associés venait à mourir pendant l'association, les autres donneraient aux héritiers 100 florins seulement, une fois payés, pris sur le fonds social, et à la fin seulement de l'association, dont la durée, comme on vient de le voir, avait été fixée à cinq ans. Le 15 juillet[1], André Heilmann paya les 50 florins convenus; mais André Dritzehen n'en put donner que 40. Il restait ainsi débiteur envers la société de 10 florins, outre les 75 à solder plus tard. Mais Gutenberg ne se montre pas trop rigoureux pour le nouvel associé; il n'hésite pas à l'initier dans son art en même temps qu'André Heilmann. Les deux André restent souvent à Saint-Arbogaste pour apprendre le secret de Gutenberg; ils y mangent, et Dritzehen ne paye jamais sa dépense, faute d'argent. Néanmoins, lorsque les caractères furent fondus tant bien que mal, Gutenberg, qui a remarqué l'aptitude et le zèle de Dritzehen, fait construire chez lui, dans la ville même de Strasbourg, une ou plusieurs[2] presses de nouvelle invention par le menuisier Sahspach. Pourvu de cet instrument, André Dritzehen se met à travailler jour et nuit, afin d'avoir achevé à l'époque des foires; mais cette activité lui fut fatale, car il mourut à la peine, peu de temps après, aux environs

[1] A la réunion des *Kürsenern*.

[2] Voyez la déposition de Sahspach, ci-devant, p. 129.

de la Noël, et la société, privée de son meilleur ouvrier, perdit toute une année à plaider avec les frères du défunt.

Le procès fut vidé, comme nous avons vu, à la fin de 1439; mais alors il était trop tard pour pouvoir profiter de la foire d'Aix-la-Chapelle. On ignore ce que fit Gutenberg à partir de ce moment jusqu'à son retour à Mayence. On sait seulement qu'en 1441 il fut garant, ainsi que quelques autres personnes, d'un emprunt [1] fait au chapitre de Saint-Thomas de Strasbourg par Jean Carle, écuyer, et qu'en 1442 il fut forcé lui-même d'emprunter quelque argent à ce chapitre. Il vendit pour cela à ce dernier 4 livres de rentes, sur une plus forte somme, que lui avait laissée en mourant un de ses oncles à Mayence [2]. Il est probable qu'ayant manqué l'occasion favorable et épuisé vainement le fonds social, les asso-

[1] Schœpflin, *Vind. typogr.* doc. n° v.

[2] Schœpflin n'a publié qu'une copie de cet acte (doc. n° vi), empruntée aux registres de l'église de Saint-Thomas. La bibliothèque de Strasbourg en possède aujourd'hui l'original, portant le sceau de Gutenberg. Cette pièce précieuse nous apprend que Gutenberg vendit au chapitre, moyennant 80 livres comptant, une rente de 4 livres, à prendre sur une de 10 florins que lui avait léguée, en mourant, son oncle Jean Rihter, dit Leheymer, juge séculier dans sa ville natale. M. Schmidt, professeur au séminaire protestant de Strasbourg, nous a révélé un fait curieux dans la petite brochure qu'il a publiée sous le titre de *Nouveaux détails sur la vie de Gutenberg* (in-8°, 1841, Strasbourg), c'est que ce dernier a exactement acquitté la rente qu'il devait à Saint-Thomas jusqu'en 1457, après quoi le chapitre se vit contraint de poursuivre, faute de payement, Gutenberg et sa caution, Martin Brechter. Nous reviendrons plus loin sur cette affaire.

ciés se découragèrent, et que l'entreprise végéta jusqu'à la fin du contrat en 1443. Alors Gutenberg, ne pouvant plus trouver à Strasbourg, où son insuccès avait fait du bruit, les fonds nécessaires, résolut de retourner à Mayence, sa patrie, pour y tenter fortune. Tout porte à croire qu'il resta nanti des instruments déjà fabriqués, avec lesquels il se remit à l'œuvre à Mayence, comme nous le verrons bientôt.

Ici se présente la question de savoir si Gutenberg a produit quelque chose à Strasbourg. Schœpflin l'affirme, mais il n'en fournit pas la preuve. Il attribue à cet artiste, ou du moins à ses ouvriers, plusieurs ouvrages, dont il donne même des *fac-simile*, et qui auraient été, suivant lui, imprimés à Strasbourg, en caractères mobiles de bois. Je ne reviendrai pas sur ce que j'ai dit au sujet de ces prétendus caractères de bois, que certains bibliographes voient partout. Il me suffira de dire que les livres cités par Schœpflin sont en caractères de métal, et ont été reconnus depuis appartenir à d'autres imprimeurs.

De son côté, Palmer[1] dit avoir vu dans la bibliothèque de lord Pembrocke une édition des *Dialogues du pape Grégoire* à la fin de laquelle le rubricateur avait écrit en rouge : « Presens hoc opusculum factum est per Johan« nem Gutenbergium, apud Argentinam, anno millesimo « CCCC LVIII. » Mais Schœpflin[2] déclare qu'il n'a jamais vu

[1] *General history of printing*, etc. London, 1739, in-4°, p. 299.

[2] *Vind. typogr.* p. 40-41.

ce livre, quoiqu'il ait, en compagnie de Maittaire, exploré avec soin la bibliothèque pembrockienne. Il fait remarquer, du reste, que cette souscription est absurde, puisque Gutenberg était depuis plus de dix ans à Mayence lorsqu'on lui fait imprimer un livre à Strasbourg.

M. Paul Lacroix (bibliophile Jacob) a émis dans ces derniers temps[1] une opinion qui concilierait tout, si elle pouvait être admise. Suivant lui, le mot de *miroir* (*Spiegel*) employé dans le procès désignerait, non pas le meuble connu sous ce nom, mais le livre auquel on l'a donné dans un sens figuré, c'est-à-dire le *Speculum*, dont nous avons si longuement parlé dans notre premier chapitre. Ce livre porte, en effet, dans toutes les langues, comme dans le latin, le titre de *Miroir* (*Spiegel* en hollandais et en allemand). On pourrait donc supposer que ce nom lui était donné d'une manière absolue à l'époque qui nous occupe, et où les éditions de Coster l'avaient mis en vogue. Mais, quelque ingénieuse que soit cette explication, elle est inacceptable, car on ne connaît pas un seul fragment de ce livre qui puisse être attribué à un autre imprimeur que celui qui a exécuté les premières éditions, et cet imprimeur ne peut être que Coster. Cette considération n'a pas cependant arrêté M. Lacroix, à qui je l'avais soumise. Dans un travail tout récent[2], il va même jusqu'à attribuer à Gutenberg le fameux *Spe-*

[1] *Bulletin des arts*, t. VI, p. 66 et suiv. broch. in-8°, 1847.

[2] Article *Imprimerie*, dans le *Moyen âge*, publication du libraire Serré, in-4°.

culum humanæ salvationis latino-germanicum, cum speculo sanctæ Mariæ, in-folio de 269 feuillets avec gravures[1]; mais personne ne sera de son avis après avoir vu ce livre, qui est parfaitement imprimé et porte toutes les marques d'une exécution postérieure, soit dans la forme des lettres, soit dans les procédés d'impression. La principale raison que M. Paul Lacroix donne à l'appui de son opinion, c'est que le livre est dédié à Jean [de Hohenstein], qui fut élu abbé du couvent de Saint-Ulric d'Augsbourg en 1439, c'est-à-dire à l'époque des travaux de Gutenberg. Cela ne prouve rien pour l'époque de l'impression du livre, car cet abbé n'est mort qu'en 1478. Le choix de la personne à qui est dédié cet ouvrage aurait dû, au contraire, confirmer M. Paul Lacroix dans l'opinion de tous les bibliographes, qui en attribuent l'impression à Gunther Zeiner, premier imprimeur d'Augsbourg. Au reste, l'opinion commune, qui était déjà fort probable, est devenue une certitude, depuis qu'on a trouvé un catalogue de vente des livres de ce célèbre typographe imprimé par lui-même, avec le propre caractère du *Speculum* en question. Voici dans quels termes, dignes de notre époque, le livre est *annoncé* dans ce curieux monument typographique, dont le docteur Kloss, de Francfort, a donné un *fac-simile* : « Volentes sibi comparare infra-« scriptos libros, summa cum diligentia correctos ac bene « continuatos, ad hospitium sese recipiant infra scrip-

[1] Voyez de curieux détails sur ce *Speculum* dans la *Notice* de M. Guichard, p. 40-45.

« tum... Speculum humanæ salvationis, alias beatæ Vir-« ginis, cum imaginum picturis ad id spectantibus, latina « et teutonica lingua impressum, etc. » J'ajouterai que le *Speculum* de Zeiner est un in-folio à longues lignes, et que les quatre pièces (pages ou colonnes) dont parlent les témoins entendus dans le procès n'auraient par conséquent jamais pu se trouver sur la presse.

Quant à moi, je crois que l'imperfection des premiers caractères de Gutenberg, qui étaient sans doute entièrement en plomb, et durent s'user dès les premières feuilles tirées, ne lui permirent pas de réaliser son plan. Toutefois, s'il fallait absolument lui attribuer un livre, j'en connais un qui conviendrait parfaitement à ce système, tant à cause de la forme et de la force du caractère, qui se rapproche beaucoup de celui de la Bible de 42 lignes, que Gutenberg a imprimée quelques années après à Mayence, que par l'imperfection de l'exécution, qui dénote certainement un apprentissage : c'est un Donat décrit par Van Praet sous le n° 12 de ses *Vélins du roi*, et que ce bibliophile, suivant l'usage, dit être en caractères mobiles de bois. Van Praet ne se serait pas ainsi trompé s'il eût été un peu plus familier avec les travaux typographiques. Tout grossier qu'il est, ce Donat conserve une précision qui ne permet pas de douter qu'il n'ait été exécuté en caractères mobiles de fonte. Il suffit pour s'en convaincre de comparer entre elles certaines lettres. Il y a un type surtout qui est très-remarquable, c'est un groupe composé d'un *i* et de deux *s* longues (iſſ). La forme disgracieuse des lettres de ce groupe, qui revient fort souvent dans la même page, est constamment la même.

Le Donat dont je parle est un petit in-quarto de vingt-sept lignes à la page; le caractère est gothique et a environ seize ou dix-sept points typographiques, c'est-à-dire qu'il se rapproche beaucoup, pour la *force* du corps, de la Bible de 42 lignes. La Bibliothèque nationale possède quatre feuillets seulement en vélin de ce curieux Donat, qui est bien certainement un des premiers produits de la typographie.

Je ferai remarquer que le format in-quarto s'accorderait parfaitement avec ce qu'on lit dans le procès, où il est souvent question des quatre pièces qui se trouvaient sur la presse lors de la mort d'André Dritzehen. M. de Laborde pense que ces quatre pièces désignent plutôt les quatre colonnes de deux pages in-folio; mais dans ce cas l'expression serait fort inexacte. Au surplus, je le répète, si j'attribue ce Donat à Gutenberg, c'est par pure hypothèse, car aucun indice positif ne m'y autorise. Pour que le lecteur puisse apprécier la valeur de cette hypothèse, je donne un spécimen du Donat en question dans les *fac-simile* de caractères (n° 2).

CHAPITRE IV.

GUTENBERG À MAYENCE.

1445-1467.

Gutenberg est encore inscrit sur le rôle des contributions de Strasbourg en 1444; mais on croit qu'il quitta cette ville vers ce temps-là, parce qu'on ne voit plus figurer son nom après cette date dans les registres municipaux : on y trouve seulement celui d'une dame *Ennel Gutenberg*, qu'on croit être cette Ennel (Anne) qui l'avait fait citer en 1436 devant l'officialité de Strasbourg, et qui serait devenue sa femme. Comme l'année 1443 était précisément celle fixée pour le terme de la société que Gutenberg avait formée en 1438 avec Jean Riffe, André Heilmann et André Dritzehen, on en conclut, avec grande apparence de raison, que, peu satisfait du résultat de son association, Gutenberg s'empressa de quitter aussitôt qu'il le put la ville de Strasbourg, où il avait épuisé ses ressources, pour venir tenter la fortune dans son pays natal. Quelques auteurs citent en outre, à l'appui de l'opinion qui fait émigrer Gutenberg de Strasbourg dès 1443, un document constatant la location faite cette année même à Mayence, par un Jean Gensfleisch, de la maison *zum Jungen*, maison qu'habita plus tard certainement Gutenberg; mais ce témoignage ne peut servir ici, car c'est Jean Gensfleisch l'*ancien*, oncle de Gutenberg, qui loua la maison *zum Jungen* en octobre 1443[1]. Le premier acte que nous ayons constatant positivement la présence de Gutenberg à Mayence est de 1448, et il nous apprend que ce dernier, bien loin de pouvoir louer une maison, était alors réduit, pour emprunter de l'argent, à fournir la caution de ses parents[2]. Les choses étant ainsi, il semble tout naturel que Gutenberg soit venu loger dans la maison *zum Jungen* louée par son oncle; et voilà sans doute pourquoi nous l'y trouvons plus tard.

[1] Köhler, *Ehrenrettung Guttenberg's*, p. 67, 82.—Schaab, *Die Geschichte*, etc. t. II, p. 250.—Wetter, *Kritische Geschichte*, etc. p. 292, texte et note. — Je ne m'amuserai pas à réfuter en détail le singulier système produit par M. de Vries (*Arguments des Allemands*, etc. p. 49 et suiv.) au sujet de Jean Gensfleisch l'ancien. Forcé de renoncer à l'idée de ses compatriotes, qui ont longtemps prétendu que Gutenberg était le voleur de Coster, par la seule raison qu'il s'appelait Jean, M. de Vries se rejette sur l'oncle, qui s'appelait également Jean. Son plus grand argument est puisé dans une chronique de Strasbourg qui attribue à Jean Gensfleisch le vol du procédé typographique de Mentelin, de Strasbourg, dont nous parlerons plus loin. Je ne vois pas en quoi cela touche au vol attribué à l'ouvrier de Coster. Rien n'est étrange comme ce système. M. de Vries ne croit pas aux essais typographiques de Strasbourg dont parle la chronique; mais il veut bien accepter le récit du chroniqueur, en en changeant les termes, c'est-à-dire en attribuant à Coster ce que le chroniqueur dit de Mentelin.... Qui ne voit que ces accusations de vol sont des preuves frappantes de la contemporanéité de nombreux essais, et du désappointement de quelques-uns des chercheurs devancés dans leur exploration? Pourquoi Junius n'aurait-il pas nommé le voleur de Coster s'il l'avait connu? Et s'il ne l'a pas connu alors, comment le connaîtrons-nous aujourd'hui? C'est une singulière idée vraiment que de faire de Jean Gensfleisch l'ancien, homme très-âgé, membre d'une famille patricienne fort respectable de Mayence, le domestique de Coster à Haarlem!

[2] Schaab, *Die Geschichte*, etc. t. II, p. 253, n° 113.

Quoi qu'il en soit, c'est un fait digne de remarque que l'arrivée de Gutenberg à Mayence vers le temps où l'ouvrier de Coster était venu, dit-on, s'y fixer lui-même. Il semble que cette ville fût prédestinée au rôle qu'elle allait remplir. Du reste sa situation géographique explique jusqu'à un certain point l'honneur dont elle fut l'objet. Assise sur le Rhin, elle touchait par cette grande artère européenne aux deux villes qui ont fait les premiers essais connus de la typographie : c'était comme le point intermédiaire où les deux écoles devaient se fondre en une seule, pour réaliser définitivement l'art nouveau.

Persévérant comme l'homme de génie qui a la certitude de posséder un secret utile à l'humanité, Gutenberg ne se découragea pas de son insuccès à Strasbourg; semblable à Christophe Colomb, avec lequel il a plus d'un rapport, et qu'il ne devança dans la vie que d'un demi-siècle, il persévéra en dépit des événements jusqu'à ce qu'il eût atteint le but auquel il aspirait. Tout nous fait croire qu'il apporta avec lui à Mayence les ustensiles fabriqués à Strasbourg [1]. En effet, ses deux associés, en

[1] Dans son *Album typographique*, M. Duverger donne un dessin qui représente Gutenberg conduisant à pied la voiture chargée de ses instruments. Il est peu probable que notre artiste se soit condamné à un voyage si pénible, si coûteux et si lent, ayant à sa disposition une voie de communication économique, prompte et facile, le Rhin à la descente, pour retourner dans son pays. Wimpheling semble dire que c'est par cette voie que Gutenberg retourna à Mayence. «..... nobilis ars impressoria inventa «fuit a quodam Argentinensi, licet incomplete; sed cum is Moguntiam «*descenderet*... ea ars completa fuit.» (Voyez ci-après, p. 163.)

supposant qu'ils vécussent encore, ne devaient pas tenir beaucoup à des objets industriels dont l'un d'eux au moins ne savait pas faire usage : je veux parler de Riffe, qui, dans toutes les pièces du procès de Strasbourg, ne paraît que comme bailleur de fonds.

Une fois à Mayence, Gutenberg se mit en mesure de réaliser son plan. Mais ses instruments, encore imparfaits; ses caractères en plomb, si faciles à détériorer; son manque d'argent, car il a épuisé toutes ses ressources dans ses premiers essais, ne lui permettent pas d'exploiter de suite sa nouvelle industrie. D'ailleurs, si l'on en croit la tradition hollandaise, en arrivant dans sa ville natale, Gutenberg dut y trouver établi un concurrent, Jean, l'ouvrier de Coster, qui exécutait péniblement, depuis quelques années, de petits livrets comme le *Doctrinale*, le Donat, etc. Gutenberg veut le surpasser, il veut mettre entre les deux artistes une distance qui prouve sa supériorité. Il perfectionne sa presse [1], conçoit l'idée du poinçon

[1] Quelle forme avait la première presse de Gutenberg? On l'ignore complétement. Quelques auteurs, plus poëtes que typographes, disent qu'elle était imitée des pressoirs à vin; et cette opinion a été adoptée par notre célèbre statuaire David, qui a exécuté le Gutenberg de Strasbourg; mais il suffit d'avoir une notion de l'imprimerie pour savoir qu'on n'aurait rien pu exécuter avec un pareil instrument. Il y avait alors en usage dans certaines professions plusieurs presses beaucoup mieux appropriées à l'imprimerie : telle était, par exemple, celle employée dans les ateliers monétaires. Il est probable que la machine inventée par Gutenberg avait beaucoup de ressemblance avec les vieilles presses à nerfs représentées sur les anciens livres, et qui se sont perpétuées jusqu'à nous presque sans modifications importantes, sinon qu'on a remplacé les nerfs par des cordes, la

d'acier pour frapper des matrices en cuivre, et enfin parvient à trouver un alliage convenable pour donner plus de consistance à ses caractères, fondus jusque-là en plomb, dans des matrices de même métal. Sûr dès lors du succès de son entreprise, il songe à imprimer un des ouvrages les plus considérables qu'on connût alors, et en tout cas le plus célèbre, celui dont le débit était le plus certain, la Bible, en un mot, c'est-à-dire le livre par excellence. Il essaye d'abord de marcher seul dans cette voie, comme le constate l'acte de 1448, dont je viens de parler. Cet acte, daté du 6 octobre, est un contrat par lequel Arnulphe Gelthus, parent de Gutenberg, se fait garant pour lui, vis-à-vis de deux de ses compatriotes (Reinhart Brömser et Jean Rodenstein), du prêt d'une somme de 150 florins, fait à celui-ci, moyennant une rente de 8 florins et 1/2 [1].

Mais qu'était une aussi petite somme en présence des dépenses qu'il y avait à faire! Gutenberg est bientôt arrêté par des obstacles d'argent. Déterminé à tout pour arriver à son but, il va trouver un banquier appelé Jean Fust [2], auquel il révèle ses plans, et lui demande sa coopération financière. Ce dernier, frappé du mérite évi-

platine en bois à deux coups par une platine en cuivre ou en fonte à un seul coup, et le marbre par une plaque en métal.

[1] Schaab, *Die Geschichte*, etc. t. II, p. 253, n° 113.

[2] Plusieurs auteurs disent que Fust était orfévre; mais c'est une erreur. Aucun document ne lui donne cette qualité, qui appartenait seulement à son frère Jacques, dont nous aurons occasion de parler plus loin. Quant à Jean, il était tout simplement spéculateur, prêteur d'argent, banquier.

dent de l'invention de Gutenberg, qui devait assurer de magnifiques bénéfices au bout de peu d'années, consentit à lui faire des avances à certaines conditions. Ils conclurent ensemble un traité dont voici les bases principales : 1° l'association durerait cinq ans, pendant lesquels l'ouvrage devait être terminé; 2° Fust avancerait à Gutenberg la somme de 800 florins, à 6 pour cent d'intérêt, pour établir l'imprimerie; 3° les instruments resteraient engagés à Fust comme garantie de la somme prêtée jusqu'au remboursement intégral. On convint de plus, mais sans qu'il fût pris acte de cette clause, que, lorsque tout serait prêt, Fust remettrait annuellement à Gutenberg 300 florins pour les frais de la main-d'œuvre, les gages des domestiques, le loyer, le chauffage, le parchemin, le papier, l'encre, etc. à la condition d'avoir une part dans la vente des produits de l'imprimerie, sans avoir toutefois rien à faire dans l'exécution ni dans l'excédant de la dépense. Gutenberg devait seul monter l'imprimerie et faire la besogne.

C'est en 1450 que fut passé ce contrat, dont nous avons le résumé, sinon les termes mêmes[1]. Le banquier s'était arrangé de manière à ne rien perdre quoi qu'il arrivât, et à gagner beaucoup si l'on réussissait. Nous verrons bientôt que Gutenberg fut victime de ce contrat léonin, qui assurait à la fois à Fust un gros intérêt pour son argent, un gage pour le capital et un benéfice dans

[1] Voyez plus loin, p. 194 et suivantes, la traduction du document où cette analyse se trouve.

l'entreprise. Mais Gutenberg, depuis si longtemps déçu dans ses projets, ne regarda pas aux conditions : il lui suffisait qu'on lui donnât le moyen de réaliser ses plans. On demandera peut-être ce qu'il avait fait jusque-là. Hélas ! qui donc n'a vu dans sa vie ses plus beaux projets ajournés, et les années s'écouler en démarches vaines ? Gutenberg avait sans doute sollicité beaucoup de monde et essuyé plus d'un refus avant de trouver quelqu'un qui le comprît.

Plein de confiance dans le succès, il se mit à la besogne, et monta son imprimerie dans la maison *zum Jungen*, qu'il habitait seul ou avec son oncle, et non pas, comme l'ont dit quelques auteurs, trompés par Trithème[1], avec Fust et Schoiffer. Ce dernier n'était probablement pas encore à Mayence ; quant à Jean Fust, il habitait une maison particulière dont nous parlerons plus tard. C'est ce qui explique pourquoi on spécifie un loyer pour l'atelier dans les conventions rappelées plus haut. Si les associés eussent tous deux habité la maison *zum Jungen*, il eût été absurde de payer le loyer de l'atelier à Gutenberg en particulier. Au surplus, Trithème[2] semble dire

[1] *Annales Hirsaugienses*, t. II, p. 421 : « Habitabant autem primi tres « artis impressoriæ inventores, Joannes videlicet Guttenberger, Joannes « Fust et Petrus Opilio (Schoiffer), gener ejus, Moguntiæ, in domo *zum* « *Jungen* dicta, quæ deinceps usque in præsens *Impressoria* nuncupatur. » (Voyez aussi Wolf, Meerman, Schaab, Wetter, etc.)

[2] *Chronicon Sponheimense* (*Opera*, t. II, p. 366) : « Morabatur autem « præfatus Johannes Gutenberg Moguntiæ in domo dicta *zum Jungen*, quæ « domus usque in præsentem diem illius novæ artis nomine dignoscitur « insignita. » (Voyez aussi Meerman, *Orig. typogr.* t. II, p. 128.)

ailleurs que Gutenberg habitait seul cette maison[1], qui reçut plus tard le nom d'*Imprimerie*. Elle était située sur la petite place des Franciscains, et est occupée aujourd'hui par une brasserie placée sous le patronage de Gutenberg (section D, n° 122).

Gutenberg consacra près de deux ans à se procurer les instruments nécessaires : presses, poinçons, moules, matrices, etc. avant que l'imprimerie pût être regardée comme prête, suivant l'arrangement verbal d'après lequel il avait été convenu que Fust avancerait annuellement 300 florins pour la main-d'œuvre. Ce retard extraordinaire peut être attribué en partie à la lésinerie du bailleur de fonds, qui n'avait point fourni en une fois les 800 florins promis.

Au moment de commencer l'exploitation, il fallut songer à se procurer une grande provision de vélin, de papier, etc. si l'on voulait mener rondement l'affaire. Or, les 800 florins avancés par Fust se trouvant absorbés, Gutenberg se vit une seconde fois dans l'embarras, car les 300 florins promis annuellement ne pouvaient évidemment pas suffire à tout. On fit un nouvel arrangement : Fust offrit 800 florins une fois payés pour les trois autres années que devait durer l'association. Par là il gagnait encore 100 florins. Comme compensation, il consentit à ne pas réclamer les intérêts de la somme stipulée dans

[1] C'est pour cela que Gutenberg reçoit dans quelques livres le surnom de *zum Jungen*. Peut-être a-t-on confondu la qualification de jeune (*der junge*) que portait Gutenberg avec le nom de la maison qu'il habitait.

le premier contrat ; mais cette convention fut entièrement verbale. Gutenberg ne pouvait pas hésiter. Il était sûr dès lors du succès : peu lui importaient les conditions, pourvu qu'il arrivât à son but. C'est Christophe Colomb offrant sa vie à ses soldats révoltés comme garantie de sa parole qu'il allait leur montrer un nouveau monde !

Pourvu de nouveaux fonds, Gutenberg se remet à la besogne avec plus d'ardeur que jamais. Toutefois l'œuvre qu'il a entreprise demande plusieurs années, encore ne réussit-il qu'avec les conseils de son oncle, Jean Gensfleisch l'ancien, que sa grande vieillesse avait rendu aveugle. C'est ce que nous apprend Wimpheling dans un curieux passage de sa Chronique des évêques de Strasbourg[1], qui vient confirmer ce qu'il a dit déjà de l'invention de l'imprimerie, et où il rapporte que plusieurs personnes s'occupaient alors d'imprimerie à Mayence : « Sub hoc Roberto (episcopo) nobilis ars impressoria inventa fuit a « quodam Argentinensi, licet incomplete ; sed cum is Moguntiam descenderet, ad alios quosdam in hac arte similiter laborantes[2], ductu cujusdam Johannis Gensfleisch, « ex senio cœci, in domo Bonimontis (Gutenberg)[3], in qua « hodie collegium est juristarum, ea ars completa et consummata fuit, in laudem Germanorum sempiternam[4]. »

[1] *Catalogus episc. Argentinensium* (Strasb. 1660, in-4°), p. 109.

[2] Peut-être Wimpheling fait-il ici allusion aux travaux de Jean, l'ouvrier de Coster.

[3] Notre auteur croyait à tort que Gutenberg avait établi son imprimerie dans la maison paternelle : cette maison n'appartenait plus à sa famille.

[4] J. D. Werthern (cité par M. de Vries, *Arguments*, etc. p. 54, et *app.*

On conçoit parfaitement les tâtonnements, les erreurs de calcul de Gutenberg, lorsqu'on songe à l'immensité de l'œuvre qu'il avait entreprise. En effet, sa Bible, dont je donnerai plus loin la description typographique, se compose de 641 feuillets ou 1,282 pages in-folio. Chaque page a deux colonnes de 42 lignes chacune. L'ouvrage est généralement divisé en cahiers de 5 feuilles, renfermant 20 pages. Chaque ligne contient environ 32 lettres : ce nombre, multiplié par 42 lignes, donne 1,344 lettres par colonne, 2,688 par page, 10,752 par feuille, 53,760 par cahier, c'est-à-dire 60,000 caractères au moins, car il faut bien compter les lettres superflues, et il y en avait alors plus qu'aujourd'hui, parce qu'il y avait beaucoup plus de types, à cause des abréviations et des ligatures. Cela suppose une fonte de 120,000 lettres au moins, attendu qu'il fallait avoir de quoi composer un second cahier pendant qu'on tirait le premier[1]. Je ne compte pas le nombre de poinçons; mais il devait être fort grand, à cause de la variété des types alors en usage. Chaque lettre en demandait au moins trois ou quatre différents.

n° 22) en dit autant : « Et ces trois, savoir Jean Gutenberg, Jean Fust et Hans Gensfleisch, ont, par leurs réflexions, leurs découvertes, et avec la grâce du Très-Haut, non-seulement fait de l'art d'imprimer une réalité, mais ils l'ont gardé secret pendant longtemps. »

[1] Il y a des personnes qui croient qu'on imprimait les pages une à une dans les premiers temps de l'imprimerie. Cette idée n'a pu venir qu'à des gens tout à fait étrangers aux travaux de la typographie. Un semblable procédé aurait annulé tous les avantages que l'imprimerie avait sur la xylographie. On a vu précédemment que le *Speculum* lui-même, quoique tiré *en blanc*, l'avait été par deux pages à la fois, autrement dit par forme.

On peut juger par là des frais immenses de cette première et colossale entreprise! Combien de déceptions et de dépenses vaines, d'accidents imprévus, avant de pouvoir voguer à pleines voiles vers le but proposé! Mais depuis près de vingt ans Gutenberg nous a prouvé sa ténacité, son courage; il ne faiblira pas, même devant la concurrence qu'on va lui faire avec ses propres armes.

Comme ballon d'essai de sa Bible, Gutenberg publia sans doute quelque édition du Donat; nous possédons en effet des fragments de trois éditions différentes de ce livre imprimées avec les caractères de la Bible de 42 lignes, et dont une au moins, la première, paraît devoir être attribuée à Gutenberg. Cette édition, citée par M. Fischer[1] et par Van Praet[2], est un petit in-folio de 33 lignes, dont la Bibliothèque nationale possède deux feuillets en vélin. Les lettres initiales sont faites à la main; les caractères en sont certainement mobiles, puisqu'on y trouve des lettres renversées[3].

La deuxième édition, mentionnée par M. Wetter[4], et dont les fragments sont conservés dans la bibliothèque de Mayence, est un in-quarto de 27 lignes à la page. Je ne sais s'il faut l'attribuer à Gutenberg ou à Schoiffer, qui tous deux ont imprimé avec le caractère de la Bible de 42 lignes.

[1] *Essai sur les monuments typographiques de Gutenberg*, p. 71.

[2] *Vélins de la Bibliothèque du roi*, Belles-lettres, n° 5.

[3] Fischer, *Essai*, etc. p. 68, planche.

[4] *Kritische Geschichte*, etc. p. 433, pl. X, n° 1.

Quant à la troisième édition, qui a 35 lignes à la page, elle est positivement de Schoiffer, comme nous le verrons plus loin[1].

Pour exécuter son entreprise, Gutenberg avait été obligé d'employer plusieurs artistes et ouvriers : graveurs, fondeurs, mécaniciens, compositeurs, imprimeurs, enlumineurs, relieurs, etc. Aussi son secret n'en fut bientôt plus un à Mayence. Son nouveau procédé de fonte de caractères fut bientôt pratiqué dans cette ville même par quelque autre industriel, soit Jean, son concurrent, soit l'un de ses propres ouvriers. Avant même que sa Bible fût achevée, il s'établit dans cette ville au moins une et peut-être bien deux imprimeries nouvelles, opérant d'après le système de Gutenberg, d'abord imparfaitement, comme dans le Donat dit *de 1451;* puis moins mal, comme dans le Calendrier de 1455 ou Appel contre les Turcs, imprimé en 1454; et enfin admirablement, comme dans les Lettres d'indulgences, de 1454 et 1455.

Je parlerai plus loin des deux premiers monuments, qui, quoi qu'on ait pu dire, n'appartiennent pas à Gutenberg, car ils ont été exécutés avec un caractère autre que celui qui a servi pour la Bible de 42 lignes ; mais je dois m'arrêter ici un instant sur les Lettres d'indulgences, dont deux éditions (il y en a cinq ou six) peuvent être

[1] M. Fischer, qui n'avait pas vu la suscription de ce Donat, découverte après la publication de son *Essai sur les monuments de Gutenberg*, l'attribuait à ce dernier dans son livre (p. 68, 74 et suiv.); mais il est revenu sur cette opinion dans ses *Typographische Seltenheiten*, 6e livraison, p. 11.

revendiquées par lui. Pour ne pas morceler les détails, je réunirai ici tout ce que j'ai à dire sur ces premiers monuments datés de la typographie, quitte à revenir ensuite sur la part qui concerne chaque artiste dans les différentes éditions.

On connaît aujourd'hui dix-huit exemplaires des Lettres d'indulgences portant les dates de 1454 et 1455. Elles ont été exhumées successivement des archives de famille, où on les avait conservées comme les autres actes manuscrits du temps, avec lesquels elles ont, du reste, une parfaite ressemblance : elles sont toutes imprimées sur vélin et d'un seul côté. M. Léon de Laborde a publié sur ces documents historiques un travail très-intéressant[1], auquel j'ai eu souvent recours.

Voici dans quelle circonstance ces Lettres d'indulgences furent publiées :

La puissance des Turcs croissait sans cesse en présence des divisions des peuples chrétiens. Vers 1451, Jean III, roi de Chypre, de la dynastie française des Luzignans, menacé dans ses possessions, envoya un de ses conseillers, Paulin Zappe (ou Chappe), dans diverses parties de la chrétienté, et particulièrement à Rome, pour demander

[1] *Débuts de l'imprimerie à Mayence et à Bamberg, ou description des Lettres d'indulgences du pape Nicolas V pro regno Cypri*, etc. grand in-4° à deux colonnes, orné de planches et de gravures; Paris, 1840. — Quelques auteurs ont prétendu que les Lettres d'indulgences n'étaient pas en caractères mobiles, d'autres ont nié qu'elles fussent de l'époque dont elles portent la date imprimée. Il est inutile de réfuter ces assertions, qui n'ont plus aujourd'hui de champions.

du secours. Le pape Nicolas V donna, le 12 avril 1451[1], une bulle par laquelle il accordait des indulgences plénières de trois ans à tous ceux qui, du 1er mai 1452 au 1er mai 1455, aideraient de leur bourse la cause du roi de Chypre. Ce dernier chargea de ses pouvoirs son propre ambassadeur, dans un diplôme daté du 6 janvier 1452. Zappe, à son tour, choisit pour commissaire général dans l'Allemagne Jean de *Castro-Coronato*, et pour procureurs Abbel Kilchof, de Cologne, et Philippe Urri, de Chypre. Ceux-ci se rendirent à Mayence munis du sceau de l'entreprise, et obtinrent de Théodoric, alors archevêque de cette ville, les autorisations nécessaires. Ce prélat nomma même des personnes chargées de veiller à la conservation du produit de l'aumône générale confiée à la foi publique, ce qui n'en empêcha pas toutefois la dilapidation. Gudenus (ou plutôt T. C. de Buri, qui a publié le quatrième volume du *Codex diplomaticus*, commencé par Gudenus) nous apprend en effet[2] qu'à l'arrivée en Europe de la nouvelle de la prise de Constantinople, qui eut lieu le 4 des calendes de juin (29 mai) 1453, Jean de Castro-Coronato, pensant que Chypre avait succombé aussi, s'empara du produit des indulgences, et le dissipa, ce qui lui attira les foudres de l'Église et faillit lui coûter beaucoup plus cher. Il fut jeté en prison, et n'en sortit que plusieurs années après. Cette circonstance, qui

[1] Pour tous les détails de cette affaire, voyez Joannis, *Script. rer. Mog.* t. III et IV, et Gudenus, *Cod. dipl.* t. IV.

[2] *Codex dipl.* t. IV, p. 310.

entrava sans doute un peu la propagande de l'œuvre pieuse, força ensuite d'y apporter plus d'activité. C'est pour cela qu'on songea à utiliser l'imprimerie[1].

« On avait alors l'habitude, dit M. de Laborde dans l'ouvrage cité[2], de délivrer, en échange de chaque aumône un peu considérable, un acte qui indiquait le but et la raison de l'indulgence, citait le nom du donateur, la date et le montant de son offrande; le tout accompagné des signatures des préposés à la vente et des sceaux nécessaires pour en constater la validité. Ces pièces furent appelées *Lettres d'indulgences*[3]. Les trois préposés durent donc, avant de partir pour les différentes directions qui leur avaient été assignées, se munir d'un nombre suffisant de ces Lettres d'indulgences, afin de n'avoir plus en route qu'à insérer le nom du donateur ou des donateurs, avec la date du jour où l'indulgence avait été concédée. »

Jusque-là ces sortes de formules avaient été écrites à

[1] Il y eut vers le même temps (17 février 1454) et pour le même objet une assemblée célèbre à Lille. Elle est connue sous le nom du *Vœu du faisan*. Le motif de la réunion était d'exciter toute la chrétienté et particulièrement les pays du duc de Bourgogne à aller combattre les musulmans. « Messire Loïs de Gruthuse, dit Olivier de la Marche (*Histoire de Charles VII*, p. 667), voa de servir monseigneur au dit voyage, de son corps et de sa chevance, et ne l'abandonnera jusques à la mort en tous les voyages où il sera, ou en son lieu monseigneur de Charolois ou monseigneur d'Estampes. » (Van Praet, *Recherches sur Louis de Bruges*, p. 4.)

[2] P. 4, col. 1.

[3] Ce n'est pas le mot propre; on ne devrait donner ce nom qu'à la bulle du pape, qui est à peine rappelée dans ce document, émané d'une autorité inférieure.

la main, en réservant le blanc nécessaire pour les additions dont il vient d'être question. Mais le temps considérable que ce travail demandait, les inexactitudes auxquelles on était exposé par suite de la négligence des copistes, firent songer à employer l'art nouveau de l'imprimerie, qui commençait déjà à être connu, et même jusqu'à un certain point vulgaire, si l'on en juge par tout ce que nous avons dit précédemment.

Il faut croire que chaque procureur fit faire pour son usage une édition particulière des Lettres d'indulgences, car on en connaît deux compositions bien distinctes par les caractères et le nombre des lignes, quoique ayant cependant la même disposition typographique. L'une de ces compositions a 30 lignes [1], l'autre 31 [2]. Chacune d'elles a fourni deux tirages, l'un portant la date imprimée de 1454, l'autre de 1455. M. de Laborde signale encore une troisième composition, ayant 32 lignes, mais les exemplaires ne paraissent pas avoir été employés. D'après ce que dit M. de Laborde [3], cette composition aurait servi à faire l'édition de 31 lignes, au moyen d'un

[1] Les deux seuls exemplaires connus de cette composition se trouvent en Angleterre, l'un, portant la date de 1454, dans la bibliothèque de lord Spencer, à Althorp; l'autre, daté de 1455, au *British museum*, à Londres.

[2] Les exemplaires de cette édition sont les plus nombreux : on en connaît treize; ils se trouvent dans les villes suivantes : Paris, la Haye, Cassel, Gœttingue (deux exemplaires), Wolfenbüttel, Copenhague, Brunswick, Althorp (Angleterre), Londres, Leipsick (deux exemplaires), Riedesel.

[3] Ouvrage cité, p. 17, col. 1.

simple *remaniement* qui aurait fait disparaître un blanc jugé trop considérable. Peut-être le tirage des exemplaires de 32 lignes a-t-il été mis tout entier au rebut, malgré la perte que cela devait occasionner, soit pour la main-d'œuvre, soit pour la matière (l'encre et le vélin), à cause de ce blanc, qui pouvait aider à des fraudes. Ce qu'il y a de certain, c'est qu'on ne connaît que trois exemplaires de cette composition, qu'ils portent la date unique de 1454, et qu'ils ont été trouvés intacts sur la couverture d'un livre[1].

Quoi qu'il en soit, les Lettres d'indulgences constatent bien positivement l'existence en 1454, à Mayence, de deux imprimeries distinctes au moins, ayant chacune deux caractères différents, l'un gros et gothique, l'autre petit et cursif (sans parler de trois initiales ou lettres de *deux points*, comme on disait autrefois), très-remarquablement dissemblables. En effet, dans l'une des compositions, celle de 31 lignes, on voit paraître la grosse gothique du Donat dit de 1451 et du Calendrier de 1455, qui a environ vingt points typographiques, et une petite cursive de treize points; dans l'autre, celle de 30 lignes,

[1] Ils sont conservés dans la *Ministerial bibliotheck* à Brunswick. J'ai vainement écrit au bibliothécaire et à une autre personne de cette ville pour avoir des renseignements sur ces exemplaires; je regrette d'autant plus vivement de n'avoir pas reçu de réponse, que je n'ai pas bien compris l'explication que M. de Laborde a donnée à leur sujet. Il les dit d'une édition différente, ayant 32 lignes; mais, d'après les termes dont il se sert (p. 7), cette édition semble n'en avoir que 31, et se confondre par conséquent avec la précédente.

on trouve le caractère de la Bible de Gutenberg ou un autre fort ressemblant, de dix-huit points environ, et une cursive de douze points.

Peut-être serait-il possible de prouver l'existence d'une troisième imprimerie, si l'on avait un spécimen plus complet que celui que nous offrent les Lettres d'indulgences de 30 lignes de la gothique de dix-huit points, car on aurait le moyen de vérifier si cette gothique, qui semble différer un peu de celle de la Bible de 42 lignes, est réellement différente. Mais, dans l'état des choses, on ne peut porter un jugement certain. Ce point d'archéologie typographique aurait pu être éclairci par une autre voie, si l'on avait rencontré ailleurs la cursive de douze points; mais jusqu'ici on ne connaît aucun livre ni fragment de livre imprimé avec l'un ou l'autre des petits caractères des Lettres d'indulgences, et le fait est d'autant plus surprenant que ces caractères sont fort beaux.

On ne possède que deux exemplaires des Lettres d'indulgences de 30 lignes, l'un de 1454, l'autre de 1455. Le premier a été découvert à Louvain, et se trouve aujourd'hui dans la bibliothèque de lord Spencer, à Althorp, en Angleterre; il a été décrit par M. de Reiffenberg, qui en a publié un *fac-simile*[1]. Le second a appartenu à Neige-

[1] *Note sur un exemplaire des Lettres d'indulgences du pape Nicolas V*, Bruxelles, in-4°, 1829. M. de Laborde a reproduit ce *fac-simile*. On y voit que la date de 1454, imprimée en chiffres romains (liiii), a été changée par l'addition d'un *j* (liiiij). Ce précieux monument, soustrait de la bibliothèque de Louvain, à laquelle il appartenait, a été vendu au libraire Techener, qui l'a, à son tour, vendu à lord Spencer.

bauer; il passa dans la riche collection du docteur Kloss, de Francfort, qui en a donné un *fac-simile*[1]. A la vente de cette collection, qui eut lieu à Londres il y a quelques années, ce même exemplaire fut acquis par M. Heywood-Bright, de Bristol, pour le *British museum*, où il se trouve aujourd'hui.

Cette composition est la seule qu'on puisse attribuer à Gutenberg, à cause de la conformité de la grosse gothique qui y est employée avec celle de la Bible de 42 lignes.

Du reste, il est évident qu'on s'adressa à plusieurs imprimeurs pour réaliser plus promptement le nombre considérable de formules dont on avait besoin. La promptitude était ici d'autant plus nécessaire que le privilége des indulgences expirait le 31 avril 1455. On n'avait donc pas un instant à perdre, si l'on voulait tirer parti de la bulle du pape, car il ne restait pas un an pour explorer toute la chrétienté. Nous voyons, en effet, ces lettres datées des localités les plus diverses. On a voulu, de nos

[1] Voyez sa précieuse collection de *fac-simile*, dont il a bien voulu me donner un des rares exemplaires lors de mon premier voyage à Francfort en 1850. M. de Laborde a aussi donné un *fac-simile* de cette lettre (ouvrage cité, p. 7), qu'il a, à tort, indiquée comme se trouvant à Bristol. Je l'ai vue moi-même à Londres, au *British museum*, et j'y ai constaté quelques inexactitudes qui ont échappé à ce savant dans la mention manuscrite des donataires. Voici cette mention complète, avec les mots interlinéaires en italique : « Dominus Henricus Mais, *pastor in Roselden*, « Greta *Pinentirone* (ou Pinentirone Greta?), ejus soror, Stima Kuse, cum « filiabus suis Helena et Cungunde, Guda Krusen et Bela Kluten(?), ejus « filia. »

jours, tirer de leurs souscriptions une conclusion exagérée, que je vais renverser par la base. M. Jäck[1], conservateur de la bibliothèque royale de Bamberg, a prétendu que l'une des éditions des Lettres d'indulgences, celle de 31 lignes (et par conséquent aussi celle de 32), avait été imprimée à Bamberg même, par Albert Pfister[2], imprimeur de cette ville, qu'on voit plus tard, en effet, en possession des gros caractères de ces Lettres. Le principal argument de M. Jäck, c'est que, suivant lui, toutes ces Lettres ont été délivrées dans la Franconie, la Thuringe et la basse Saxe; mais cette assertion est erronée, car l'un des exemplaires dont la date remonte le plus haut, celui de Paris, est souscrit de Mayence même, ce qui semble indiquer que c'est de cette ville que l'on est parti; de même qu'un de ceux dont la date est la plus tardive, celui de Copenhague, est daté de cette ville le pénultième avril, c'est-à-dire deux jours avant l'expiration des indulgences.

Pour rendre ces détails plus précis, je vais ranger ici dans un ordre chronologique les différents exemplaires des Lettres d'indulgences de 1454-1455 qu'on connaît, non compris toutefois ceux de l'édition de 32 lignes, aujourd'hui à Brunswick, et datés de 1454, lesquels n'ont pas servi.

[1] Cité par M. Falkenstein, *Geschichte*, etc. p. 126, col. 2.

[2] Je parlerai fort au long de cet artiste dans la deuxième partie de mon livre.

LIEUX où sont actuellement les exemplaires.	LIEUX d'où ils sont datés.	JOURS ET MOIS où ils ont été donnés.	DATE imprimée.	DATE rectifiée à la plume.
		ÉDITION DE 31 LIGNES.		
La Haye..........	Erffurdie (Erfurth)..	15 novembre.....	liiii	
Paris..............	Mayence...........	31 (*ult.*) décembre.	liiii	
Cassel.............	Eymbeck (Einbeck)..	2 janvier........	liiii	l *q̄nto.*
Gœttingue.........	Lunebourg (Hanovre).	26 janvier.......	liiii	l *quinto.*
Brunswick.........	(N'a pas servi.).....	....	liiii	
Althorp (Bibl. Spenc.)	Wurtzbourg........	7 mars..........	lv	
Londres[1]..........	(?)...............	(?)............	lv (?)	
Leipsick...........	Nuremberg.........	24 mars.........	lv	
Riedesel...........	Erfordie (Erfurth)...	28 mars.........	lv	
Wolfenbüttel.......	Brunswick.........	24 avril.........	liiii	l *quinto.*
Leipsick...........	Wurtzbourg........	29 avril.........	lv	
Copenhague........	Copenhague........	29 (*penult.*) avril..	liiii	l *quinto.*
Gœttingue.........	Hildensein (Hanovre).	30 (*ultim.*) avril..	liiii	liiii*j*.
		ÉDITION DE 30 LIGNES.		
Althorp (Bibl. Spenc.)	Cologne...........	27 février.......	liiii	liiii*j*.
Londres (Mus. brit.).	Neuss, près Cologne..	29 (*penult.*) avril.	lv	

Maintenant, mettant à part les deux tirages différents des Lettres d'indulgences de 31 lignes, et les classant sui-

[1] J'ai écrit à sir Thomas Philipps pour avoir les renseignements qui me manquaient sur cet exemplaire des Lettres d'indulgences qui lui appartient : il m'a répondu qu'il ne savait plus où le trouver.

vant l'ordre des dates, nous trouvons le résultat suivant pour les deux tirages :

TIRAGE DE 1454.	TIRAGE DE 1455.
1. Erfurth......... 15 novembre.	1. Wurtzbourg.......... 7 mars.
2. Mayence......... 31 décembre.	2. (Voy. la note de la page précédente.)
3. Einbeck......... 2 janvier.	3. Nuremberg........... 24 mars.
4. Lunebourg....... 26 janvier.	4. Erfurth............. 28 mars.
5. Brunswick....... 24 avril.	5. Wurtzbourg.......... 29 avril.
6. Copenhague...... 29 avril.	
7. Gœttingue....... 30 avril.	

On voit qu'il n'est pas possible de tirer de ces données incomplètes des conclusions rigoureuses relativement à l'itinéraire de l'agent de Paulin Zappe qui distribua cette édition, car il faudrait admettre dans son itinéraire des zigzags inexplicables. D'ailleurs il est certain que Kilchof et Urri ne distribuaient pas eux-mêmes les Lettres d'indulgences : ils les laissaient à des sous-délégués résidant dans le pays, et qui étaient chargés de les délivrer : c'est ce qu'indiquent les souscriptions placées au bas de la plupart de ces actes. L'exemplaire de Paris, par exemple, daté de Mayence, porte une souscription qui nous apprend qu'il a été délivré par Jean, abbé de Saint-Burchard, à ce député (*Jo. ab. monasterii Sancti Burchardi ad premissa deputatus*). D'autres sont donnés par des sous-députés : tel est celui daté d'Einbeck, délivré par *Theoder. Nicolai, decretorum licentiatus, in premissis subdeputatus.*

Je le répète, en terminant ce que j'avais à dire sur les Lettres d'indulgences, ce monument démontre qu'il existait à Mayence, en 1454, au moins un atelier distinct de celui de Gutenberg où s'achevait alors la Bible, dont nous allons maintenant parler.

On a longtemps disputé pour savoir quelle était, parmi toutes les Bibles anonymes qu'on connaît, et qui portent un cachet d'antiquité évident, celle qui appartenait réellement à Gutenberg. La question est aujourd'hui résolue d'une manière on peut dire incontestable :

1° Scwhartz déclare avoir vu en 1728 un vieux catalogue manuscrit de la bibliothèque des Chartreux hors de Mayence, dans lequel il était dit que la Bible de 42 lignes avait été donnée à ces religieux par Gutenberg et quelques personnes dont les noms lui étaient sortis de la mémoire. Voici au reste les propres termes de Schwartz[1] : « Horum Bibliorum exemplar chartis impressum vidi « anno 1728 in monasterio Carthusianorum extra mœnia « Moguntiæ. Quamvis vero isti exemplari ultima quædam « folia temere essent abscissa, ut non cognosci posset an « in calce libri nomina sua tempusque impressionis no- « taverint typographi, in vetusto tamen catalago manu- « scripto istius bibliothecæ annotatum legi Biblia ista mo- « nasterio a Johanne Gutenbergio aliisque quibusdam, « quorum nomina mihi exciderunt, fuisse donata[2]. »

[1] *De origine typogr.* Exerc. II, § 2, s. 4.

[2] Je dois avouer que Bodmann, bibliothécaire de la ville de Mayence à l'époque où cette ville dépendait de la France, a infirmé le renseignement

2° Le caractère de cette Bible reparaît dans un Donat imprimé par Schoiffer, et dont nous aurons occasion de parler plus loin. Or on sait, et nous le démontrerons dans un instant, qu'aux termes du contrat qu'il avait passé quelques années auparavant avec Fust, Gutenberg fut dépouillé de tout son matériel typographique au profit de ce dernier, qui s'associa Schoiffer, et lui laissa son atelier en 1466, ce qui explique la possession du caractère de Gutenberg par Schoiffer.

3° Enfin on a la preuve que la Bible de 42 lignes était imprimée en 1456[1], car on en garde, à la Bibliothèque nationale de Paris, un exemplaire en papier,

donné ici par Schwartz, dans ces termes catégoriques : « Errat. — In hoc « vetusto catalogo, qui etiam nunc exstat, olim universitatis, nunc publica « civitatis Mogunt. bibl. cujus ego conservator sum, nec annotatur hæc Bi« bliorum editio, typo missali impressa, nec ibi memoratur illam a Guten« bergo donatam fuisse Carthusiæ. » (Voyez Schaab, *Die Geschichte*, etc. t. I, p. 267). Que penser en présence de ces deux assertions contradictoires? Il faut croire que Schwartz avait vu ailleurs que dans le catalogue en question le renseignement qu'il nous a transmis, car on ne peut supposer qu'il l'ait inventé. Nous citerons en effet plus loin une souscription manuscrite qui prouve que Gutenberg et un de ses élèves ont donné des livres aux Chartreux de Mayence. Peut-être est-ce d'un document de ce genre que Schwartz, qui écrivait de mémoire, a voulu parler. Il se pourrait aussi que le catalogue dont parle Bodmann (et qui se trouve encore à la bibliothèque de la ville de Mayence) fût un catalogue relativement moderne, et non celui qu'avait vu Schwartz, lequel était égaré du temps de Meerman, qui le fit vainement chercher par le comte de Wurtenzleb. (Voyez Jensen, *De l'invention de l'imprimerie*, in-8°, 1809, p. 47, note 1.)

[1] Un exemplaire de cette Bible, qui se trouve dans la bibliothèque de Munich, porte la date manuscrite de 1461. (Bernhart, *Beytr. zur litt.* B. III, stück, VI, p. 97.)

divisé en deux volumes, à la fin de chacun desquels se trouve une souscription manuscrite indiquant qu'ils ont été enluminés et reliés cette année même par Henri Albech, autrement dit Cremer, vicaire de l'église collégiale de Saint-Étienne de Mayence.

Voici la transcription de ces deux souscriptions, qui ne sont pas sans intérêt pour nous. Comme elles ont été déjà plusieurs fois publiées en *fac-simile*[1], je les donne ici avec la restitution des abréviations. On lit à la fin du premier volume : « Et sic est finis prime partis Biblie « sancte Veteris Testamenti; illuminata seu rubricata et « ligata per Henricum Albech, alius (*sic*) Cremer, anno « Domini Mº ccccº lviº, festo Bartholomei apostoli. »

Et à la fin du second : « Iste liber illuminatus, ligatus « et completus est per Henricum Cremer, vicarium ec- « clesie collegiate Sancti Stephani Moguntini, sub anno « Domini millesimo quadringentesimo quinquagesimo « sexto, festo Assumptionis gloriose Virginis Marie..... »

On remarquera sans doute que le second volume a été achevé par Cremer quelques jours avant le premier,

[1] Voyez particulièrement les *Vélins du roi*, de Van Praet, t. I, p. 14. On a imprimé aussi ce *fac-simile* sur l'exemplaire en vélin de la Bible de 42 lignes que possède la Bibliothèque nationale, ce qui peut induire quelques personnes en erreur. Les originaux de ces souscriptions se trouvent uniquement sur l'exemplaire en papier, qui du reste n'a que cela d'intéressant, car il a été mutilé de la manière la plus déplorable : il manque en tête de chaque volume un nombre considérable de feuillets, sans compter ceux qui ont été coupés dans l'intérieur, ainsi que les lettres ornées.....

car l'Assomption tombe le 15 et la Saint-Barthélemy le 24 août; mais cela tient probablement à une circonstance particulière, qui avait forcé l'enlumineur à laisser de côté le premier volume. Il n'est pas probable, en effet, que la besogne que demandait ce volume ait pu être terminée en neuf jours, comme le ferait supposer la souscription manuscrite, si l'on s'attachait rigoureusement aux mots qui s'y trouvent. Il est au contraire fort probable que le travail de Cremer exigea plusieurs mois, et c'est peut-être un simple hasard qui lui a fait achever le second volume avant le premier.

Cet exemplaire de la Bible de Cremer est enrichi d'une autre souscription dont une partie est aujourd'hui détruite, mais dont on pouvait lire naguère le texte entier[1], et portant que Berthold Steyna, prêtre, a dit une messe solennelle du corps de Jésus le jour de saint George

[1] J'emprunte une partie de ces détails à un mémoire manuscrit lu par dom Maugerard, bibliothécaire de l'abbaye de Saint-Arnould, à la Société royale des sciences et des arts de Metz, le 24 août 1789, *sur la découverte d'un exemplaire de la Bible connue sous le nom de Gutenberg, accompagné de renseignements qui prouvent que l'impression de cette Bible est antérieure à celle du Psautier de 1457.* Je dois la copie de ce document inédit à l'obligeance de M. Dufrêne, conseiller de préfecture à Metz, qui a bien voulu l'adresser pour moi à mon confrère M. Beaulieu, membre de la Société des antiquaires de France. Ce mémoire a été cité par Oberlin, *Annales de Gutenberg*, p. 28, et par M. Schaab, *Die Geschichte*, etc. t. I, p. 243 à 256. J'ajoute que c'est aux recherches de Maugerard en Allemagne que la France doit ce précieux exemplaire de la Bible de 42 lignes et beaucoup d'autres monuments typographiques de la plus haute importance. (Voyez le livre de M. Schaab, *Geschichte*, etc. t. I, p. 247 et suiv.)

(la lecture de ce nom n'est pas certaine) 1457, dans l'église paroissiale d'Ostheim.

A ces raisons positives, nous en pouvons d'ailleurs joindre encore de négatives, qui résolvent complétement la question : les deux autres Bibles, l'une de 36 lignes, l'autre de 45, que différents auteurs ont attribuées à Gutenberg, sont maintenant reconnues pour appartenir, la première à Pfister, imprimeur à Bamberg; l'autre à Eggestein, imprimeur à Strasbourg, deux artistes dont nous parlerons plus loin.

Mais c'est assez de préambule : j'arrive à la description de la Bible de Gutenberg, curieux et magnifique monument du début de l'imprimerie mayençaise, dont il existe encore plusieurs exemplaires, tant en vélin qu'en papier. Cette description technique m'aidera à réfuter bien des erreurs soutenues comme des faits positifs par les bibliographes. J'ai déjà dit que ce livre se composait de 641 feuillets ou 1,282 pages in-folio à deux colonnes. Ces 1,282 pages sont réparties en 66 cahiers, généralement de 5 feuilles. Je dis *généralement*, parce-qu'il y en a plusieurs qui ont plus ou moins de 5 feuilles, et cela probablement afin de permettre la division du livre suivant le goût des acquéreurs. On a réservé des espaces en blanc pour les rubriques, qui devaient être écrites en rouge et à la main. Les lignes du texte ne sont pas toujours pleines. Lorsqu'un mot ou une syllabe ne peut pas entrer, on renvoie ce mot ou cette syllabe à la ligne suivante, et on *justifie* la première à l'endroit où elle finit, sans prendre soin de combler l'espace vacant; de sorte que la composition d'une colonne de prose ressemble un peu à celle d'une colonne de vers, chaque ligne étant d'inégale longueur, comme nous l'avons vu dans le *Speculum*. L'inégalité toutefois est moins sensible que dans la poésie, parce que les lignes sont toutes amenées presque jusqu'à la limite extrême. Les *divisions* ou traits d'union des mots coupés à la fin des lignes sont figurés par deux petits traits parallèles placés diagonalement en dehors de la *justification,* dans la *garniture,* c'est-à-dire dans le blanc qui sépare les deux colonnes, pour les mots de la première colonne, et en dehors de la page pour ceux de la seconde. En cela on a suivi, autant qu'on a pu, la forme des manuscrits, non pas, comme quelques auteurs l'ont dit, pour tromper le public, car on savait déjà à quoi s'en tenir à cet égard par la xylographie, mais parce qu'il était tout naturel qu'on suivît les usages reçus. C'est pour le même motif qu'aujourd'hui un scribe s'efforce de suivre les dispositions typographiques, lorsqu'il copie un manuscrit, et cela parce que la typographie a adopté des méthodes et des signes qui simplifient le travail. Malgré la perfection relative de l'impression de la Bible de Gutenberg, si on la compare au *Speculum,* il n'est pas rare d'y rencontrer des *moines* et des *feintes*, ce qui dénote l'imperfection des ustensiles employés à cette époque.

Voici, cahier par cahier, la division du livre:

Du 1er au 9e cahier, cinq feuilles par cahier.

Le cahier 10 a cinq feuilles et demie, afin de pouvoir

terminer le *Deutéronome*. L'onglet correspond au second feuillet de la feuille 3.

Cahiers 11 et 12, cinq feuilles chacun.

Le cahier 13 a trois feuilles et demie seulement, pour pouvoir finir avec le livre de *Ruth*. L'onglet correspond au second feuillet de la première feuille.

C'est là que finit le premier volume des exemplaires divisés en quatre tomes.

Les cahiers 14 à 24 ont régulièrement cinq feuilles. La deuxième colonne de la huitième page du cahier 21 n'est pas pleine, afin de faire commencer en *belle page* les *Paralipomènes* au recto du cinquième feuillet.

Le cahier 25 a cinq feuilles et demie. Il commence par le troisième livre d'*Esdras*. La première ligne de ce livre, qui est très-courte à cause de la lettre initiale, n'est pas pleine. Le mot *Pascha* ne pouvant y entrer, et n'ayant pas paru pouvoir être divisé, a été reporté tout entier à la seconde ligne. Le huitième feuillet n'est imprimé que sur le recto et d'une manière défectueuse; le verso est entièrement blanc, et sur le neuvième feuillet commence le *quatrième* livre d'Esdras. Pourquoi a-t-on donné à ce quatrième livre une place plus avantageuse qu'au second ou au troisième? Je pense que cela provient d'une omission, qui a forcé d'ajouter un feuillet en plus du nombre ordinaire.

Le cahier 26 a également cinq feuilles et demie. Le verso du dernier feuillet est blanc, afin de permettre de commencer le cahier suivant par le livre de *Tobie*.

Les cahiers 27 à 32 ont chacun cinq feuilles.

Le cahier 33 n'en a que deux. La dernière page a une colonne et demie de blanc.

Ici se termine le premier volume des exemplaires en deux tomes, ou le deuxième des exemplaires en quatre tomes. On lit ces mots à la fin : *Explicit Psalterium.*

Les cahiers 34 à 48 ont chacun cinq feuilles. Le trente-quatrième commence par les *Proverbes*. Le quarante-sixième finit par un bout de colonne en blanc, pour pouvoir commencer en page le livre de *Daniel.*

Le cahier 49 a cinq feuilles et demie, afin de pouvoir commencer le cahier suivant et le quatrième volume des exemplaires en quatre tomes par les *Machabées.*

Les cahiers 50 à 59 ont chacun cinq feuilles : le huitième feuillet du cinquante-deuxième n'est imprimé que d'un côté, pour pouvoir commencer les *Évangiles* en belle page au feuillet suivant.

Le cahier 60 a six feuilles, et se termine par une page blanche, afin de pouvoir commencer au cahier suivant l'*Épître aux Thessaloniciens.*

Le cahier 61 a cinq feuilles et demie, afin de pouvoir commencer les *Actes des Apôtres* sur le cahier suivant.

Les cahiers 62 et 63 ont chacun cinq feuilles.

Le cahier 64 n'a que deux feuilles et demie, afin de pouvoir commencer le suivant par l'*Apocalypse.*

Le cahier 65 a quatre feuilles.

Au reste, l'arrangement des derniers cahiers n'est pas identique dans tous les exemplaires : il varie suivant le goût des propriétaires, qui ont souvent fait transposer les pièces.

En somme, le livre se divise, bibliographiquement parlant, en neuf parties distinctes, pouvant faire autant de volumes ou fascicules :

1re partie (le Pentateuque), 10 cahiers, dont le dernier a cinq feuilles et demie.

2e partie (Josué, les Juges, Ruth), 3 cahiers, dont le dernier de trois feuilles et demie seulement.

3e partie (les Rois, les Paralipomènes, Esdras), 13 cahiers, dont les deux derniers ont cinq feuilles et demie.

4e partie (Tobie, Judith, Esther, Job, les Psaumes), 7 cahiers, dont le dernier de deux feuilles seulement.

5e partie (les Livres sapientiaux et les Prophètes), 16 cahiers, dont le dernier de cinq feuilles et demie.

6e partie (les Machabées, les Évangiles), 11 cahiers, dont le dernier de six feuilles.

7e partie (les Épîtres), 1 cahier de cinq feuilles et demie.

8e partie (les Actes des Apôtres), 3 cahiers, dont le dernier de deux feuilles et demie seulement.

9e partie (l'Apocalypse), 1 cahier de quatre feuilles.

Outre les soixante-cinq cahiers de texte que je viens de décrire, l'exemplaire de la Bibliothèque royale de Munich et celui de la Bibliothèque impériale de Vienne ont quatre feuillets de plus [1] : ces feuillets contiennent la

[1] Ce qui porte le nombre total à 645 feuillets, et non à 640, comme on pourrait le conclure du calcul erroné de Van Praet (*Vélins du roi*, t. I, p. 15).

table des sommaires des livres et des chapitres de toute la Bible, pour l'usage de l'enlumineur. Ils faisaient l'office de l'*avis au relieur* qu'on joint à certains livres, pour indiquer le lieu où doivent être les gravures, et ils ont été retranchés des autres exemplaires comme inutiles après l'opération du rubricateur.

M. Sotheby[1] prétend que les douze derniers feuillets de l'exemplaire en vélin de M. Perkins, de Londres, sont sur *onglets*, ce qu'il attribue au désir de tirer parti des demi-feuilles de vélin qui étaient restées en défets; puis, généralisant cette observation, et la rattachant à une autre qu'il a faite au sujet des demi-feuilles qu'on rencontre de temps à autre dans le livre, il en conclut que la Bible a été tirée page par page. S'il eût été typographe, c'eût été pour lui, comme pour moi, au contraire, la preuve de l'absurdité du conte qu'on a fait jadis au sujet du prétendu tirage des pages isolées, conte qui ne rencontre plus aujourd'hui, grâce à Dieu, un seul crédule sérieux. L'existence de cartons ou de demi-feuilles toujours placés au même endroit prouve, en effet, que la composition de tout le cahier où ils se trouvent a été faite en même temps, et qu'on n'en commen-

[1] *The typography of the fifteenth century*, etc. from the bibliographical collection of the late Samuel Sotheby. London, 1845, grand in-4°. Ce volume, publié par M. Sotheby fils, se compose de quarante-trois planches représentant cent *fac-simile* de livres du XVe siècle, et de vingt-six planches de marques de papier. Il y a fort peu de texte en caractères typographiques, ou pour mieux dire il n'y a que le titre des livres. La Bible de 42 lignes seule fait exception. M. Sotheby lui a consacré cinq ou six pages.

çait le tirage que lorsque cette composition était terminée : d'où l'on doit inférer que la masse des caractères fondus était encore plus considérable que je ne l'ai dit; car cela indique la possibilité d'établir à la fois trois cahiers de cinq à six feuilles. Mais ceci nous importe peu. Comme je l'ai dit, et comme on a pu le voir, les cahiers sont généralement de cinq feuilles, et lorsqu'il y a exception, c'est pour satisfaire, par un arrangement purement typographique, au goût des acheteurs ou à la commodité des lecteurs.

M. Sotheby a présenté une hypothèse bien plus extraordinaire encore. Il existe deux sortes d'exemplaires de la Bible de Gutenberg : les uns ont invariablement 42 lignes à la colonne, y compris le blanc des rubriques ou *sommaires;* d'autres ont 40 lignes seulement aux neuf premières pages et 41 à la dixième : ces derniers offrent de plus cette singularité, que les trois premiers sommaires du premier cahier et les deux premiers du quatorzième sont *imprimés* en rouge, au lieu d'être écrits à la main, comme dans les exemplaires de 42 lignes. Les pages de 40 lignes occupent le même espace, à peu près, que celles de 42 (environ sept cent trente points typographiques), quoique composées avec un caractère de même œil. M. Sotheby en a conclu que Gutenberg avait fondu son caractère sur deux *corps* différents, et que l'ouvrier prenait l'un ou l'autre, suivant le cas, pour mieux suivre les dispositions du manuscrit qu'il avait devant lui comme modèle. Il est confirmé dans cette opinion, dit-il, par les différences, à la vérité presque imperceptibles, qu'on remarque dans la hauteur des pages du reste du volume! De sorte que, suivant M. Sotheby, on trouve dans la même page, je devrais dire dans la même ligne, des lettres de forces de corps différentes. Pour faire juger de suite de l'étrangeté de ce système, je préviens le lecteur que les deux corps de caractère varieraient de *moins d'un point* dans les pages à 40 lignes, puisqu'il n'y a que trente-six points (deux lignes de dix-huit) à répartir entre quarante lignes. M. Sotheby aurait dû, pour être logique, supposer un autre caractère pour la page de 41 lignes, car cette page donne sept cent vingt-quatre points, c'est-à-dire un chiffre qui ne s'accorde ni avec le calcul de 42 lignes ni avec celui de 40.

Je vais expliquer d'un mot ce qui a si fort intrigué les savants.

La Bible de Gutenberg ne s'écoula pas aussi vite qu'on l'avait espéré. Les courants intellectuels ne s'établissent pas à volonté. Et puis une certaine défaveur s'attachait peut-être alors aux travaux typographiques, comme à toute œuvre *mécanique*. Quoi qu'il se vendît à un prix inférieur aux manuscrits, il resta longtemps des exemplaires de ce livre en magasin. Les ouvrages n'ayant alors ni titre ni souscription, on ne distinguait souvent les livres que par le nombre des lignes. Fust, à qui l'imprimerie de Gutenberg et ses produits furent adjugés en 1455, comme nous allons le voir, en garantie de l'argent par lui prêté à ce dernier, eut l'idée, sans doute à l'instigation de son premier ouvrier, Pierre Schoiffer, de s'approprier aussi moralement cette Bible en en changeant l'aspect et la désignation. Pour cela, il en réimprima les premières pages avec un nombre inférieur de lignes, quoique avec le même caractère. Cela était facile : il suffisait de resserrer la *composition* ou de multiplier les abréviations pour faire entrer 42 lignes en 40; puis, pour donner à ces 40 lignes la même longueur qu'aux pages de 42 lignes, afin que le livre ne fût pas disgracieux, de les interligner avec des feuilles de papier ou de parchemin, car il n'existait pas encore, que je sache, d'interlignes au-dessous d'un point[1]. Ceci explique la différence qu'on remarque encore dans la page à 41 lignes. La composition n'ayant pu tomber juste à 40 lignes partout, à cause des nécessités typographiques, on dut se résoudre à faire une page de 41 lignes, et pour qu'elle ne fût pas trop longue, comme elle l'aurait été si on l'avait interlignée de la même manière que celles de 40 lignes, on l'interligna avec un papier moins épais, ou toutes les deux lignes seulement, de façon à dissimuler le plus adroitement possible la différence. Cette page de 41 lignes, placée au recto d'un feuillet dont le verso a 42 lignes, dénonce à tout praticien, par l'irrégularité du *registre*, l'évidence de la fraude.

[1] Un fondeur de Paris a trouvé de nos jours le moyen d'en fondre sur un demi-point; mais c'est un progrès auquel on était loin de songer en 1455. Le premier livre interligné que j'aie vu est un Cicéron publié par Schoiffer en 1465, et il est probablement interligné avec des réglettes de bois, car l'*interlignage* est fort considérable.

A la vérité, M. Sotheby prétend que les exemplaires de 42 lignes sont postérieurs à ceux de 40. La raison qu'il en donne, c'est qu'on trouve dans le filigrane des feuilles de 42 lignes le *bœuf*, qui ne reparaît qu'à la fin de l'ouvrage, et rarement encore, tandis que les feuilles à 40 lignes portent la *tête de bœuf*, qui se trouve dans toute la première partie du livre. Rien n'est moins concluant que ce fait. Il n'est pas extraordinaire qu'un cahier tout entier ait été tiré sur des feuilles de même qualité, puisque, comme je l'ai dit, un cahier était tiré tout à la fois. Il suffit, pour expliquer cette apparente singularité, du hasard qui a présidé à l'enlèvement de la rame de papier destinée au tirage de l'un ou de l'autre cahier : en effet, il y avait dans le magasin de Gutenberg, de l'aveu même de M. Sotheby, trois sortes de papiers au moins, de même qualité et de même format, l'un marqué d'une *tête de bœuf*, l'autre d'un *bœuf* et le troisième d'un *raisin*. L'imprimeur aura pris au hasard celui dont il avait besoin, et c'est ce qui aura produit cette inversion, dont on prétend tirer aujourd'hui des conclusions rigoureuses. Peut-être même le hasard ne présida-t-il pas entièrement à cette coïncidence, en ce qui concerne les feuilles à 40 lignes. Il est bien possible que Fust et Schoiffer aient choisi avec intention dans leur magasin du papier au *bœuf* pour retirer les premières feuilles du livre, imprimées d'abord avec du papier à la *tête de bœuf*. C'était un bon moyen de changer l'étiquette de leur marchandise. Pour que ce changement fût plus complet, ils firent subir au livre une autre modification importante : ils substituèrent des sommaires imprimés en rouge aux rubriques manuscrites des premières feuilles du premier et du second volume. Comment, en effet, expliquer la présence des cinq sommaires seulement imprimés en couleur (innovation entièrement due à Schoiffer, comme je le prouverai plus loin), sinon par l'intention de tromper le public relativement à l'origine de ce livre, en lui faisant croire à une édition différente de celle de Gutenberg, dont les nouveaux imprimeurs avaient intérêt à faire oublier les travaux?

M. Sotheby, dont le système est complet, donne, au sujet de ces sommaires imprimés, des explications qui ne sont pas moins étranges que celles que j'ai déjà relevées dans son livre. Suivant lui, si toutes les rubriques n'ont pas été imprimées, c'est qu'on a reconnu, pendant le tirage des premières feuilles, qu'elles seraient plus belles étant faites à la main, et tromperaient mieux l'acheteur, en faisant ressembler davantage le livre à un manuscrit. Ce serait même en partie pour faire disparaître ces *vilaines* rubriques imprimées qu'on aurait retiré les premières feuilles de la Bible. C'est le cas de dire avec le proverbe : « Il ne faut pas disputer des goûts. » M. Sotheby serait sans doute fort embarrassé pour nous expliquer, d'après son système : 1° pourquoi les exemplaires qui ont des rubriques imprimées dans le premier cahier en ont également dans le quatorzième, et n'en ont pas dans les feuillets intermédiaires ; 2° pourquoi les exemplaires à sommaires imprimés sont plus nombreux que ceux à sommaires manuscrits? Ç'aurait été, en vérité, une singulière idée que de dépenser tant d'argent pour faire disparaître de quelques exemplaires seulement ces sommaires qui ne sont rien moins que vilains. Mais c'est trop m'appesantir sur ce sujet.

Une partie des détails dans lesquels je viens d'entrer eussent peut-être été plus convenablement placés dans le chapitre suivant, où je ferai connaître les travaux de Schoiffer; mais je n'ai pas cru pouvoir me dispenser de résumer ici tout ce que j'avais à dire sur la Bible de Gutenberg, dont je n'aurai plus qu'à parler incidemment plus tard.

Avant même que sa Bible fût achevée, Gutenberg s'occupa d'une autre publication. Il fit graver deux nouveaux caractères de même forme que celui qui servait dans la Bible, c'est-à-dire en gothique pure, mais de *force* différente et plus gros, pour imprimer un Psautier destiné aux chants religieux dans les églises. On s'étonnera peut-être que j'attribue à Gutenberg les beaux caractères du Psautier de 1457, imprimé par Fust et Schoiffer. Ce qui me détermine à le faire, c'est d'abord la ressemblance des nouveaux caractères avec ceux de la Bible, et ensuite la conviction que Schoiffer, à qui l'on en fait honneur, n'aurait pu les faire graver et fondre, et imprimer son livre dans les dix-huit mois qui s'écoulèrent entre la date du jugement qui dépouilla Gutenberg (6 novembre 1455) et celle de l'impression du livre (le 15 août 1457).

Quoi qu'il en soit, voici, suivant moi, ce qui eut lieu après l'impression de la Bible.

Fust voyant, d'une part, que ce livre ne se vendait pas aussi promptement qu'il l'avait espéré, et, d'autre part, qu'il s'élevait de nouvelles imprimeries; craignant que, par suite de la concurrence, les profits de son association ne fussent pas assez avantageux, divisés qu'ils étaient entre lui et Gutenberg, résolut de se servir des clauses de son contrat pour dépouiller ce dernier, dont les bénéfices lui paraissaient sans doute trop considérables. Après s'être assuré la collaboration d'un ouvrier actif et intelligent, depuis quelque temps employé dans la maison, soit comme calligraphe, soit comme compositeur, il vint réclamer en justice, aux termes de son traité léonin, le capital et les intérêts de l'argent qu'il avait prêté à Gutenberg, ou la remise de tout son matériel typographique. Nous possédons encore un curieux document qui fut rédigé à cette occasion. Comme il jette un grand jour sur les origines de la typographie, nous allons en donner ici, quoiqu'il soit fort long, une traduction française[1]. Il est assez singulier que nous ne connais-

[1] Cette traduction, imprimée par Fournier dans son livre intitulé : *De l'origine et des productions de l'imprimerie primitive*, in-8°, 1759, p. 116, est due à M. Duby, interprète de la Bibliothèque du roi pour les langues du Nord, qui l'a faite sur la confrontation de toutes les variantes signalées par les auteurs. (Voyez dans l'ouvrage cité, p. 92-93, les renseignements donnés par Fournier sur cet important document de l'histoire de l'imprimerie, dont l'authenticité ne peut être mise en doute.) On trouve le texte allemand dans une relation de l'origine de l'imprimerie attribuée à Jean-Frédéric Faust, d'Aschaffenburg, et publiée à Francfort en 1620, in-12, sous le titre de : *Relatio de origine typographiæ..... e documentis ad Faustorum de Aschaffenburg familiam pertinentibus hausta*, etc. ; dans Wolf,

sions guère Gutenberg que par des pièces de procédure. Voilà déjà la quatrième que nous invoquons, et elle n'est pas la moins importante. Du reste, ces documents valent mieux que de simples traditions, toujours incertaines.

« Au nom de Dieu, ainsi soit-il. Soit notoire à tous ceux qui verront ou entendront lire cet acte public que l'an de la naissance de Notre-Seigneur Jésus-Christ 1455, indiction troisième, un jeudi, sixième jour du mois nommé en latin *november*, la première année du couronnement de notre très-saint père et seigneur le seigneur Callixte III, par la providence divine pape, entre onze et douze heures du matin, à Mayence, dans la grande salle des moines [carmes] déchaussés, en présence de moi, écrivain public, et des témoins nommés ci-dessous, s'est présenté en personne l'honnête et prudent Jacques Fust, bourgeois de Mayence, et de la part de Jean Fust, son frère, qui était aussi présent, a produit, dit et déclaré, qu'entre ledit Jean Fust, son frère, d'une part, et Jean Gutenberg, de l'autre, un jour certain à cette heure d'aujourd'hui avait été nommé, marqué et fixé dans ladite salle dudit lieu, audit Jean Gutenberg, pour voir et entendre ledit Jean Fust prêter le serment à lui ordonné et imposé, selon le contenu et la teneur du jugement entre les deux parties; et afin que les frères dudit couvent, encore assemblés dans la salle dudit lieu, ne fussent point molestés

Monum. typogr. t. I, p. 472; dans Schwartz, *Prim. doc.* t. I, p. 5; dans Senckenberg, *Select. jur. et hist.* t. I, p. 269; dans Köhler, *Ehrenrettung Guttenberg's*, p. 54, etc.

ni interrompus, ledit Jacques Fust fit dire par un messager dans la susdite salle que si Jean Gutenberg, ou quelqu'un de sa part, était dans le couvent pour le sujet susdit, il eût à se présenter. Après un tel message et demande, vinrent dans ladite salle l'honnête sieur Henri Gunther, ci-devant curé à Saint-Christophe de Mayence; Henri Keffer, et Bechtold[1] de Hanau, serviteur et valet dudit Jean Gutenberg; et après que ledit Jean Fust leur eût demandé ce qu'ils faisaient là et pourquoi ils y étaient, s'ils avaient aussi pouvoir dans cette affaire de la part de Jean Gutenberg, ils répondirent, en général et en particulier, qu'ils étaient envoyés par le noble sieur[2] Jean Gutenberg, pour entendre et voir ce qu'on ferait dans cette affaire. Ensuite Jean Fust protesta et témoigna que, voulant se conformer à l'ordonnance, il était venu, s'était assis et avait aussi attendu Jean Gutenberg, son adverse partie, jusqu'à douze heures, et qu'il l'attendait encore, lequel ne s'était point présenté en personne à cette affaire. Il se montra prêt à satisfaire au jugement rendu sur le premier article de sa demande selon son contenu,

[1] Ce Bechtold pourrait bien être l'ancien domestique de Gutenberg qui figure dans les pièces du procès de Strasbourg sous le nom de Beildeck. (Voyez p. 129 et suiv.)

[2] Voir les observations faites par M. de Vries (*Éclaircissements*, p. 84) au sujet du mot qui se trouve là dans le texte, et qui, suivant lui, signifie *concitoyen* (*inwohner*), et non *noble* (*junkher*), comme l'a écrit M. Wetter (p. 286), aussi bien que Wolf (*Monum. typogr.* t. I, p. 475 : *junckhern*, var. *janchern*). Ce point a d'autant moins d'intérêt pour nous qu'on ne peut contester à Gutenberg sa *qualité* nobiliaire, et que nous lui voyons donner ailleurs le titre de *junker*.

qu'il fit lire de mot à mot avec sa prétention et réponse, dont voici la teneur :

« Et comme Jean Fust avait promis aussi audit Jean « Gutenberg, ainsi qu'il est premièrement compris dans « le billet de leur convention, qu'il avancerait à Jean « Gutenberg 800 florins en argent pour certain, avec les- « quels il achèverait l'ouvrage, et s'il en coûtait plus ou « moins, cela ne le regarderait pas, et que Jean Guten- « berg lui donnerait de ces 800 florins 6 florins par cent « d'intérêt. Or il a emprunté pour lui ces 800 florins à « intérêt, et les lui a donnés; dont Gutenberg, n'étant pas « satisfait, s'est plaint qu'il n'avait pas encore assez de ces « 800 florins. Ainsi, ayant voulu le satisfaire, il lui a donné « 800 autres florins, outre les premiers 800, de sorte qu'il « lui a avancé 800 florins de plus qu'il n'était obligé en « vertu du billet susdit, et qu'ainsi il lui avait fallu donner « 140 florins d'intérêt des 800 florins qu'il lui avait avancés « en dernier lieu. Et quoique le susdit Jean Gutenberg se « fût obligé par le susdit billet à lui donner 6 florins pour « cent d'intérêt des premiers 800 florins, néanmoins il n'a « rien payé dans aucune année, mais il a fallu qu'il (Fust) « payât lui-même ledit intérêt, ce qui monte de bon « compte à 250 florins; et comme Jean Gutenberg ne lui « a jamais payé cet intérêt, savoir, les 6 florins des 800 « premiers florins, non plus que l'intérêt des 800 der- « niers, et qu'il a été obligé lui-même d'emprunter ensuite « cet intérêt parmi les chrétiens et les juifs, et d'en don- « ner 36 florins de bon compte pour la recherche, ce qui

« monte ensemble, avec l'argent principal, à 2,020[1] flo-
« rins pour certain, il lui demande présentement qu'il
« (Gutenberg) lui paye le tout sans qu'il en souffre de
« dommages. »

« A cela Jean Gutenberg a répondu que Jean Fust lui avait donné 800 florins, afin de préparer et faire ses ustensiles avec cet argent, à condition qu'il se contenterait de cette somme, et l'emploierait à son utilité; que les outils seraient engagés audit Jean Fust, et que celui-ci lui donnerait annuellement 300 florins pour les frais, comme aussi pour les gages des domestiques, le loyer, le chauffage, le parchemin, le papier, l'encre, etc.; que si à l'avenir ils ne s'accommodaient point, il (Gutenberg) lui rendrait (à Fust) ses 800 florins, et les outils seraient dégagés; bien entendu qu'il (Gutenberg) achèverait l'ouvrage avec l'argent qu'il (Fust) lui avait prêté sur ses gages, et il compte qu'il n'a pas été obligé d'employer ces 800 florins

[1] Ce compte n'est pas clair. En réalité, il faudrait lire ici 2,026 florins, car voici, d'après Fust, le relevé des sommes dues par Gutenberg :

Premier prêt	800 fl.
Second prêt	800
Intérêt du second prêt	140
(Ce qui nous reporte à près de trois ans en arrière, à 6 pour 100 par an, soit 1452.)	
Intérêt du premier prêt	250
(Ce qui nous reporte à plus de cinq ans en arrière, à 6 pour 100, soit au commencement de 1450.)	
Prime prétendue pour la recherche de l'argent	36
Total	2,026

à la fabrique des livres; et quoiqu'il soit aussi fait mention dans le billet qu'il (Gutenberg) lui donnerait 6 par cent d'intérêt, Jean Fust lui a néanmoins promis de ne lui point demander cet intérêt. De plus, ces 800 florins ne lui ont pas été payés, selon la teneur du billet, tous et à la fois, comme il (Fust) le prétend dans le premier article de sa demande; et à l'égard de ces derniers 800 florins, il (Gutenberg) s'offre à lui en rendre compte. Il ne lui en accorde non plus aucun intérêt ni usure, et il espère qu'il ne sera point obligé en justice de le faire; comme il a été présenté par la demande, la réponse, la réplique, la redite, et plusieurs autres paroles, etc.

« Ainsi nous prononçons en justice : « Quand Jean « Gutenberg aura rendu son compte de toutes les recettes « et dépenses qu'il a faites pour l'ouvrage au profit com- « mun, ce qu'il aura reçu de plus en argent au-dessus « sera compté dans les 800 florins; mais, s'il se trouve « dans le compte que Fust lui a donné quelque chose « de plus que 800 florins qui n'aurait pas été employé « pour leur profit commun, il le lui rendra aussi; et si « Jean Fust prouve par serment, ou autre preuve valable, « qu'il a pris le susdit argent à intérêt, et qu'il ne l'a pas « donné de sa propre bourse, Jean Gutenberg lui payera « aussi ledit intérêt, selon la teneur du billet. »

« Ledit jugement, comme nous venons d'entendre, ayant été lu en présence des susdits sieurs Henri, etc.[1],

[1] Cet *etc.* qui se trouve également dans le texte allemand, remplace les titres du premier témoin de Gutenberg, Henri Gunther.

Henri [Keffer] et Bechtold, serviteurs dudit Gutenberg, le susdit Jean Fust prêta serment, dit et assura, les doigts posés sur les saints [évangiles], en la main de moi, écrivain public, que tout ce qui était compris dans un billet selon la teneur du jugement, qu'il me remit alors, était entièrement vrai et juste; ainsi, que Dieu lui soit en aide et les saints!

« La teneur du billet susdit est ainsi mot à mot : « Je, Jean Fust, ai emprunté 1,550 florins[1], qui ont été « remis à Jean Gutenberg, et qui ont été employés à « notre ouvrage commun : il m'en a fallu donner annuel« lement intérêt et usure, et j'en dois encore une partie; « ainsi je lui compte, pour chaque cent florins que j'ai « empruntés, comme il est dit ci-dessus, six florins an« nuellement de l'argent que j'ai emprunté et qu'il a tou« ché, qui a été employé à notre ouvrage commun, et « qui se trouve dans le compte; je lui en demande l'in« térêt selon la teneur du jugement; et pour preuve que « cela est ainsi, je veux m'en tenir, comme il est juste, à « la teneur du jugement rendu sur le premier article de « la demande que j'ai faite audit Jean Gutenberg. »

« De tout ce que dessus ledit Jean Fust m'a demandé à moi, écrivain public, un ou plusieurs actes publics, autant et tant de fois qu'il en aurait besoin; et toutes les choses susdites se sont passées dans l'année, indiction,

[1] Fust aurait-il, comme les usuriers de profession, prélevé une prime sur le prêt fait par lui à Gutenberg, et donné seulement 1,550 florins au lieu de 1,600?

jour et heure, papauté, couronnement, mois et lieu nommés ci-dessus, en présence d'honnêtes personnes Pierre Grantz[1], Jean Kislen[2], Jean Knopff[3], Jean Iseneckh[4], Jacques Fust, bourgeois de Mayence, Pierre Girnsheim[5] et Jean Bonne, clercs de la ville et évêché de Mayence, demandés et requis particulièrement pour témoins. Et moi Ulric Helmasperger, clerc de l'évêché de Bamberg, écrivain public par autorité impériale, et notaire juré du saint-siége à Mayence, vu que j'ai assisté avec tous les témoins susdits, et que je les ai aussi entendus, pour cet effet j'ai fait écrire par un autre cet acte public, que j'ai signé de ma propre main, et y ai fait apposer ma marque ordinaire, en ayant été requis pour témoignage de la vérité de toutes les choses susdites. »

Cette fois Gutenberg avait contre lui et les termes de son engagement, et l'un des juges, Nicolas Fust, qui était parent de Jean Fust : il perdit son procès, et se vit enlever non-seulement ses instruments de travail, qui lui avaient coûté tant de peine et d'argent depuis vingt ans qu'il s'occupait d'imprimerie, mais encore sa part de profit dans la vente des exemplaires de la Bible achevée. Jean Fust fit enlever tout cela, et le fit porter dans sa propre maison, l'ancien hôtel *zum Hum-*

[1] Suivant une autre version citée par Wolf : *Krauss.*

[2] *Ibid.* : *Kisten* ou *Kist.*

[3] *Ibid.* : *Knost.*

[4] *Ibid.* · *Yseneck* ou *Eisneck.*

[5] *Ibid.* : *Gernsheim*, c'est Pierre Schoiffer, qui n'était encore rien dans l'association.

breicht, situé rue des Cordonniers (*Schuster gasse*), n° 88.

Il paraît que Gutenberg, dépouillé de ses instruments, abandonna aussi la maison *zum Jungen*, qui était sans doute trop vaste pour lui seul, et vint habiter l'hôtel Gutenberg, où fut plus tard installée l'école de droit. C'est du moins ce qu'on peut inférer d'un passage déjà cité de la Chronique des évêques de Strasbourg, où Wimpheling dit que l'art fut complété dans la maison de la *bonne montagne* (ces deux mots sont la traduction de celui de Gutenberg) : « In domo Bonimontis, in qua hodie est col- « legium juristarum, ea ars (impressoria) completa fuit[1]. » Peut-être, au contraire, le déménagement de Gutenberg n'eut-il lieu qu'en 1461, époque où la maison *zum Jungen*, saisie sur son propriétaire, qui résidait à Francfort, fut vendue au profit de Fust.

Quoi qu'il en soit, il est certain que Gutenberg n'abandonna pas l'imprimerie. Il se créa ensuite un nouvel atelier typographique, c'est ce qui ressort de plusieurs documents, et entre autres de la Chronique des papes publiée à Rome en 1474, et que j'aurai occasion de citer plus loin. Avec l'expérience qu'il avait acquise par ses travaux précédents, ce dut être pour lui une besogne d'autant moins considérable qu'il paraît s'être restreint à un modeste matériel. Au reste, il lui aurait été difficile de se procurer un grand établissement, car on voit qu'il fut entièrement ruiné par son dernier procès, et ne put

[1] Voir le texte complet de ce passage ci-dessus, p. 163.

se relever jusqu'à sa mort, arrivée une dizaine d'années après. En effet, à partir de 1457, il cessa d'acquitter la rente de quatre livres qu'il devait au chapitre de Saint-Thomas de Strasbourg, et qu'il avait exactement payée jusque-là. Ce chapitre le fit vainement citer, en 1461, devant la chambre impériale aulique de Rottweil, en Souabe; n'ayant rien pu obtenir de Gutenberg, il poursuivit non moins vainement, en 1467, Martin Brechter, sa caution; à la fin, voyant qu'il en était pour ses frais de poursuite, il renonça à sa créance, comme le constatent les registres de cette église, où, dès 1468, le receveur accompagne la mention de cette dette du mot *vacat*. A partir de 1474 elle n'y figure même plus du tout[1].

Si, comme le croit M. Wetter[2], le matériel de la première imprimerie de Gutenberg servit à peine à payer seulement les 800 premiers florins à lui avancés par Fust, et s'il resta toujours débiteur du surplus de la somme de 2,020 florins réclamés par ce dernier, on s'expliquerait facilement la nécessité où fut Gutenberg de dissimuler l'existence de son atelier; mais le fait me paraît peu probable. Nous possédons une lettre de Schoiffer[3],

[1] Voyez les curieux renseignements que renferme sur cette affaire une petite brochure déjà citée, intitulée : *Nouveaux détails sur la vie de Gutenberg*, par M. Schmidt, professeur au séminaire protestant de Strasbourg (in-8°, 1841).

[2] *Kritische Geschichte*, etc. p. 423.

[3] *Ibid.* p. 424. Cette lettre, tirée de la *Lesners Chronik der Stadt Francfurt a. M.* (*Chroniq. de Francf.* par Lesners), liv. I, p. 438, a été publiée aussi par M. Fischer, *Essai*, etc. p. 45.

adressée de Francfort, en 1485, à un Jean Gensfleisch, juge laïque de Mayence, dans laquelle il réclame à ce dernier le montant d'une créance dont il a besoin pour ses affaires, sans dire toutefois l'origine de cette dette. M. Wetter pense que Schoiffer faisait cette répétition à titre de créancier de Gutenberg, dont le procès, suivant Bergellanus[1], durait encore en 1541, c'est-à-dire près de cent ans après!... Cela ne me paraît pas sérieux: c'est une exagération de poëte. Schoiffer d'ailleurs, dans ce cas, n'aurait pas pu réclamer en 1485 le montant d'une dette qui ne lui était pas acquise si l'on plaidait encore. La lettre que cite M. Wetter, au surplus, est conçue en termes trop courtois pour qu'on puisse croire qu'elle fait allusion à un procès qui aurait duré déjà trente ans. Ordinairement les parties en litige ne conservent pas de pareils rapports.

Quoiqu'on ne connaisse pas de livres portant le nom de Gutenberg, il n'en résulte pas qu'on ne puisse lui en attribuer aucun; de même que pour la Bible de 42 lignes on peut, par induction et à l'aide de certains témoignages, arriver à une attribution probable. M. Fischer[2] nous a donné le *fac-simile* d'un ouvrage qui se trouve dans cette condition, et qu'il a intitulé : *Tractatus de celebratione missarum.* Ce livre, qui provenait originairement de la bi-

[1] *Joannis Arnoldi Bergellani Encomion chalcographiæ*, vers 261 et 262 :

Tempore sed longo res est tractata dicaci
Lite, hodie pendet judicis inque sinu.

[2] *Essai*, etc. p. 78.

bliothèque des chartreux de Mayence, et qui se trouvait avant la révolution dans celle de l'université, passa ensuite dans celle de la ville, où il est peut-être encore, quoique le bibliothécaire actuel n'ait pu le retrouver[1]. Il portait la souscription manuscrite suivante, dont les dernières lettres de chaque ligne avaient été atteintes par le couteau du relieur, mais dont le sens ne paraît pas toutefois altéré :

> Carthusia prope Maguntm̄ possidet ex lber
> donacōne Joanis dicti a Bono monte opuscu
> mira sua arte s̄c ē Johannis Nummeistēr
> cleric. confectū. Anno Dn̄i M° cccc°
> lx. iii. xiii Kal. Jul.

Voici la traduction des trois premières lignes : « La Chartreuse près de Mayence tient de la libéralité de Jean Gutenberg ce livre, produit de son art et de la science (*scientia etiam?*[2]) de Jean Nummeister, clerc. » Le sens de

[1] Il a fait à ma demande de vaines recherches; mais son insuccès n'a rien qui doive surprendre, si l'on songe à l'indifférence des Mayençais pour tout ce qui touche à l'époque de la domination française. Ils ne savent pas même ce que sont devenues les archives du département du Mont-Tonnerre, dépôt considérable de documents anciens que nous y avions formé (de même que la bibliothèque), et dont il ne reste pas un lambeau. Pour ce qui est de l'existence du livre en question, j'ai la garantie de M. Fischer, alors bibliothécaire de Mayence, qui m'écrit de Moscou, le 3-15 avril 1851 : « Non-seulement j'ai vu de mes propres yeux l'inscription; mais l'ouvrage doit se trouver encore à la bibliothèque; il est réuni, dans un volume in-4°, à plusieurs autres traités. »

[2] Van Praet (*Catalogue des livres imprimés sur vélin*, in-fol. p. 33) lit ici : « Mira sua arte p. (per) Johannem Nummeister, » ce qui attribue à Nummeister seul l'impression du livre; mais où M. Van Praet a-t-il pris

la troisième ligne peut être contesté ; mais on voit qu'il y est question de l'art admirable de l'imprimerie[1], et d'un associé de Gutenberg, appelé Nummeister ; enfin les deux dernières lignes portent que le livre a été achevé ou au moins donné le 13 des calendes de juillet (19 juin) 1463.

L'ouvrage en question est un petit in-4° de trente feuillets, ayant 28 lignes à la page. Le papier porte dans le filigrane trois lis couronnés. Le titre des chapitres est composé en gros caractère gothique peu différent de celui de la Bible de 42 lignes : il était naturel que Gutenberg voulût conserver le souvenir de ce caractère auquel il devait sa gloire. Le corps de l'ouvrage est en caractère cursif, autrement dit *de somme.* C'est une espèce de transition entre le *gothique* pur et le *romain;* il imitait l'écriture en usage alors dans une partie de l'Europe. Ce caractère a environ onze points et demi. (Voyez dans les planches, sous le n° 6, un *fac-simile* des deux caractères, fait d'après celui de M. Fischer.)

Ce savant, à qui nous devons la conservation et la description d'une foule de monuments typographiques des premiers temps de l'imprimerie, mentionne encore dans deux de ses ouvrages[2] un autre opuscule de la plus

cette variante? C'est ce que j'ignore. Si les caractères avaient appartenu à Nummeister, il s'en serait servi là où il est allé s'établir après la mort de Gutenberg : or nous verrons qu'il en avait d'autres.

[1] On trouve cette formule *mira arte* ou *sua arte* dans une foule de livres des premiers temps.

[2] *Typographische Seltenheiten*, 6e livraison, p. 34 et 69, et *Notice du premier monument typographique*, etc. p. 6.

haute importance pour nous, car il vient confirmer mon attribution. Cet opuscule est un calendrier ou almanach pour 1460, imprimé avec les deux caractères du *Tractatus de celebratione missarum*. Il se compose de quelques feuillets in-4°, en tête desquels on lit en forme de titre : « Particula prima de dño añi et significatis ēius[1] ad que « humana ratio ptingere potest, *consideratis singulis pla-« netarum dignitatibus, figura revolucōnis añi* LX. » Les mots que j'ai mis en italique forment une ligne en gros caractère gothique, le reste est en caractère cursif, l'un et l'autre conformes à ceux de l'ouvrage précédent. Il y avait en 1804 six feuillets seulement de ce livret dans le musée du prince (aujourd'hui grand-duc) de Darmstadt : que sont-ils devenus ? On l'ignore. M. Féder, conseiller intime au service de S. A. R. le grand-duc de Hesse, et conservateur de la Bibliothèque aulique de Darmstadt, a bien voulu faire pour moi des recherches dans son dépôt; mais elles ont été vaines. Peut-être est-ce là une de ces pièces curieuses qui avaient été placées à la Bibliothèque nationale de Paris sous l'Empire, pour être mise à la portée des savants de tous les pays, et qui nous ont été enlevées en 1815 sous *prétexte* de les restituer à leurs dépôts primitifs. Combien de monuments du même genre ont disparu ainsi dans la poche de ces juges rigides, qui, en dépouillant la France, ne songeaient qu'à satisfaire leur cupidité ou leur sotte jalousie nationale ! Heureusement M. Fischer nous a donné une description fort com-

[1] Ainsi figuré dans le livre de M. Fischer, p. 70.

plète de ce livret dans ses Curiosités typographiques[1] : c'est tout ce qui en reste ; mais c'est beaucoup. En effet, ce calendrier, qui a dû être exécuté en 1459, vient confirmer la date inscrite à la plume sur le *Tractatus de celebratione missarum* (1463), et prouve qu'il existait trois imprimeries à Mayence, vers 1460, sans parler de celle où a été imprimée la Lettre d'indulgences de 31 lignes, dont nous nous occuperons plus loin, parce que, suivant moi, cette imprimerie n'était plus à Mayence en 1460.

Ces imprimeries étaient :

1° Celle de Fust et Schoiffer, qui imprima en 1459 le *Rationale Durandi;* 2° celle de Bechtermuntze, qui mit au jour en 1460 le *Catholicon* (*Joannis Balbi de Janua*), qu'on a attribué jusqu'ici à Gutenberg, mais à tort, comme je le prouverai ; 3° enfin celle d'où sont sortis le *Calendrier de 1460* et le *Tractatus de celebratione missarum.*

Or quelle peut être cette troisième imprimerie d'un maître inconnu, sinon celle de Gutenberg, dont l'existence nous est signalée par plusieurs documents[2] ? L'exploitation, à cette époque, d'une imprimerie distincte de celle de Fust par Gutenberg ne peut être mise en doute, car voici ce que dit, sur l'année 1458, Philippe de Lignamine, dans sa Continuation de la chronique des sou-

[1] *Typographische Seltenheiten*, 6e livraison, p. 69 et suiv.

[2] Je ne cite pas comme tel une lettre apocryphe de 1459, attribuée à Gutenberg, sur la foi de Bodmann, par Oberlin et M. Fischer, parce que ce monument est aujourd'hui reconnu pour faux. (Voyez Schaab, *Die Geschichte*, etc. t. I, p. 32 et suiv.)

verains pontifes, imprimée par lui-même à Rome en 1474 : « J.[1] Gutenberg de Strasbourg[2] et un autre appelé Fust, très-habiles dans l'art d'imprimer avec des caractères de métal sur parchemin, impriment chacun trois cents feuilles par jour, à Mayence[3]. » Ce témoignage, venant

[1] L'original porte par erreur Jacobus. Lignamine avait probablement mis un J. (pour *Joannes*), et le compositeur aura achevé le mot à sa guise.

[2] C'était une opinion commune alors que Gutenberg était de Strasbourg. Elle devait son existence au long séjour que Gutenberg avait fait dans cette ville, et à la certitude qu'il y avait conçu son invention avant de se rendre à Mayence.

[3] Voici les propres termes de la chronique : « Jacobus cognomento « Gutenbergo (*sic*), patria Argentinus, et quidam alter cui nomen Fustus, « imprimendarum litterarum in membranis cum metallicis formis periti, « trecentas cartas quisque eorum per diem facere innotescunt apud Ma- « guntiam, Germaniæ civitatem. » (*Chron. summ. pontif.* etc. fol. 121). Ces trois cents feuilles font six cents de tirage. Aujourd'hui un ouvrier peut aisément tirer sur un ouvrage soigné mille feuilles ou deux mille coups (côté de première et côté de seconde); mais c'était déjà beaucoup à cette époque où l'imprimerie était toute nouvelle que trois cents feuilles, autrement dit six cents de tirage; car il ne faut pas oublier les difficultés d'un début. Suivant un auteur du XVIIe siècle, il paraît que les ouvriers français imprimaient déjà au commencement de ce siècle deux mille cinq cents, et les imprimeurs belges quatre mille par jour, si notre auteur n'exagère pas. Voici au reste ses propres expressions : « Les Flamands emploient toutes sortes de pauvres gens du pays, à très-petit prix, et obligent les compagnons à tirer quinze cents par jour plus que les François, qui n'en tirent que vingt et cinq cents, faisant faire de la composition à l'équipollent. » Antoine de Montchrétien, cité par M. Ambroise Firmin Didot, dans son *Essai sur la typographie* (*Encyclopédie moderne*, t. XXVI, col. 694). M. Didot n'a pas compris le véritable sens de l'expression de *vingt et cinq cents* : ce n'est pas *cinq cents feuilles plus vingt de passe*, comme il le dit, mais bien *vingt-cinq fois cent* que Montchrétien a voulu dire. En

d'un savant qui était lui-même typographe, est de la plus haute importance, et me semble résoudre la question.

Si l'attribution que nous venons de faire du *Tractatus de celebratione missarum* à la presse de Gutenberg est fondée, il en doit être de même de deux autres opuscules in-quarto que possède la Bibliothèque nationale de Paris, et qui sont imprimés avec un caractère identique à celui qui a servi dans le corps de l'ouvrage précédent. Le premier, intitulé : *Hermani de Saldis Speculum sacerdotum*, et composé de seize feuillets, est imprimé sur un papier qui ressemble beaucoup par la couleur et la beauté à celui marqué d'une tête de bœuf. Il porte dans le filigrane la lettre gothique *d* avec une *haste* très-prolongée[1]. Le second est un ouvrage en allemand, qui traite de la nécessité des conciles et de la manière de les tenir. Il se compose de quatorze feuillets ayant chacun 31 lignes, et commence ainsi : « [?]s ist noit das dicke und vil concilia werden, etc.[2] »

M. Fischer cite encore[3] un opuscule du même genre, intitulé : *Dyalogus inter Hugonem, Cathonem et Oliverium super libertate ecclesiastica.* Vingt feuillets in-quarto ; le papier porte également un *d*, mais avec une croix à la *haste.*

effet, il n'est pas croyable qu'au XVIIe siècle, alors que les Belges auraient imprimé, au compte de M. Didot, *deux mille feuilles* par jour, les Français n'auraient pu en tirer que *cinq cents*, c'est-à-dire le quart.

[1] Fischer, *Essai*, etc. p. 79 ; et Van Praet, *Catal.* (in-fol.), p. 33.

[2] Van Praet, *Catalogue* (in-fol.), p. 34. Je dois avouer que je n'ai pas vu ce dernier livre ; on n'a pu le retrouver à la Bibliothèque nationale.

[3] *Typographische Seltenheiten*, 6e livraison, p. 74.

Quoi qu'il en soit, il est certain que Gutenberg jouissait alors d'un certain relief dans son pays. Soit comme récompense de ses travaux typographiques, soit en reconnaissance de services rendus à Adolphe de Nassau durant la lutte que ce dernier soutint contre Diether de Isemburg, son prédécesseur sur le siége archiépiscopal, dont il parvint à le déposséder en 1462 à force ouverte, notre artiste reçut de ce prélat, en 1465, un diplôme de gentilhomme de sa cour. Ce document[1] nous apprend que Gutenberg devait recevoir annuellement, à ce titre, un costume de cour, vingt *matters* de blé, deux foudres de vin, pour l'usage de sa maison, etc. L'acte est donné à Eltvil, autrement dit Ellfeld, résidence habituelle de l'archevêque-électeur, le jeudi après la Saint-Antoine (*am Dornstag Sant Antonientag*) 1465. Cette date est assez incertaine quant au jour, car il y a plusieurs saints du nom d'Antoine, dont les fêtes ont lieu dans différents mois; mais elle n'est pas douteuse quant à l'année, car on suivait à Mayence l'usage romain, qui faisait commencer celle-ci à la Noël ou même au premier janvier, et non l'usage de la France, qui la faisait commencer à Pâques[2].

D'après les termes de cet acte, on peut croire que

[1] Il est en allemand et a été publié par Joannis, *Rer. Mogunt. Script.* t. III, p. 424; par Wolf, *Monum. typogr.* t. I, p. 5; par Köhler, *Ehrenrettung Guttenberg's*, p. 100.

[2] Voyez une longue note insérée par Mercier, abbé de Saint-Léger, dans la seconde édition de son *Supplément à l'histoire de l'imprimerie de Marchand*, p. 189. Je reviendrai moi-même sur ce sujet en parlant des livres de Schoiffer.

Gutenberg, qui était déjà fort âgé, ne pratiquait plus alors lui-même, et qu'il faisait exécuter par d'autres les livres qu'il publiait. Cela explique la présence du nom de Nummeister dans la note manuscrite du *Tractatus de celebratione missarum* citée plus haut[1], laquelle nous révèle la coopération de ce dernier dans l'impression du livre. Mais nous avons la preuve que l'imprimerie appartenait à Gutenberg, et cette preuve est incontestable, car c'est un document judiciaire rédigé après la mort de ce dernier.

Voici la traduction de ce document curieux, qui est également en allemand[2] :

« Je soussigné Conrad Homery, docteur, reconnais par cette lettre que son altesse le prince, mon gracieux et cher seigneur Adolphe, archevêque de Mayence, m'a fait gracieusement livrer quelques formes (*formen*[3]), caractères, instruments, outils et autres objets relatifs à l'imprimerie, qu'avait laissés après sa mort Jean Gutenberg, et qui m'appartenaient et m'appartiennent encore; mais pour l'honneur et pour le plaisir de son altesse, je me suis engagé et m'engage par cette lettre à ne jamais m'en servir ailleurs que dans la ville de Mayence, et, de plus, à les vendre à un bourgeois de cette ville de préférence

[1] Page 203 et suiv.

[2] Pour le texte allemand, voyez Joannis, *Rer. Mog. Script.* t. III, p. 428; Wolf, *Monum. typogr.* t. I, p. 5; Köhler, *Ehrenrettung Guttenberg's*, p. 102.

[3] Le mot allemand *formen* paraît déjà dans les pièces du procès de Strasbourg (voyez ci-dessus, p. 132 et 133).

à tout autre, à prix égal. En foi de quoi j'ai mis mon sceau à la présente, laquelle a été donnée l'année 1468 après la naissance de Jésus-Christ, le vendredi après le jour de saint Mathias (*Frytag nach Sant Mathystag* [26 février[1]]). »

A quel titre Homery était-il propriétaire, en tout ou en partie, de l'imprimerie de Gutenberg, en 1468? Est-ce, comme on l'a prétendu, à titre de bailleur de fonds, de parent, de donataire ou d'acquéreur? On l'ignore complétement. Tout ce qu'on a dit jusqu'ici à ce sujet n'est basé sur rien de sérieux. M. Wetter[2] croit voir dans le mot de Homery la corruption du nom de Humbreicht, qui, suivant lui, s'est écrit Humbracht, Humbrecht, Humerecht, Humericht, Humerey, Humery, et appartenait à une famille alliée à Gutenberg; mais ce renseignement est bien vague.

Ce qui ressort du document que nous venons de transcrire, c'est que Gutenberg possédait, comme je viens de le dire, une imprimerie à l'époque de sa mort, arrivée au commencement de 1468, peut-être même en

[1] Même observation pour la date de cet acte que pour celle de l'acte de 1465 : Joannis dit qu'il s'agit ici de saint Mathias, et il date l'acte du 24 février, ce qui est en tous cas une erreur. En effet, la Saint-Mathias tombe le 24 février dans les années ordinaires, et le 25 dans les années bissextiles : or l'acte n'est pas daté du jour même de la Saint-Mathias, mais du vendredi suivant; il faut donc adopter le 26 février, car l'année 1468 fut bissextile, et la Saint-Mathias tomba le 25, qui était un jeudi. Mais il pourrait bien être question ici de la Saint-Mathieu, qui est placée au 21 septembre, et qui tomba en 1468 un mercredi.

[2] *Kritische Geschichte*, etc. p. 419.

1467[1], et qu'on portait alors à Mayence un grand intérêt aux reliques typographiques qu'il avait laissées. On voit en effet que le prince ecclésiastique qui gouvernait cette ville imposa à leur propriétaire l'obligation de ne les vendre, à égalité d'avantages, qu'à un bourgeois de Mayence.

Il paraît que Gutenberg fut enterré au couvent des Franciscains, voisin de son ancien domicile, la maison *zum Jungen*. C'est du moins ce qu'il est permis de conclure de l'épitaphe suivante, qui nous a été conservée par Wimpheling[2] :

D. O. M. S.
JOANNI GENSZFLEISCH,
ARTIS IMPRESSORIE REPERTORI,
DE OMNI NATIONE ET LINGUA OPTIME MERITO
IN NOMINIS SUI MEMORIAM IMMORTALEM
ADAM GELTHUS POSUIT.
OSSA EJUS IN ECCLESIA D. FRANCISCI MOGUNTINA FELICITER CUBANT.

On apprend par là qu'Adam Gelthus, un des parents de Gutenberg, lui avait fait ériger un monument dans l'église des Franciscains. Ive Wittich, qui vit ce monument au commencement du XVIe siècle, ne trouvant pas sans doute l'épitaphe assez précise, à cause du nom de famille (Gensfleisch[3]) qu'on y avait donné à Gutenberg,

[1] Lambinet (*Orig. de l'imprim.* t. I, p. 149) fixe cette mort au 24 février 1468, prenant par inadvertance la date donnée par Joannis à la lettre de Homery pour la date de la mort de Gutenberg.

[2] *Oratio in memoriam Marsilii, ab Inghen.* s. l. (Heidelberg), 1499, in-4°.

[3] Je ne m'amuserai pas à réfuter Meerman, qui prétend que ce monu-

lui en fit ériger un autre dans l'hôtel de ce nom, où l'on croit qu'il a fini ses jours[1], et où était alors installée l'école de droit. L'épitaphe de ce monument était ainsi conçue :

JO. GUTENBURGENSI MOGUNTINO[2],
QUI PRIMUS OMNIUM LITERAS AERE IMPRIMENDAS INVENIT,
HAC ARTE DE ORBE TOTO BENE MERENTI
IVO WITIGISIS HOC SAXUM
PRO MONUMENTO POSUIT. M D VIII[3].

ment fut érigé à la mémoire de Jean Gensfleisch le vieux, oncle de Jean Gutenberg, et le voleur de Coster. Ce système, qui s'appuie uniquement sur des contes, n'est pas sérieux. (Voy. *Orig. typogr.* t. II, p. 205, note *ed.*)

[1] Suivant Wimpheling. Voyez ci-dessus, p. 163.

[2] Meerman cite (t. II, p. 154 note), d'après un ancien auteur, un monument érigé à Heidelberg à un Jean Gutenberg, dont l'épitaphe dit qu'il porta l'imprimerie à Rome : « Hans Guttemberg ist mein nom. Die erst « truckrey bracht ich nach Rom. Bitt vor mein seel. Gibt dir Gott lohn. » Il affirme, d'après une autre autorité, qu'il faut lire, au lieu de Hans Guttemberg, *Hans von Laudenbach.* Suivant ces nouvelles données, voici quel serait le vrai texte de l'épitaphe (*ibid.* p. 239, texte et note) :

Hans von Laudebach ist mein nam,
Die ersten bücher truckt ich zu Rom.
Bitt vor mein seel, Gott gibt dir lohn.
Starb 1514, auff Sanct Steffan.

Meerman pense que ce Laudenbach fut un des premiers ouvriers qu'eurent Sweinheim et Pannartz, à Rome, et que c'est pour cela qu'il s'attribue l'honneur d'avoir *imprimé* le premier dans cette ville. Suivant le même auteur (*ibid.* p. 257), cet ouvrier tirait son nom du lieu de sa naissance, Laudenbach, dans le Palatinat, à trois milles seulement de Heidelberg. Il y aurait peut-être moyen de tout concilier en disant que cet artiste de Laudenbach était *Jean Gensberg,* imprimeur à Rome vers 1473, et qui avait commencé par être ouvrier de Sweinheim en 1467. La similitude des noms aurait seule causé la méprise.

[3] Serrarius, qui nous a conservé cette inscription dans son *Moguntiacarum rerum libri V,* etc. (in-4°, 1604), a probablement mal lu ce chiffre,

Ni l'une ni l'autre de ces deux épitaphes ne sont venues jusqu'à nous[1].

D'un autre côté, Wimpheling[2] a glorifié Gutenberg dans une épigramme célèbre, où il l'appelle d'un nom étrange, qui est la traduction latine de son nom de famille (Gensfleisch ou *chair d'oie*) :

Fœlix Ansicare, per te Germania fœlix
  Omnibus in terris prœmia laudis habet.
Urbe Moguntina, divino fulte Joannes
  Ingenio, primus imprimis ære notas.
Multum relligio, multum tibi græca sophia,
  Et multum debet lingua latina tibi.

car Wittich était mort le 4 décembre 1507. (Voyez Gudenus, *Cod. diplom.* t. III, p. 971.) M. Wetter, qui donne cette inscription p. 53 de son livre, a écrit M D VII, je ne sais d'après quelle autorité.

[1] La seconde existait encore au commencement du XVIIe siècle, puisqu'elle a été vue par Serrarius.

[2] Voyez le livre cité à la note 2 de la page 213.

CHAPITRE V.

JEAN FUST ET PIERRE SCHOIFFER.

1455-1466.

Devenu possesseur des caractères de Gutenberg et du restant des Bibles que celui-ci avait imprimées, Fust avait fait porter le tout dans son domicile particulier, la maison *zum Humbreicht*, située rue des Cordonniers (*Schuster gasse*), n° 88, et qui fut aussi plus tard désignée sous le nom d'*Imprimerie*, comme la maison *zum Jungen*.

Nous avons vu précédemment que Fust avait jeté les yeux sur Schoiffer pour remplacer Gutenberg dans la direction de l'atelier typographique créé par ce dernier. Pour se l'attacher plus sérieusement, Fust, qui connaissait l'activité et le talent de cet ouvrier, lui donna le titre d'associé, se réservant toutefois à lui-même le premier rang dans l'association et la propriété exclusive de l'imprimerie. Mais Schoiffer devint bientôt l'âme de l'atelier, et quoique son nom ne figure qu'en second lieu dans les souscriptions, c'est à lui seul que revient l'honneur de l'exécution des publications faites au nom des deux associés. On ne sera donc pas surpris si je néglige un peu la personne de Fust au commencement de ce chapitre, destiné surtout à faire connaître les travaux de la nouvelle entreprise; je me réserve de donner à la fin de curieux détails sur l'ex-associé de Gutenberg.

Pierre Schoiffer[1] naquit, vers 1430, à Gernsheim, petite ville située sur le Rhin, dans l'électorat de Mayence. De là vint qu'il prit souvent (suivant en cela un usage fort commun alors) le nom de Gernsheim[2], et même celui de Mayence, beaucoup plus connu à l'étranger que celui du lieu où il était né, d'ailleurs très-voisin de cette ville.

Dès qu'il eut atteint une vingtaine d'années, Schoiffer vint suivre les cours de l'Université de Paris, qui était depuis plusieurs siècles déjà la plus célèbre du monde, et où tout homme d'intelligence aspirait à passer quelque temps. La bibliothèque de Strasbourg possède encore un curieux manuscrit daté de cette époque, et où on lit la souscription suivante, dont Schœpflin a donné un *facsimile*[3] : « Hic est finis omnium librorum tam veteris quam « nove loice (lisez *logice*); completi per me Petrum de « Gernszheim, alias de Moguntia, M. CCCC. XLIX. in glorio- « sissima Universitate Parisiensi. »

Je parlerai plus en détail de ce curieux volume à l'ar-

[1] Le nom de cet artiste se trouve diversement écrit dans les anciennes impressions, ainsi que dans les manuscrits du temps; on y lit : *Schoffer, Schöffer, Schæffer, Schoiffer, Schoifher, Schoyffer, Schoyffher, Schaefer.* Comme ce nom signifie en allemand *berger,* on le trouve encore latinisé en *Opilio.*

[2] Ou *Gernszheim :* prononcez *Guernecheim,* à la manière allemande. Ce nom est aussi écrit de diverses façons dans les monuments contemporains; mais la forme la plus habituelle est *Gernsheim.* C'est à tort que Mercier (*Suppl. à l'hist. de l'imp. de Marchand,* 2e édit. p. 2) dit qu'il faut écrire *Gerneserheim,* prenant la double *s* dure (ß) pour un signe d'abréviation.

[3] *Vindiciæ typographicæ,* pl. VII.

ticle consacré à la capitale de la France. Il me suffira de relever ici l'erreur dans laquelle sont tombés ceux qui font de Schoiffer un simple maître d'écriture chargé de donner des leçons de son art à la fille de Fust[1], et pour cela seul, disent-ils, qualifié de *clerc*. Schoiffer avait beaucoup plus de droits à ce titre qu'ils ne le supposent, puisqu'il était *clerc* dans toute l'acception du mot, et devint même plus tard juge laïque de Mayence.

A quelle époque Schoiffer quitta-t-il Paris? Quand vint-il se fixer à Mayence? C'est ce qu'on ignore encore. Tout ce qu'on sait, c'est qu'il était dans cette dernière ville en 1455, époque où il figura comme témoin de Fust dans la pièce que j'ai transcrite précédemment, et qui contient les détails du procès que ce dernier eut avec Gutenberg. Si l'on en juge par le rôle qu'il joua depuis dans les fastes de l'imprimerie, on a tout lieu de croire que Schoiffer était employé depuis quelque temps dans l'atelier de Gutenberg et y avait acquis une certaine importance. Il y exerçait probablement la profession de calligraphe. Gutenberg avait, en effet, besoin d'artistes pour écrire les rubriques et peindre les capitales ornées de sa Bible; il est donc très-possible que Schoiffer ait été chargé de ce soin : et ce qui vient à l'appui de cette opinion, c'est que c'est justement par un procédé destiné

[1] La Serna Santander, *Dict. bibl.* t. I, p. 118. D'autres auteurs vont plus loin; ils font de Schoiffer un domestique, se fondant sur le nom de *famulus* que lui donne l'abbé Trithème. Ce mot ne veut pas dire autre chose qu'*employé*, attaché à la famille à un titre quelconque.

à suppléer au travail des calligraphes, dont il avait pu se rendre bien compte, qu'il se signala dans la typographie.

Quoi qu'il en soit, devenu associé de Fust, Schoiffer fit son début dans la carrière typographique par un coup de maître, en donnant aux Bibles de Gutenberg un cachet particulier, destiné à faire oublier le travail de cet artiste. Il en réimprima le premier cahier[1] en ayant soin de resserrer la composition, de manière à ne plus donner aux neuf premières pages que 40 lignes au lieu de 42. La dixième n'ayant pu finir précisément à 40 lignes en reçut 41. Craignant sans doute de rencontrer plus loin d'autres obstacles de même genre, qui auraient rendu son travail fort irrégulier, Schoiffer laissa aux dix autres pages du cahier les 42 lignes qu'elles avaient primitivement. Pour donner ensuite aux premières pages la même hauteur qu'aux autres, qui avaient une ou deux lignes de plus, il les interligna avec des bandes de pa-

[1] Rien ne prouve, à la rigueur, que ce fût sur la Bible qu'il commença ses essais, mais la chose me semble toute naturelle. L'exemplaire en papier que possède la Bibliothèque nationale de Paris, et qui est souscrit par Henri Cremer, à la date du mois d'août 1456, aurait pu lever tous les doutes, s'il n'était pas aussi incomplet; mais cet exemplaire est horriblement mutilé. Il manque en tête du premier volume quarante-six feuillets, sans parler de ceux qui ont été coupés dans l'intérieur, particulièrement aux endroits qui auraient pu indiquer si c'est un exemplaire primitif ou un exemplaire modifié. Le second volume n'est pas moins maltraité : il y manque trente et un feuillets au commencement, sans compter ceux de l'intérieur. Partout les lettres ornées ont été retirées. Le propriétaire de ce livre qui y a opéré de pareilles mutilations a eu une idée bien malheureuse. Complet, cet exemplaire, avec ses souscriptions, serait aujourd'hui d'un prix inestimable.

pier ou de parchemin en nombre suffisant, car il n'est pas nécessaire de dire qu'il n'existait pas alors d'*interlignes*, et surtout d'interlignes ayant moins d'un point typographique. Pour la page de 41 lignes, les interlignes n'ont pas même un demi-point[1].

Schoiffer ne se contenta pas de ce changement : il exécuta à la presse, à l'aide d'un second *tirage* en rouge, les trois rubriques qui se trouvent dans ce cahier, aux pages 1, 7 et 9. Ces modifications donnèrent à la Bible de Gutenberg un aspect tout différent aux yeux de ceux qui ne regardaient que les premières pages du livre. Pour que l'illusion fût plus complète, Schoiffer tira aussi en rouge les rubriques de la première feuille du cahier 14, qui commence le second volume dans les exemplaires en quatre volumes. Je pense qu'il ne fit pas recomposer cette feuille[2], parce qu'il n'y fit point d'autre changement, et qu'il lui suffisait, par conséquent, d'exécuter à l'impression les rubriques restées en blanc sur les feuilles déjà tirées en noir. Ainsi modifiées, ces Bibles purent passer pour des produits de la nouvelle association, et être vendues comme telles.

J'ai dit précédemment que Gutenberg avait fait gra-

[1] Nous avons démontré précédemment (p. 185) l'absurdité du système de M. Sotheby, qui attribue la différence qu'on remarque entre la hauteur de chaque page de ce premier cahier de la Bible de Gutenberg à l'existence de fontes distinctes du même caractère sur des *corps* divers.

[2] Je n'ai pu vérifier le fait, parce que le seul exemplaire de Paris qui aurait pu m'en donner le moyen (celui de Cremer) est incomplet, et que je n'ai pu voir, lors de mon séjour à Londres, celui de M. Perkins.

ver, outre le caractère de sa Bible, qui a environ dix-huit points typographiques, deux autres gros caractères gothiques pour imprimer un Psautier destiné aux chants d'église : c'était là un digne pendant de la Bible. J'attribue à Gutenberg ces deux caractères, qui ont, l'un trente points, l'autre trente-sept, non-seulement parce qu'ils ont la même forme que celui de la Bible, mais encore parce que l'emploi qu'en fit Schoiffer, peu de temps après la rupture de l'association de Fust et Gutenberg, prouve qu'ils ont dû être tout au moins gravés par ordre de ce dernier, Schoiffer n'ayant pu en si peu de temps faire graver les poinçons, fondre les caractères et exécuter le livre, qui dut prendre un temps considérable, à cause des différents tirages que demandait chaque feuille.

Possesseur de ces magnifiques caractères, Schoiffer songea à en faire un emploi qui constatât sa supériorité artistique d'une manière éclatante. Déjà, comme nous l'avons vu, il a fait sur quelques feuilles de la Bible un premier essai d'impression en rouge, qui lui a parfaitement réussi. Cette fois, ce ne sont pas seulement quelques rubriques qu'il veut imprimer en couleur distincte, il a la prétention d'exécuter à la presse ces lettres aux formes si diverses, aux arabesques si gracieuses, qui ornent les manuscrits du moyen âge. Il entreprend un Psautier où les difficultés typographiques surgissent à chaque page. Là, il n'y a pas seulement des lettres ornées, il y a une profusion immense de lettres rouges semées dans le texte, etc.

Schoiffer, qui a tout prévu, ne se laisse pas arrêter par les obstacles. Il fait graver ses dessins sur bois par les plus habiles artistes de cette époque, et parvient à exécuter un véritable chef-d'œuvre typographique, qui fait encore aujourd'hui l'admiration de tous ceux qui le voient. Le fait qui doit surtout frapper un typographe, c'est l'exécution de certaines lettres, car elle semble prouver que Schoiffer fit usage du procédé d'impression retrouvé de nos jours par Congrève, qui lui a donné son nom. Ces lettres présentent même des complications auxquelles n'aurait pas voulu s'assujettir le nouvel inventeur, qui s'est contenté généralement d'imprimer en couleurs distinctes des sujets placés dans des cartouches bien tranchés, tandis que certaines lettres du Psautier demandaient un *emboîtage* multiple. On pourrait sans doute obtenir ce résultat par des tirages successifs, mais non pas avec la même précision. M. Fischer cite, il est vrai[1], un exemple où les couleurs de l'une de ces lettres (employée dans un Donat déjà mentionné page 166, et dont il sera question longuement plus loin) semblent *chevaucher*, ce qui lui a fait croire à l'emploi de deux formes pour le tirage d'une même lettre; mais le dessin qu'il a fait, et qui est très-exact, comme je m'en suis assuré sur le livre même, lui donne tort. En effet, l'imperfection signalée ne provient pas d'un défaut de *registre*, mais d'un accident qui a gâté l'arabesque.

Le Psautier de 1457 est un in-folio un peu carré, dont

[1] *Essai*, etc. p. 74.

les pages (j'entends parler de la partie imprimée et non des marges, qui varient dans chaque exemplaire) ont vingt centimètres de largeur et trente centimètres de hauteur. Le volume complet doit être composé de cent soixante et quinze feuillets, divisés par cahiers de cinq feuilles, comme la Bible de Gutenberg. Les dix premiers cahiers du moins sont ainsi; le 11e n'a que quatre feuilles; le 12e, trois; les 13e et 14e, cinq; le 15e, quatre et demie; la disposition du reste du volume est fort difficile à déterminer, parce que, quelques exemplaires s'arrêtant au 15e cahier, les autres ont subi des modifications suivant le goût des détenteurs.

Voici la composition de l'exemplaire de la Bibliothèque impériale de Vienne, qui passe pour être le plus complet et le mieux conservé :

Les cent trente-six premiers feuillets renferment les psaumes accompagnés d'antiennes, de prières et de collectes. Au verso du 136e feuillet est le cantique de Siméon, suivi, jusqu'au recto du 137e, de prières et de collectes. Au verso du 137e commencent les litanies des saints, suivies aussi de prières et de collectes jusqu'au verso du 143e, qui est blanc. Après vient une partie de onze feuillets, renfermant les vigiles de l'office des morts, qui finissent au verso du 154e, également blanc. Les vingt et un feuillets suivants renferment les hymnes et les offices.

Presque tout l'ouvrage est composé avec le gros caractère, qui a trente-sept points, et dont vingt lignes forment la page. Quelques parties seulement sont imprimées avec le petit caractère, qui a trente points. Il y a aussi un grand nombre de lignes en caractères de trente points parsemées dans le gros texte. Comme dans la Bible de Gutenberg, les lignes ne sont pas conduites jusqu'au bout de la *justification :* il reste souvent un espace vide à la fin, parce qu'on n'a pu y faire entrer aucune syllabe du mot suivant.

Beaucoup d'auteurs nient que ce livre ait été exécuté avec des caractères fondus : suivant les uns, et de ce nombre est Fournier[1], il aurait été imprimé avec des lettres de bois; suivant les autres, avec des caractères de métal gravé ; mais aucun d'eux n'a précisé sa critique : tous s'en tiennent à des généralités qu'il est facile de réfuter. Ainsi, ils se contentent de dire que les mêmes lettres diffèrent entre elles, sans dire lesquelles. Cette prétendue variété des types entre eux peut venir de l'usage où l'on était alors d'en graver plusieurs pour la même lettre, comme je l'ai déjà dit. On avait d'ailleurs ici une bonne raison pour en agir ainsi : c'est que la grosseur du caractère et l'exiguïté de la justification auraient rendu presque impossible la composition du livre, si l'on n'avait eu des lettres de différentes *forces*. Quant à moi, après une étude approfondie de plusieurs exemplaires, je déclare que ce livre est certainement imprimé avec des caractères de métal fondus, et fondus avec une précision admirable. Je me fais fort de prouver le fait à qui voudrait le nier, à la simple inspection des exem-

[1] *De l'origine de l'imprimerie*, p. 231.

plaires de la Bibliothèque nationale de Paris. Je précise, parce que je reconnais que le doute est permis en face de certains autres exemplaires sophistiqués, tels que celui du *British museum*, par exemple, qui a des lignes entières écrites à la main. J'ignore le motif qui a porté à faire cette opération singulière; mais on peut s'en rendre compte quand on songe au prix considérable de ce livre [1]. Il est possible que des exemplaires incomplets aient été achevés à la plume par d'habiles calligraphes. La sophistication de l'exemplaire du *British museum* est évidente : les feuillets sont encore couverts d'une espèce de poudre blanche qui indique la récente préparation qu'il a subie; on voit aux folios 10 recto, 27 verso, 55 recto, des lignes évidemment retouchées, et qu'on pourrait prendre pour des caractères de bois, si les exemplaires authentiques ne donnaient pas un démenti à cette apparence. Je citerai une remarque curieuse que j'ai faite, et qui démontre que ce livre est bien imprimé en caractères fondus. Dans les litanies, le mot *sancta*, écrit avec abréviation *stā*, se trouve un grand nombre de fois dans la même page. Eh bien, l'*ā* laisse voir presque constamment un accident fort commun dans la fonte des caractères, et qu'on appelle un *manque :* le trait fin de la panse supérieure n'est pas *venu* dans le moule, et présente à l'impression une petite lacune (ā). Au reste, on peut

[1] Le principal exemplaire de la Bibliothèque nationale de Paris, quoique fort maltraité et incomplet de six feuillets, a coûté 12,000 francs. Aujourd'hui on n'en aurait certainement pas un semblable pour 50,000 francs.

invoquer deux faits importants contre l'opinion assez générale qui conteste aux caractères du Psautier de 1457 la qualité de métal fondu : le premier, c'est que si ce livre était en caractères de métal gravé, on ne se serait pas donné la peine de faire des cahiers de cinq feuilles, demandant ainsi plus de quinze mille lettres : il suffisait d'en faire pour une feuille ou deux, et de les employer successivement; le second, c'est que si ces caractères étaient en bois (ce qu'il est impossible d'admettre d'ailleurs en présence de la netteté de l'impression), ils n'auraient pas été employés pendant près d'un siècle, comme l'ont été ceux-ci; car on connaît quatre autres éditions de ce livre imprimées successivement avec ce caractère, la première en 1459; la seconde en 1490; la troisième en 1502; et la quatrième en 1516[1]. Cette dernière est imprimée par Jean Schoiffer, fils de Pierre, qui avait hérité de l'imprimerie de celui-ci. Des caractères de bois n'auraient pas fait un pareil usage, et bien certainement n'auraient pas été employés au XVIe siècle.

[1] Cette édition, dont un exemplaire en papier se trouve à la Bibliothèque nationale de Paris, est décorée d'un frontispice où l'on voit le portrait de saint Benoît gravé sur bois. Il se compose de cent soixante et quinze feuillets, non compris le frontispice, au haut duquel on lit : *Psalterium ordinis S. Benedicti de observatione Burffeldensi.* Il se termine par une ligne dont les mots sont imprimés alternativement en rouge et en noir, et qui est ainsi conçue : « Impressum Moguntie, per Joannem Schöffer, « 1516. » On y voit encore la grande lettre au lévrier; mais elle est toute en rouge, soit que l'imprimeur ait été incapable d'exécuter le tirage en couleur de la première édition, soit qu'il ait jugé la chose trop dispendieuse à une époque où les livres avaient beaucoup baissé de prix.

Il est bien entendu toutefois que les observations précédentes ne s'appliquent pas aux lettres ornées, qui sont certainement en bois. La première de toutes, qui est la plus grande et la seule imprimée en trois couleurs, bleu, rouge et pourpre, a neuf centimètres de haut sur dix de large, sans compter les ornements, qui occupent toute la marge et qui ont trente-deux centimètres de haut. Cette lettre représente un *B* entouré d'arabesques, de feuillages et de fleurs; on voit dans un de ses jambages un lévrier courant après une perdrix au vol. Heinecke l'a reproduite[1]; plusieurs autres auteurs l'ont donnée aussi; je citerai particulièrement MM. Wetter[2] et Falkenstein[3]. Un fait fort curieux à noter, c'est que Schoiffer a varié les couleurs de ces lettres ornées dans les différents exemplaires de son Psautier, outre qu'il a fait subir quelques changements au texte : de sorte que les cinq ou six exemplaires qui restent de ce livre ne se ressemblent pas entre eux, ce qui a donné matière à plus d'une dispute entre les bibliographes. Cette circonstance vient confirmer ce que j'ai dit déjà du mode d'impression employé par Schoiffer. Mais ce qui le prouve péremptoirement, à mon avis, c'est que la lettre au lévrier a été imprimée en une seule couleur dans l'édition de 1516. La chose n'aurait pas été possible, si les deux principales pièces qui composent cette lettre n'avaient pu s'emboîter; ou du moins on ne

[1] *Idée générale*, etc. p. 266.
[2] *Kritische Geschichte*, etc. pl. VII et VIII.
[3] *Geschichte*, etc. p. 122.

pourrait pas s'expliquer le motif qui aurait porté Jean Schoiffer à imprimer cette lettre en une seule couleur, si, en effet, les deux pièces avaient dû être tirées séparément.

Le Psautier de 1457 est terminé par une souscription que plusieurs auteurs ont reproduite en *fac-simile*[1], et où l'on trouve dès le second mot une faute d'impression étrange, faute qui a échappé à tous les remaniements, et qui paraît là comme le cachet typographique. Voici cette souscription avec la restitution de ses abréviations : « Presens spalmorum (pour *psalmorum*) codex, venustate « capitalium decoratus, rubricationibusque sufficienter « distinctus, adinventione artificiosa imprimendi ac ca- « racterizandi absque calami ulla exaratione sic effigiatus, « et ad eusebiam Dei industrie est consommatus per Jo- « hannem Fust, civem Moguntinum, et Petrum Schoffer « de Gernszheim, anno Domini millesimo. CCCC. LVII. in « vigilia Assumpcionis. » Au-dessous de cette souscription, on voit dans quelques exemplaires un double écusson, également imprimé en rouge, et portant les armes des deux imprimeurs. Ces armes devinrent ensuite la marque artistique de l'atelier, car Schoiffer les a conservées sur ses livres après la mort de Fust, et ses fils et petits-fils s'en sont également servis[2].

[1] Voyez Heinecke, *Idée générale*, etc. p. 266. — *Histoire de l'Académie des inscriptions et belles-lettres*, t. XIV, p. 254. — Wetter, *Kritische Geschichte*, etc. pl. VIII. — Falkenstein, *Geschichte*, etc. p. 124.

[2] Ainsi on retrouve ce double écusson sur un ouvrage imprimé en 1532 par Ivon Schoiffer, petit-fils de Pierre : *Joannis Anchonii Campani*, etc. *De ingratitudine fugienda*, in-8°, Mayence, 1532. Je cite cet ouvrage parce

Quelques auteurs ont prétendu que Schoiffer était l'inventeur du poinçon, et cela au détriment de Gutenberg, à qui ils n'accordent que l'invention des caractères en bois. La souscription du Psautier, et elle a été suivie de beaucoup d'autres du même genre, renverse tout l'échafaudage de raisonnements qu'on a fait à ce sujet. Schoiffer revendique-t-il dans cette souscription l'honneur qu'on veut lui attribuer aujourd'hui? Nullement. Tout ce qu'il demande, c'est la gloire d'avoir imprimé ou écrit sans le secours de la plume, à l'aide du *nouvel art*, ce livre de psaumes *orné de belles capitales et suffisamment distingué par ses rubriques*. C'est, en effet, par cette innovation artistique que Schoiffer se distingue de Gutenberg. Tous ceux qui connaissent le mécanisme de l'imprimerie conviendront, certainement, qu'il était impossible de pousser plus loin qu'il ne l'a fait dans son Psautier la perfection de cet art. Au reste, il fut bien récompensé de ses peines. Son livre s'épuisa rapidement, et il dut s'occuper presque aussitôt d'en faire une seconde édition, qui fut terminée le 29 août 1459, c'est-à-dire deux ans après la première.

Cette nouvelle édition est conforme à la précédente, sauf la *justification*, qui est un peu plus grande. Les pages de la première n'avaient que 20 lignes, celles de la seconde en ont 23. On a aussi supprimé quelques prières à la fin. Tout cela réuni a réduit le volume à cent trente-six feuillets au lieu de cent soixante et quinze.

qu'il est un de ceux qu'a omis M. Schaab dans sa liste des livres portant le nom de Schoiffer.

La souscription placée à la fin de cette seconde édition du Psautier se fait remarquer d'abord par l'absence de la faute qui se trouve à la première, et ensuite par les termes de la fin, qui sont tels, à partir du mot *effigiatus :* « et ad laudem Dei ac honorem sancti Jacobi est con-« sommatus per Johannem Fust, civem Moguntinum, « et Petrum Schoifher de Gernszheym, clericum. Anno « Domini millesimo cccc. LIX., XXIX die mensis Augusti. »

Les bénédictins de Saint-Jacques, de la ville de Mayence, se fondant sur ces mots *ac honorem sancti Jacobi*[1], prétendaient que leur abbaye avait fait les frais de cette impression ; mais le fait me paraît peu probable : tout au plus contribuèrent-ils pour une part dans la dépense, qui dut être considérable[2]. Ce livre fut réimprimé

[1] Gercken et après lui Panzer (*Ann. typogr.* t. II, p. 112) ont mentionné deux exemplaires existants en 1786 à Mayence, l'un dans la collégiale de Saint-Alban, avec ce changement dans la souscription : *ad laudem Dei ac honorem S. Albani;* l'autre dans celle de Saint-Victor, avec cet autre changement : *ad laudem Dei ac honorem S. Victoris.* Lambinet et Van Praet prétendent que ces exemplaires sont chimériques. Il n'y aurait rien d'étonnant cependant à ce que Schoiffer eût exécuté un changement pour chacun des exemplaires destinés à ces diverses maisons religieuses. La chose me paraît même fort naturelle. Nous voyons, en effet, que l'exemplaire de l'édition de 1490, cité dans les *Acta eruditorum Lipsiæ* (année 1740, p. 356), porte le nom de S. Benoît, probablement parce qu'il avait été destiné à une maison religieuse ayant ce bienheureux pour patron. L'édition de 1516 porte également le nom d'une maison de l'ordre de Saint-Benoît : *Psalterium ordinis S. Benedicti de observatione Burffeldensi.* (Voyez ci-dessus, page 226, note.)

[2] La bibliothèque de Mayence n'a pas d'exemplaire de l'édition de 1457; mais elle en possède un de l'édition de 1459. Il provient de la Char-

en 1459, parce que l'édition de 1457 s'était épuisée, comme on le réimprima en 1490, 1502, 1516, etc. toujours avec les mêmes caractères, ce qui est une réfutation suffisante, comme je l'ai dit, de l'opinion de ceux qui prétendent que le célèbre Psautier de 1457 est en caractères de bois.

En même temps qu'il imprimait son Psautier, Schoiffer s'occupait activement de faire graver des caractères d'une nouvelle forme, pour imprimer d'autres ouvrages moins dispendieux. Trois mois après la publication de la seconde édition du Psautier, c'est-à-dire le 6 octobre 1459, il donnait au public un autre ouvrage, imprimé avec des types entièrement différents de ceux qui lui avaient servi jusque-là, et qui, comme nous avons vu, lui venaient de Gutenberg. Ce nouveau livre, connu sous le nom de *Rationale Durandi*, forme un volume in-folio de cent soixante feuillets à deux colonnes, de soixante-trois lignes à la colonne, tiré comme d'habitude par cahiers de cinq feuilles [1].

treuse de la même ville, comme l'indique la note manuscrite suivante qu'on trouve sur cet exemplaire : « Hoc Psalterium sibi pretio comparavit « Carthusia S. Mich. extra Mog. infra E. S. patris nostri Brunonis, 1655. »

[1] C'est donc à tort que Malinckrot, dans sa *Dissertation sur l'origine de l'imprimerie*, p. 67, dit que ce livre a vingt *quaternions* : il n'a que seize cahiers, mais chacun a cinq feuilles et non quatre, ce qui revient au même à la vérité, quant au nombre total des feuillets du livre. On verra plus loin pourquoi je relève ce fait, qui a de l'importance pour la clarté de la description. Le précieux exemplaire du *Rationale* que possédait Malinckrot existe encore ; il est enrichi d'une souscription manuscrite qui nous apprend qu'il provient du couvent de religieux de Saint-François de Galilée, proche Zutphen, dans les Pays-Bas, et qu'il avait été donné aux moines

La souscription de ce livre est conforme à celle du Psautier : « Presens racionalis divinorum codex officiorum, « venustate capitalium [1] decoratus, rubricationibusque « distinctus, artificiosa adinventione, etc. (1459), sex. « die Octobris. »

Les nouveaux caractères de Schoiffer, c'est-à-dire celui du corps de l'ouvrage, qui a environ douze points typographiques, et celui de la souscription, qui en a quinze, sont ronds, comme celui du texte du *Tractatus de celebratione missarum*, que j'ai attribué précédemment à Gutenberg. Cette forme convenait mieux que la gothique aux ouvrages ordinaires, ayant une plus grande conformité avec l'écriture du temps.

Il y a deux sortes d'exemplaires du *Rationale;* les uns avec les capitales imprimées (qui sont celles du Psautier), les autres avec les capitales faites à la main, et auxquels par conséquent la souscription ne convient nullement. Mais ce qu'il y a de plus curieux, c'est que l'espace laissé

par deux frères, Hermann et Jean Herwin, à la condition qu'on prierait pour eux, et que le livre serait placé dans la bibliothèque du monastère, et *enchaîné,* comme cela se pratiquait alors pour les livres les plus précieux. (Wolf, *Monum. typogr.* t. I, p. 687.)

[1] Van Praet (*Vélins du roi*, t. I, p. 62-63) cite un exemplaire de la Bibliothèque nationale qui est sans souscription; mais c'est parce qu'elle a été grattée pour donner plus de prix au livre. En exposant la feuille de vélin au jour on voit parfaitement la trace de cette souscription. En général les bibliographes sont beaucoup trop portés à admettre des différences entre les divers exemplaires d'une même édition; quelques études typographiques les mettraient en garde contre ces prétendues différences, qui proviennent la plupart du temps de fraudes peu délicates.

en blanc dans ces derniers est en quelques endroits plus considérable que celui occupé par les lettres ornées dans les premiers. Aux livres III, IV, VII et VIII, il y a eu certainement un remaniement après un premier tirage. Van Praet croit que ce remaniement a eu lieu après le tirage des exemplaires avec capitales, afin de donner plus d'espace aux miniaturistes pour faire la capitale à la plume. Je suis d'un avis contraire : je pense qu'on a d'abord tiré les exemplaires en blanc, et que le remaniement n'a eu lieu que lorsqu'on a voulu faire le tirage avec capitales, parce qu'alors on a été obligé de s'accommoder à la dimension de la lettre de bois, qui était moindre qu'on ne l'avait cru. On n'aurait pas fait un remaniement pour donner plus d'espace au miniaturiste, qui pouvait toujours s'accommoder parfaitement de celui qu'on lui aurait laissé.

Un exemplaire du *Rationale* fut vendu à Venise, en 1461, dix-huit ducats [1].

Si j'en juge par ce qui se pratique aujourd'hui, Schoiffer ne devait pas avoir moins de 300,000 lettres de son petit caractère pour exécuter ce livre. En effet, la ligne

[1] Van Praet, *Catalogue* (in-fol.), p. 20 (7). Dans l'un des exemplaires que possède la Bibliothèque nationale de Paris, on trouve deux notes manuscrites qui nous apprennent que ce volume appartenait en 1472 à un chanoine de Saint-André-des-Arts (dont le nom est effacé), qu'il fut vendu en 1478 par Pasquier Bonhomme, libraire de l'Université de Paris, à un chanoine de Sens (dont le nom est également effacé), et qu'il appartint ensuite à maître Merne Cadouet, qui en fit donation à maître Estienne Prostat.

a environ 40 lettres, la colonne 63 lignes, ce qui donne 2,500 lettres à la colonne, 5,000 à la page, 20,000 à la feuille, 100,000 au cahier : soit, pour trois cahiers (un sous presse, un autre en correction, un troisième en composition ou en distribution), 300,000.

L'année suivante, le 25 juin 1460, Schoiffer publia un autre livre intitulé : *Constitutiones Clementis papæ V, una cum apparatu domini Johannis Andreæ.* Ce livre, qui est in-folio, et tiré également par cahiers de cinq feuilles, nous offre l'exemple d'un nouveau genre de difficulté vaincue. Le texte des constitutions de Clément, imprimé avec le caractère employé dans la souscription du *Rationale Durandi,* est encadré dans les commentaires de Jean André, imprimés avec le caractère du texte du même livre. L'intelligence et l'adresse qu'a déployées le *metteur en page* de ce livre est vraiment admirable. Il s'agissait de faire marcher ensemble des proportions variables de texte et de notes, et l'ouvrier, quel qu'il soit, qui a été chargé de ce travail s'en est parfaitement acquitté.

Ce livre a été réimprimé trois ou quatre autres fois par le même imprimeur et dans le même format. Toutes les éditions ont à peu près la même souscription; il n'y a de différence que dans la date. Celle du 25 juin 1460, qui nous occupe en ce moment, porte, comme toujours, la mention que les *rubriques* ont été imprimées, ainsi que le reste du livre, à l'aide de la nouvelle manière de *caractériser.* Mais les capitales sont restées en blanc pour être faites par les enlumineurs.

On ne connaît rien qui soit sorti des presses de Schoiffer durant l'année 1461, car on ne peut admettre que ce soit à cette époque que furent imprimées les pièces contre l'archevêque Diether de Isemburg, qui portent cette date, et dont nous parlerons plus loin. Ces pièces, dont M. Bechstein, de Meiningen, a le premier révélé l'existence, n'ont pu être imprimées qu'après la prise de Mayence (en octobre 1462) par Adolphe de Nassau, compétiteur de Diether.

Quoi qu'il en soit, les presses de Schoiffer ne restèrent pas inactives; car, outre une foule de livrets sans date qu'on peut placer dans cette période, il était alors occupé à imprimer une Bible qui fait près de 500 feuillets ou 1,000 pages. Ce livre, exécuté avec le caractère du texte des *Clémentines*, dont nous venons de parler, est à deux colonnes de quarante-huit lignes chacune, et tiré comme toujours par cahiers de cinq feuilles. C'est la première Bible datée. Elle porte par excellence le nom de Bible de Mayence, quoiqu'elle ne soit pas la première qui ait été imprimée dans cette ville, comme nous l'avons vu. Elle doit cet honneur à sa souscription. La Bible de 42 lignes est plus généralement connue sous le nom de Bible Mazarine, parce que c'est l'exemplaire de la bibliothèque française de ce nom qui a le premier attiré l'attention des bibliographes; de même que la Bible de 36 lignes est connue sous le nom de Schelhorn, qui le premier l'a signalée aux érudits.

La Bible de 1462 est divisée en deux volumes. Le

premier contient 242 feuillets, et se termine par la souscription suivante, imprimée en rouge :

Anno M. (ici le double écusson) CCCC. LXII.

Le second volume a 239 feuillets, et se termine par une souscription en rouge qui varie dans quelques exemplaires. Voici les deux principales variantes :

1° Presens hoc opusculum artificiosa adinventione imprimendi seu caracterizandi absque calami exaratione, in civitate Moguntina, sic effigiatum, et ad eusebiam Dei industrie per Johannem Fust civem, et Petrum Schoiffher de Gernszheym, clericum diotesis ejusdem, est consummatum, anno Domini M. CCCC. LXII, in vigilia Assumpcionis virginis Marie.

2° Presens hoc opusculum finitum ac completum, et ad eusebiam Dei industrie, in civitate Moguntina, per Johannem Fust civem, et Petrum Schoiffher de Gernszheym, clericum diotesis ejusdem, est consummatum, anno Incarnacionis Dominice M. CCCC. LXII, in vigilia Assumpcionis gloriose virginis Marie.

La plus grande différence qui existe entre ces deux souscriptions est l'omission dans la dernière du mode d'exécution du livre. Plusieurs auteurs[1] ont prétendu que les exemplaires où l'on ne trouve pas les mots *artificiosa adinventione imprimendi seu caracterizandi absque calami exaratione* avaient été vendus comme manuscrits à Paris. Ils ajoutent que, sur la plainte portée par les acheteurs contre Fust, qui les avait vendus lui-même, ce dernier fut poursuivi par le parlement, pour survente, et

[1] Gabriel Naudé, *Addition à l'histoire de Louis XI*, p. 290; l'abbé Mercier, *Supplément à l'histoire de l'imprimerie*, p. 10, etc.

forcé de fuir. Mais c'est là tout simplement un conte, comme je le prouverai plus loin. A l'époque de la publication de cette Bible, la nouvelle de l'invention de l'imprimerie était répandue dans l'Europe entière. Cinq ou six productions de cet art l'avaient hautement signalée depuis 1457, et Paris moins qu'aucune autre ville ne pouvait l'ignorer. Nous verrons qu'en effet Paris connut la découverte de fort bonne heure, et se mit même en mesure de l'exploiter immédiatement. Tout ce qu'on peut conclure du récit des chroniqueurs, c'est donc le voyage de Fust à Paris vers 1463; car en 1462 il lui eût été impossible de sortir de Mayence, cette ville étant alors assiégée par Adolphe de Nassau, qui s'en empara le 28 octobre.

Les différences qu'on remarque dans les souscriptions de la Bible de 1462 sont peut-être uniquement dues à des erreurs réparées. Il est certain qu'on rencontre beaucoup d'autres irrégularités dans ce livre. Les changements qu'il a subis sont parfois si considérables, que plusieurs bibliographes sont persuadés qu'il y a eu plusieurs éditions la même année. Seemiler a soutenu cette opinion dans une dissertation particulière qu'il a publiée à Ingolstadt, en 1785, sous ce titre : *De latinorum Bibliorum cum nota anni 1462 impressa duplici editione Moguntina exercitatio*[1]. Il y signale un certain nombre de variantes tirées d'un exemplaire de la bibliothèque d'Ingolstadt, et d'un second dont s'est servi Masch pour décrire ce livre

[1] In-quarto de dix pages.

dans la nouvelle édition de la *Bibliotheca sacra*, de Lelong[1].

Mais de ce que ces variantes existent réellement doit-on en conclure que le livre a été mis sous presse autant de fois qu'il y a d'exemplaires dissemblables? C'est ce qu'on ne peut raisonnablement admettre. Les feuillets qui diffèrent, et qui se réduisent en réalité à un petit nombre, sont des *cartons* qui contiennent ou des corrections importantes, ou des omissions essentielles qu'on s'est empressé de réparer dès qu'on les a découvertes. Pour ne citer qu'un seul exemple, on a remarqué qu'au folio 51 du second volume, chapitre LVIII d'Isaïe, une ligne entière ayant été omise, par suite de quelques remaniements, comme on le voit dans les exemplaires primitifs, on l'a restituée au moyen de la réimpression du feuillet. Dans les exemplaires intacts, ce feuillet commence au recto, colonne première, par la ligne : *p. diē*, etc. dans ceux pour lesquels on a fait un carton, il commence au contraire par la ligne qui avait été omise : *clamor*, etc.

Une erreur plus singulière peut-être, quoique moins importante, et qui n'a pas été réparée, c'est le mot *opusculum*, qui se retrouve dans toutes les souscriptions de ce livre, et qui jure avec ses proportions peu communes. Maittaire[2] prétend qu'il y a des exemplaires qui portent le mot *opus*, mais Van Praet, mieux renseigné, affirme le contraire, et doit être cru.

[1] Part. II, t. III, p. 98.

[2] *Ann. typogr.* t. I, part. I, p. 272, édit. 1733.

Van Praet[1] mentionne un exemplaire de la Bible de 1462 sur lequel était inscrit un acte de vente en latin, dont voici la traduction. « Moi, Hermann, d'Allemagne, facteur (*institor*) de l'honnête et discret Jean Guymier, libraire juré de l'Université de Paris, confesse avoir vendu à l'illustre et savant maître Guillaume de Tourneville, archiprêtre[2] et chanoine d'Angers, mon seigneur et très-respectable maître, une Bible imprimée à Mayence, sur parchemin, en deux volumes, pour le prix et somme de 40 écus, que j'ai touchés réellement, etc. En foi de quoi j'ai apposé ici mon sceau, le 5e jour du mois d'avril, l'an du Seigneur M. CCCC. LXX. (1471 nouveau style). »

Outre l'impression de cette Bible, l'atelier de Schoiffer produisit en 1462 plusieurs documents relatifs aux troubles civils qui affligeaient alors le diocèse de Mayence. Le premier est un manifeste en allemand de l'archevêque Diether de Isemburg contre Adolphe de Nassau, son compétiteur, qui était soutenu par le pape et l'empereur. Ce manifeste est daté du 6 avril 1462, et dut être publié presque aussitôt. Il forme un in-plano exécuté avec le caractère du *Rationale*, et composé de 106 lignes, embrassant toute la largeur du papier, et ayant 32 centi-

[1] *Catalogue* (in-fol.), p. 59.

[2] Meerman, qui cite ce document (*Orig. typogr.* t. I, p. 7, note *x*), a commis deux fautes dans les lignes qu'il lui a consacrées, l'une en prenant Hermann pour le facteur de Schoiffer (il le devint à la vérité plus tard, mais il ne l'était pas encore), l'autre en donnant à Guillaume de Tourneville le titre d'archevêque d'Angers : Guillaume n'était qu'archiprêtre de cette ville.

mètres de large et 49 de haut. Je connais l'existence de quatre exemplaires de ce curieux monument typographique, désigné sous le nom de Manifeste de Diether de Isemburg :

1° Dans la Bibliothèque royale de Munich;

2° Dans la bibliothèque de lord Spencer à Althorp, en Angleterre;

3° Dans la Bibliothèque publique de Strasbourg;

4° Dans les archives de la ville de Francfort-sur-le-Main.

C'est ce dernier exemplaire que j'ai étudié : il porte au dos une souscription manuscrite en allemand, par laquelle nous apprenons qu'il a été adressé aux «maîtres et membres de la corporation des pêcheurs de Francfort.» C'est comme document original qu'il se trouve dans les archives de Francfort[1]. On voit dans le texte quelques corrections faites à la main. On a oublié de mettre en commençant la lettre *A* (la pièce débute par le mot *allen*), qui avait été laissée en blanc à l'impression pour le rubricateur, suivant l'usage.

Diether ayant été chassé de la ville de Mayence, dont son compétiteur se rendit maître de vive force le 28 octobre 1462, Schoiffer imprima alors une série de pièces de même genre, mais d'un esprit opposé : je veux parler des actes mêmes qui, dès 1461, avaient proclamé la déchéance de Diether de Isemburg, et qu'on jugea conve-

[1] M. l'archiviste Hertzog mit beaucoup d'obligeance à me faciliter l'étude de ce monument lors de mon premier voyage à Francfort.

nable de répandre dans le pays pour mieux achever la ruine de ce prélat.

Voici la description de ces pièces, au nombre de cinq, d'après ce qu'a écrit M. Bechstein, de Meiningen, qui en est propriétaire[1], dans un article du journal allemand le *Serapeum*[2], dans les deux seuls volumes parus jusqu'ici du *Deutsches Museum*[3], et dans quelques lettres particulières à moi adressées :

La première est une lettre de l'empereur Frédéric III, proclamant la déchéance de Diether de Isemburg. Elle est datée du samedi avant la Saint-Laurent (autrement dit du 8 août 1461, car la Saint-Laurent tombait le lundi 10), et est imprimée sur une demi-feuille de papier, avec le caractère de la Bible de 1462. Ce document est en allemand ; il a été publié par Gudenus[4], mais avec une orthographe modernisée, et avec quelques changements dans les premières lignes. Il commence ainsi (avec omission de la première lettre) : « [W]ir Friederich, etc. » et finit par la date du règne de l'empereur. Le tout forme 28 lignes disposées dans la plus grande largeur du papier[5].

[1] On m'apprend que ces pièces ont été acquises depuis par M. Culemann, imprimeur à Hanovre, qui possède une bibliothèque fort riche en livres des premières années de l'imprimerie.

[2] T. I, p. 305 (31 octobre 1840).

[3] T. I, p. 105, et t. II, p. 139. (Ces volumes, publiés par M. Bechstein même, ont été imprimés à Iéna, en 1842-43, in-8°.)

[4] *Cod. dipl.* t. IV, p. 345.

[5] M. Bechstein en a donné un *fac-simile* et une description détaillée dans le premier volume du *Deutsches Museum*, p. 105 et suiv.

Ce dernier est fort, et son filigrane porte une couronne surmontée d'une croix.

Les quatre autres pièces sont toutes des brefs ou bulles du pape Pie II, en langue latine, datées de Tivoli, et dirigées contre Diether de Isemburg. Elles sont imprimées avec le petit caractère du *Rationale*. Elles commencent toutes, avec omission de la première lettre, par les mots: « [P]ius episcopus servus, etc. » Elles ont été publiées dans la *Moguntia devicta* de Hellwich[1], mais avec une orthographe modernisée.

La première de ces bulles, relative à la déchéance de Diether, se compose de 87 lignes, qui remplissent une feuille de papier in-plano[2], comme le Manifeste de ce dernier. Cet acte donne les motifs de la déchéance de l'archevêque de Mayence, et ordonne de le fuir comme une bête malade et pestilentielle (*morbidum pecudem et pestilentem bestiam*). La date, qui se retrouve sur les trois autres bulles, est ainsi conçue : « Datum Tyburi, anno « Incarnationis Dominice millesimo quadringentesimo « sexagesimo primo, duodecimo kalend. Septembris « (21 août), pontificatus nostri anno tercio[3]. » Le filigrane du papier est une petite tête de bœuf avec les cornes courbées en dehors.

[1] Joannis, *Rer. Mogunt. Script.* t. II, p. 146.

[2] Dans Joannis, cette bulle fait plus de six pages in-folio. M. Bechstein en a donné un *fac-simile* et une description dans le tome II du *Deutsches Museum*, p. 129 et suiv.

[3] Dans Joannis, les dates sont en chiffres arabes, ce qui n'était pas d'usage alors.

La deuxième bulle, adressée à Adolphe de Nassau, est le décret de son installation : elle est sur une demi-feuille, et se compose de 27 lignes longues occupant la plus grande largeur du papier. Le filigrane porte une grappe de raisin.

La troisième est adressée au chapitre de Mayence à l'occasion de la précédente; elle est également sur une demi-feuille de papier, et se compose de 24 lignes disposées de la même manière. Pas de filigrane. On lit au bas : « Collationata per me Jo. Stube, not. »

La quatrième est adressée à tous gens d'église du diocèse de Mayence, et à tous vassaux de condition quelconque soumis à sa juridiction [1], et elle les déclare dégagés de leur serment envers Diether, qui y est de nouveau traité de *bête pestilentielle* [2]. Elle se compose de 18 lignes pleines sur une demi-feuille de papier, également sans filigrane, ce qui ne doit pas surprendre, parce que, ce signe ne se trouvant que d'un côté, lorsqu'on

[1] « Dilectis filiis universis, capitulis, prepositis, scolasticis, custodibus, « camerariis, cantoribus, thesaurariis, omnibusque et singulis prelatis « quocumque nomine censeantur, canonicis, pastoribus, plebanis, vicariis « perpetuis ac temporalibus, altaristis ecclesie et totius dyocesis Moguntinensis, omnibusque et singulis vasallibus ligiis, castrensibus ac simplicibus, officiatisque omnibus cujuscumque status et conditionis existant, « scabinis civitatum, oppidorum, villarum, fortaliciorumque omnis burgi, « magistris, consulibus, eorumque rectoribus, quocumque censeantur « nomine, et subditis universis et singulis ejusdem ecclesie Moguntinensis, salutem, etc. »

[2] M. Bechstein a également fait faire un *fac-simile* de cette pièce, qui n'a cependant pas été publié. Il a eu l'obligeance de m'en envoyer un exemplaire, sur lequel j'ai copié la nomenclature qui précède.

coupe une feuille par le milieu, il y a toujours une des deux parties qui se trouve privée de filigrane [1].

La collection de M. Bechstein renferme encore une sixième pièce de même apparence, mais étrangère à l'archevêque Diether; elle est relative à la querelle des électeurs. C'est une lettre du pape adressée à tous les prélats, princes, cours et universités de la nation allemande, à l'occasion de la mission manquée du cardinal Bessarion et de la dîme des Turcs. M. Bechstein pense que ce document n'a pas été publié ailleurs. Demi-feuille de papier, 28 lignes longues; le filigrane représente une couronne. La date diffère des précédentes; elle est ainsi conçue : « Datum Tyburi, anno Incarnationis Dominice « millesimo quadringentesimo sexagesimo secundo, pri- « die non. Septembris, pontificatus nostri anno quarto. »

Cette date vient justifier ce que j'ai dit précédemment de l'époque à laquelle toutes ces pièces ont été imprimées. On voit, en effet, que, donnée à Tibur près de Rome, le 4 septembre 1462, cette dernière bulle ne

[1] M. Fidelis Butsh, libraire à Augsbourg, a publié, au mois de juin 1851, un catalogue de raretés bibliographiques où figure un second exemplaire de cette bulle, qu'il croyait à tort d'une autre édition; je me suis assuré, dans la bibliothèque même de Mayence (où se trouve aujourd'hui cette pièce), qu'elle est conforme au *fac-simile* que m'avait adressé M. Bechstein. Tout ce qu'a écrit à ce sujet M. Sotzmann dans le *Serapeum* de 1851 et de 1852 est donc dénué de fondement, ainsi que ce qu'a publié d'après lui M. Helbig dans le *Bulletin du bibliophile belge*. Gutenberg n'est pour rien dans cette impression, qui d'ailleurs n'a pas été exécutée avec les caractères du *Catholicon*. Le papier de l'exemplaire de Mayence a dans le filigrane une grappe de raisin.

put guère arriver à Mayence qu'au mois d'octobre de la même année. Elle aura été imprimée, ainsi que les cinq autres, en novembre, après la soumission de la ville à Adolphe de Nassau.

Les troubles civils dont il vient d'être question paraissent avoir imposé à l'atelier de Schoiffer d'assez longs chômages, qui ne furent pas toutefois sans profit pour l'humanité, car la plupart des ouvriers de celui-ci en profitèrent pour aller s'établir ailleurs à leur propre compte, comme avaient déjà fait quelques-uns de leurs compagnons les années avant. On ne connaît que deux opuscules qui aient été exécutés certainement entre 1463 et 1465, mais ils sont sans date, sans nom de lieu ni d'imprimeur. Ce sont deux éditions différentes d'une bulle du pape Pie II contre les Turcs, donnée le 22 octobre 1463, et imprimée sans doute peu de temps après. La première, qui est en latin, forme trois feuilles ou six feuillets in-folio. Sur le premier de ces feuillets on lit, en gros caractère du Psautier : « Bulla cruciata sanctissimi domini nostri « papæ contra Turcos. » Tout le reste du feuillet est blanc. La bulle, imprimée en caractère du *Rationale*, commence au feuillet suivant par ces mots, dont je supplée les abréviations et la première lettre, omise, suivant l'usage, pour être peinte par un calligraphe : « [P]ius episcopus servus « servorum Dei, » etc. et finit au recto du sixième feuillet par cette souscription : « Datum Romæ, apud Sanctum « Petrum, anno Incarnationis Dominice M° CCCC° LXIII°. « XI kal. Novembris, pontificatus nostri anno sexto. » Les pages pleines ont 45 lignes; les trois feuilles sont *encartées* les unes dans les autres.

Cet opuscule se trouve à la Bibliothèque nationale de Paris. Il y en a aussi, dit-on, un exemplaire dans la bibliothèque d'Aschaffenbourg.

La seconde édition de cette bulle est en allemand. On n'en connaît qu'un exemplaire, conservé dans la bibliothèque de lord Spencer. Cette édition forme quatre feuilles ou huit feuillets. Elle a, du reste, les mêmes dispositions que l'édition latine. Le titre commence ainsi : «Dis ist die Bull zu Dutsch, etc.[1]».

Ces deux éditions parurent probablement en 1464.

Aussitôt que l'ordre se fut un peu rétabli, Schoiffer se remit à la besogne avec ardeur. Dès l'année 1465 il fit paraître deux éditions célèbres : les *Offices de Cicéron* et les *Décrétales de Boniface VIII.*

Comme le premier livre ne porte pas l'indication du jour de sa publication, nous parlerons d'abord du second, quoique la date de son impression dût peut-être le faire considérer comme ayant été imprimé le dernier. Le fait est d'ailleurs sans importance, parce qu'il est probable qu'on travailla aux deux ouvrages en même temps.

Le livre des Décrétales forme un volume grand in-folio de cent quarante et un feuillets, y compris un petit traité de Jean André, évêque d'Aléria, sur l'arbre de consanguinité et d'affinité, qui forme quatre feuillets distincts, placés tantôt en tête, tantôt à la fin du volume,

[1] Dibdin, *Bibl. Spenc.* t. IV, p. 460.

et parfois manquent tout à fait. Le livre de Boniface commence ainsi en lettres rouges : « Incipit liber sextus De« cretalium domini Bonifacii pape VIII, etc. » Il est disposé typographiquement comme les *Clémentines* de 1460, c'est-à-dire que le texte, en gros caractère de la Bible de 1462, est entièrement encadré dans des notes ou commentaires en caractère du *Rationale*. Ce livre est divisé, selon l'usage, par cahiers de cinq feuilles. Voici la souscription qu'il porte, du moins dans la plupart des exemplaires, car il paraît qu'elle diffère dans quelques-uns [1] :

Presens hujus sexti decretalium preclarum opus, *alma in urbe Maguntina inclyte nacionis Germanice, quam Dei clementia tam alto ingenii lumine donoque gratuito ceteris terrarum nacionibus preferre illustrareque dignatus* [2] *est,* non atramento, plumali canna, neque aerea, sed artificiosa quadam adinventione imprimendi seu caracterizandi sic effigiatum, et ad eusebiam Dei industrie est consummatum per Johannem Fust civem et Petrum Schoiffer de Gernszheym. Anno Domini M. CCCC. LXV. die vero XVII. mensis Decembri.

Je ferai remarquer qu'il y a ici quelque réminiscence de la souscription enthousiaste du fameux *Catholicon*, imprimé cinq ans avant dans la même ville, mais par un autre artiste, dont je parlerai plus loin. Seulement les

[1] Voyez la Serna Santander, *Diction. bibl.* t. II, p. 237; Panzer, *Annales typogr.* t. II, p. 115; Brunet, *Manuel,* t. I, p. 412. La différence consiste dans la suppression de ce que nous mettons en italique.

[2] Il est à peine nécessaire de relever ce solécisme, que Schoiffer copia machinalement sur la souscription du *Catholicon,* et qu'il répéta jusqu'en 1469, où il écrivit enfin *dignata,* dans celle du saint Thomas.

imprimeurs des Décrétales sont trop fiers de leurs œuvres pour négliger de se nommer comme celui-ci.

Le second ouvrage publié par Schoiffer en 1465 est le livre des *Offices de Cicéron*. C'est un in-quarto composé de quatre-vingt-huit feuillets imprimés à longues lignes, avec le caractère du *Rationale* de 1459. Ce Cicéron est le premier livre régulièrement interligné, à ma connaissance. Les pages n'ont que 28 lignes, par suite du large espacement réservé entre elles. Le livre est divisé par cahiers de deux feuilles, c'est-à-dire de huit feuillets et non de dix, comme cela se faisait encore pour l'in-quarto dans les autres imprimeries. Pendant quelques années, Schoiffer est un novateur facile à reconnaître. Il est le premier qui ait imprimé les rubriques et les capitales en couleur; le premier qui ait fait emploi des notes marginales; le premier qui ait employé des interlignes : c'est l'ouvrier sans cesse occupé de perfectionner son art; mais avec l'âge il perdit la précieuse faculté des innovations.

Le livre des *Offices de Cicéron* est aussi le premier où l'on vit paraître du grec imprimé : il est vrai qu'il n'y en a que quelques mots, et qu'ils sont non pas fondus, mais gravés d'une façon assez grossière; mais enfin c'est le début, et l'on s'en aperçoit bien aux fautes qui s'y trouvent[1]. La même année, les imprimeurs établis au monastère de Subiaco, près de Rome, et dont nous aurons occasion de parler plus loin, publièrent un Lactance, où parurent des passages entiers de grec en caractères mobiles.

[1] Voyez Maittaire, *Ann. typogr.* t. I, p. 274.

Les *Offices de Cicéron* portent la souscription suivante :

Presens Marci Tulii clarissimum opus Johannes Fust, Moguntinus civis, non atramento, plumali cana, neque aerea, sed arte quadam perpulcra, Petri manu pueri mei feliciter effeci. Finitum anno M. CCCC. LXV.

(Suit l'écusson, mais dans quelques exemplaires seulement.)

On a conclu de ces mots *pueri mei*, employés par Fust pour désigner Pierre Schoiffer, que ce dernier avait épousé la fille du premier. On s'est trompé : ces mots rappellent bien une alliance contractée par Schoiffer dans la famille de Fust, mais non avec la fille de ce dernier, comme je le démontrerai plus loin; ils prouvent seulement que cette alliance, que quelques auteurs font remonter aux premiers temps de l'association de Schoiffer avec Fust, n'eut lieu qu'en 1465, époque où le premier abandonna, en effet, la qualification de *clericus*, qu'il avait conservée jusque-là dans les souscriptions de ses livres.

L'année suivante, Schoiffer imprima également deux ouvrages datés : le premier est une seconde édition des *Offices de Cicéron*, qui fut achevée le 4 février. Elle est en tout conforme à la première, sauf la souscription, qui est ainsi conçue :

Presens Marci Tulii clarissimum opus Johannes Fust, Moguntinus civis, non atramento, plumali cana, neque aerea, sed arte quadam perpulcra, manu Petri de Gernszhein pueri mei feliciter effeci. Finitum anno M. CCCC. LXVI. quarta die mensis Februarii.

Pierre Schoiffer reçoit encore ici le titre d'*enfant* de

Fust; mais il figure d'une manière plus convenable que dans la première souscription. Son nom de famille ne paraît pas, il est vrai, mais, au moins, à son prénom est joint le nom de son lieu de naissance.

La diversité des leçons et les différences assez sensibles qu'on trouve dans les exemplaires de ces deux éditions des *Offices de Cicéron* ont donné lieu à de nombreuses discussions parmi les bibliographes. Les uns prétendent que ces éditions ne diffèrent entre elles que par la souscription; d'autres, au contraire, soutiennent qu'il y a trois éditions diverses exécutées en 1465. Ni l'une ni l'autre de ces opinions ne me paraît fondée. Je ne puis que répéter ce que j'ai dit à propos de la Bible de 1462. Les différences qu'on remarque dans les divers exemplaires proviennent uniquement, à mon avis, de la retiration successive de quelques parties dans les deux éditions, pour en faire disparaître des fautes ou des omissions, et du mélange de ces deux éditions, ou du moins de quelques feuilles de la première restées en magasin; mélange d'autant plus facile, que, dans leurs réimpressions, les premiers typographes imitaient presque toujours servilement leur modèle, et que la valeur intrinsèque des défets (les deux éditions sont entièrement en vélin) devait engager à les utiliser.

Fust vint lui-même placer son livre à Paris, dans le courant de l'année 1466. Il en donna de sa main un exemplaire à Louis de Lavernade, premier président du parlement de Languedoc, en juillet de cette année, c'est-à-dire quatre mois après que le livre eut été achevé. C'est ce que constate une note écrite par Louis de Lavernade sur son exemplaire, qui existe encore[1]. Le voyage de Fust prouve mieux que tous les raisonnements qu'on pourrait faire l'importance intellectuelle de Paris aux yeux des imprimeurs de Mayence. Il prouve également la fausseté du récit de certains auteurs, qui ont prétendu qu'on avait exercé à Paris des poursuites contre Fust pour la vente de sa Bible de 1462. Mais nous reviendrons sur tout cela plus loin.

Le second ouvrage que publia l'association en 1466 est intitulé *Grammatica vetus rhithmica*. C'est une espèce de grammaire en vers, comme l'indique son titre, et composée de onze feuillets in-folio[2]. Elle est imprimée avec le petit caractère du *Rationale*, et se termine par une souscription en forme de logogriphe, où se trouve mentionnée la date d'impression. Voici cette souscription :

Actis terdeni jubilaminis octo bis annis,
Moguncia Reni me condit et imprimit amnis.
Hinc Nazareni sonet oda per ora Johannis;
Namque sereni luminis est scaturigo perennis.

L'an 2 fois 8 du 30e jubilé de 50 ans chacun correspond à 1466; car 29 fois 50 font 1450, et 2 fois 8, 16 :

[1] Je reparlerai de ce précieux volume à l'article de Paris, dans la deuxième partie de mon livre. (Voyez sous le n° 7 le *fac-simile* de la note autographe de Louis de Lavernade.)

[2] L'exemplaire de la Bibliothèque nationale a été acheté 3,300 francs à la vente de M. de Brienne, qui eut lieu en 1792.

ensemble 1466. Le nom de Jean, qui se trouve au troisième vers, fait allusion à celui de Fust, devant lequel Schoiffer s'effaçait par déférence, depuis qu'il était devenu son allié. Nous possédons même des livres imprimés par ce dernier où son nom ne figure pas du tout. Tel est le suivant, qui est sans souscription, mais dans le prologue duquel Fust seul est nommé :

S. Augustini Liber de arte predicandi, seu ejusdem doctrinæ christianæ liber quartus. Vingt-deux feuillets petit in-folio, 40 lignes longues à la page; divisé en deux cahiers de cinq feuilles, plus une feuille détachée; petit caractère de Schoiffer. Il y a aussi à la fin quelques lignes imprimées avec le caractère de la Bible de 1462. Le sommaire de la première page, c'est-à-dire du prologue, est imprimé en rouge. Le filigrane du papier porte deux clefs adossées. Dans les marges du texte, on voit des lettres servant à indiquer la division des pages et auxquelles se réfèrent les tables, comme l'indique l'auteur inconnu du prologue, dont voici les deux principaux passages:

...Quapropter cum nullo alio modo sive medio id expedicius fieri posse judicarem, discreto viro Johanni Fust, incole Maguntinensi, impressorie artis magistro, modis omnibus persuasi, quatenus ipse assumere dignaretur onus et laborem multiplicandi hunc libellum per viam impressionis, exemplari meo pre oculis habito, ut sic cum ipse brevi in tempore eumdem libellum ad magnam numerositatem multiplicaret..... Sciat autem quisque hunc libellum a dicto artifice comparans, quod ille alphabeti littere tam simplices quam duplicate ab extra per margines minores posite deserviunt pro jam dicta tabula libelli, que ad easdem litteras remittit per singula puncta, ut sic unumquodque in hoc libello contentorum ad vota cum placuerit cito possit reperiri, et nichilominus per remissionem, varietatem sive pluralitatem pateat, quid in diversis ejusdem libelli passibus nonnunquam de eisdem punctis contineatur, quod plurimum proderit fructuose in eo studere volentibus, etc. Explicit prologus.

Ce livret fut certainement imprimé avant 1467, car tout tend à prouver que Fust mourut en 1466. En effet, non-seulement son nom ne figure pas sur la *Somme de saint Thomas*, publiée le 6 mars 1467, et dont nous nous occuperons au chapitre suivant; mais encore on va voir qu'il fut remplacé au commencement de 1467 dans le conseil de fabrique de Saint-Quentin, sa paroisse, où il figurait depuis 1464; et il ne peut rester aucun doute sur le motif de ce remplacement, puisque, dans le document qui le constate, publié par Severus[1], et réimprimé plus tard par Wurdtwein[2] et Schaab[3], Jean Fust est qualifié de *feu* (selig).

Ainsi Fust est donc mort dans les six derniers mois de 1466. Quelques auteurs prétendent qu'il fut emporté par une grande mortalité dont Paris fut affligé aux mois d'août et de septembre 1466; mais il y a tout lieu de croire qu'il ne mourut que le 30 octobre (3 des calendes de novembre), date d'un anniversaire fondé pour lui à Saint-Victor de Paris, où il avait probable-

[1] *Paroch. Urbis Mogunt.* Aschaffenburg, 1768.
[2] *Bibl. Mogunt.* n° 17, doc. 231 et 232.
[3] *Die Geschichte*, etc. t. I, p. 443.

ment été enterré. Voici les termes mêmes de cet anniversaire, tirés du Nécrologe de Saint-Victor, conservé aujourd'hui à la Bibliothèque nationale de Paris[1].

B. III kal. Novembris obiit Arnulfus, etc.....................
.....Item. Anniversarium honorabilium virorum Petri Scofer, et Conrardi Henlif, ac Johannis Fust, civium de Moguntia, impressorum librorum, nec non uxorum, filiorum, parentum, amicorum et benefactorum eorumdem. Qui Petrus et Conrardus dederunt nobis Epistolas beati Iheronimi, impressas in pargameno, excepta tamen summa duodecim scutorum auri, quam prefati impressores receperunt per manus domini Johannis, abbatis hujus ecclesie.

On voit que cet anniversaire fut fondé par Schoiffer et par un nouvel associé appelé Conrad Henlif, au prix d'un exemplaire des *Épîtres de saint Jérôme*, en parchemin[2], sur lequel encore l'abbé de Saint-Victor crut devoir rendre douze écus d'or. On ne sait pas précisément en quelle année eut lieu cette fondation; mais il y a tout

[1] Département des mss. fonds Saint-Victor, n° 15, fol. 255. M. Schaab, qui a imprimé cette pièce, y a laissé passer plusieurs fautes; nous les relèverons à l'article de Paris, et pour plus d'exactitude, nous en donnons le *fac-simile* sous le n° 3 des pièces.

[2] Meerman (*Orig. typogr.* t. I, p. 7, note, et t. II, p. 271, 2e colonne) paraît croire que le Jean Fust cité dans le document de Saint-Victor était un parent du célèbre Jean Fust, qui lui aurait succédé comme associé de Schoiffer. Mais il est évident qu'il s'agit ici du bailleur de fonds de Gutenberg lui-même. On voit en effet que le Fust en question était mort à l'époque de cette fondation, car il n'est pas nommé à la cinquième ligne avec les deux autres donataires, Schoiffer et Henlif. Il y a bien eu un Jean Fust auquel pourrait s'appliquer l'assertion de Meerman (c'était un petit-fils du premier), mais il était dans les ordres, comme nous le verrons plus loin, et ne mourut qu'en 1501.

lieu de croire que ce fut en 1471, car cette édition des *Épîtres de saint Jérôme*, comme le constate l'exemplaire en question, qui existe encore à Paris (bibliothèque de l'Arsenal), ne fut terminée qu'au mois de septembre 1470, et il n'est pas probable que les imprimeurs de Mayence soient venus l'apporter à Paris dans l'hiver.

Schoiffer fonda un autre anniversaire pour Jean Fust et pour la femme de celui-ci aux Dominicains de Mayence, en 1473; mais le jour de cet anniversaire n'est pas indiqué, du moins dans la copie de cette pièce que nous a donnée Joannis[1]. Cet auteur dit seulement : « On lit ce qui suit avant le jour de saint Valentin martyr :

Anniversarium Johannis Fusti et Margaretæ uxoris, et suorum, pro quo conventus recepit Epistolare Ieronimi et Clementinas a venerabili Petro Gernsheim, impressore, suo genero, anno M. CCCC. LXXIII. »

Le jour de saint Valentin tombant le 14 février, il est probable que ce second anniversaire fut fondé à l'époque de la mort de Marguerite, femme de Fust, qui, de la sorte, aurait survécu près de sept ans à son mari. Un fait assez curieux à noter, c'est que Schoiffer paya le second anniversaire comme le premier, avec un exemplaire des *Épîtres de saint Jérôme*, auquel il fut toutefois obligé d'ajouter un exemplaire des *Clémentines*, imprimées par lui en 1471, ce qui prouve la dépréciation considérable qu'éprouvaient déjà les livres, à cause de la concurrence qui grandissait autour des imprimeurs de Mayence.

[1] *Rer. Mogunt. Script.* t. III, p. 428.

C'est ici le lieu d'entrer dans quelques détails sur Fust et sa famille.

Nous avons déjà vu dans la pièce de procédure de 1455 que Jean Fust avait un frère appelé Jacques, qui agit pour lui dans cette affaire. Ce Jacques était architecte de la ville en 1445. Plus tard il se fit orfévre, et devint bourgmestre de Mayence. Il remplissait cette charge en 1462, à l'époque où la ville fut saccagée par les troupes d'Adolphe de Nassau. Il paraît avec cette double qualité d'orfévre (*goldsmith*) et de premier bourgmestre dans des documents cités par Joannis[1]. D'un autre côté, on vient de voir que Jean Fust était marié à une dame appelée Marguerite, dont on ignore le nom de famille. Tous les historiens ont prétendu jusqu'ici qu'il n'avait eu de son mariage qu'une fille, appelée Christine, qu'il maria à Schoiffer. Eh bien, c'est une erreur : Jean n'eut pas de fille et eut au contraire un fils nommé Conrad, qui lui succéda.

Ce Conrad ne figure pas, à la vérité, dans les premiers travaux de l'imprimerie ; mais il devint, après la mort de son père, l'associé de Schoiffer, dont il était déjà le beau-père.

On m'opposera sans doute ici le récit de Trithème, qui dit positivement que Schoiffer, d'abord ouvrier (et non pas domestique) chez Fust, devint ensuite son gendre « tum famulus, postea gener..... Joannis Fust[2] » ; et les

[1] *Rer. Mogunt. Script.* t. II, p. 188.

[2] *Annales Hirsaugienses*, t. II, p. 421 et suiv. (Voy. ci-après p. 296.)

déclarations encore plus expresses de Jean Schoiffer, fils de Pierre. En effet, celui-ci, dans un des livres imprimés par lui-même[1], donne à Jean Fust le titre de grand-père (*avus*), et dans deux autres[2] dit être son petit-fils (*nepos*); il rapporte que ce dernier donna sa fille Christine en mariage à Pierre Schoiffer pour le récompenser de ses travaux : « Cui etiam filiam suam Christinam... pro digna « laborum multarumque adinventionum remuneratione « nuptui dedit[3]. »

A cela, je réponds que ces expressions ne prouvent rien, sinon le défaut de termes précis, dans la langue latine comme dans la langue française, pour désigner le degré de parenté existant entre Schoiffer et Fust. Les mots *gener, avus, nepos* et *filia* n'ont pas, dans les passages invoqués ici, le sens absolu qu'on leur attribue ordinairement : le mot *gener* peut aussi bien s'appliquer au mari de la petite-fille d'un homme qu'à celui de sa propre fille ; les mots *avus* et *nepos* s'entendent également de tout ascendant ou de tout descendant, passé le premier degré ; enfin le mot *filia* s'applique aussi bien à une petite-fille qu'à une fille, surtout lorsqu'il n'y a qu'un enfant du sexe féminin dans la famille, et qu'il a été élevé par le grand-père, comme c'était probablement le cas.

Au reste, peu importe cette discussion grammaticale.

[1] *Breviarium secundum morem ecclesiæ Mogunt.* 1509. (Souscription.)

[2] *Breviarium historiæ Francorum,* 1515, et *Breviarium ecclesiæ Mindensis,* 1516. (Souscriptions.)

[3] *Breviarium historiæ Francorum,* 1515. (Souscr.) (Voy. ci-après, p. 302.)

Le fait est parfaitement prouvé, et par plus d'un témoignage, comme on va le voir.

Le premier que j'invoquerai est la souscription des deux éditions des *Offices de Cicéron*, que je viens de mentionner. Le mot de *puer*, par lequel Jean Fust y désigne Pierre Schoiffer, me semble préciser les rapports d'alliance qui existaient entre eux deux. Ce mot, parfaitement placé dans la bouche d'un vieillard parlant de son petit-fils, n'aurait pas été convenable dans celle d'un simple beau-père à l'égard de son gendre, qui avait alors plus de trente-cinq ans.

Le second est un document en allemand, imprimé par plusieurs auteurs[1], mais dont aucun, à mon avis, n'a encore compris le vrai sens. Jean Fust avait été élu l'un des douze jurés de sa paroisse dès l'année 1464. Au commencement de 1467, on renouvela ce conseil, et, comme Fust était mort, on lui donna pour remplaçant Adam de Hochheim; mais en même temps on y admit, par honneur, le fils du défunt, appelé Conrad, à titre de greffier ou secrétaire, comme étant le plus jeune sans doute. Voici le passage du registre de l'église de Saint-Quentin qui nous intéresse : « ... Adam von Hochheim an des Ver« varen Johannes Fusten stait, und Conradum an Henri « Fabri Gerichtsschreibers stait, und ist der Cunradus Jo« hannis Fusten seligen nachvare. » Traduction littérale : « . . . . . Adam von Hochheim a remplacé Jean Fust, et

[1] Voyez Severus, *Parochiæ urbis Mogunt.* 1768 ; Wurdtwein, *Bibl. Mog.* numéro 17, doc. 231-232 ; Schaab, *Die Geschichte*, etc. t. I, p. 442-43.

Conrad a remplacé Henri Fabri, greffier, et ce Conrad est le successeur[1] de feu Jean Fust. »

Le nom de famille de Conrad n'est pas rappelé, il est vrai, dans ce document; mais c'est parce qu'il est mentionné après son père. Cette circonstance aurait dû ouvrir les yeux aux Allemands qui ont publié cette pièce. En effet, Conrad est la seule de toutes les personnes qui y sont nommées dont on ne cite que le prénom. De plus, on lui donne le titre de successeur de Jean Fust. Ce n'est pas successeur dans la fonction de juré de la paroisse de Saint-Quentin, puisqu'on voit que Jean Fust est remplacé par Adam de Hochheim, et que Conrad remplace Henri Fabri; c'est donc dans l'imprimerie : or, à quel titre aurait-il hérité de l'imprimerie de Jean Fust, si ce dernier n'avait eu qu'une fille mariée à Schoiffer?

Au reste, le troisième document que j'invoquerai ici ne laissera pas de doute à cet égard. C'est un fragment *original* d'un registre de l'église de Saint-Pierre de Mayence, qui se trouve aujourd'hui à Paris[2], et dont je joins ici un *fac-simile* exact (voyez le n° 4 des *fac-simile* de pièces).

[1] Quelques savants allemands que j'ai consultés donnent au vieux mot *nachvare* un sens beaucoup plus précis : suivant eux, il signifie *descendant;* et par induction, *fils*, de même que *vorvare* (vorfahr) signifie *ascendant*, mais je laisse aux philologues le soin de fixer le vrai sens de ce mot : celui que j'ai adopté suffit à ma thèse.

[2] Département des manuscrits, t. II, fol. 145 de la *Correspondance d'Oberlin*. Je dois la connaissance de ce document à M. Hauréau, conservateur des manuscrits, qui, l'ayant aperçu en rangeant les lettres d'Oberlin, me l'a signalé.

Voici la transcription fidèle de ce monument précieux, dont on n'a jusqu'ici publié que des versions falsifiées[1], je ne sais dans quel intérêt:

DE LIBRO SUPER 4° SENTENTIARUM EX LIBERARIA CONCESSO.

Anno Domini LXVIII quo supra, die Jovis XIIII mensis Januarii, hora vesperorum, in curia Ringravii, coram dominis decano et aliis capitulariter congregatis, personaliter constitutus discretus *Conradus Fust*, civis Magunt. *petiit humiliter quod domini vellent sibi et Petro, qui habet filiam suam, concedere unum librum* ex liberaria ecclesie nostre, pro uno exempliari, videlicet beatum Thomam super quarto sententiarum, ex quo vellent plures fieri, etc. Domini deliberantes, attendentesque quod hujusmodi petitio esset justa, pia, et plura bona ex ipsa possent fieri, addixerunt sibi hujusmodi librum concedendum, salvo tamen quod in memoriam hujus ponat ad locum sextum Decretalium, et det dominis, etc. unam recognitionem, et sic est actum.

Cet article est bâtonné par deux traits en croix que nous avons figurés sur le *fac-simile* par des points, et on lit en marge la note suivante, qui indique le motif du biffage : « Hic liber ad statum et infra octavam reporta- « tus est. »

Voici maintenant la traduction ou pour mieux dire l'analyse de ce précieux monument : « Le jeudi soir 14 janvier 1468, le doyen et les chanoines du chapitre [de Saint-Pierre] étant assemblés capitulairement dans la cour du Rhingrave, discrète personne Conrad Fust, citoyen de Mayence, demanda humblement à ces messieurs qu'ils voulussent bien lui prêter, ainsi qu'à Pierre [Schoiffer],

[1] Schaab, *Die Geschichte*, etc. t. I, p. 118.

l'époux de sa fille, le livre [manuscrit] de saint Thomas [d'Aquin], intitulé : *Liber super quarto sententiarum*, qui se trouve dans la bibliothèque de notre église, et dont ils veulent multiplier les exemplaires. Les chanoines, considérant que cette requête était juste, pieuse, et qu'il pouvait en résulter beaucoup de bien, consentirent à la demande [de Conrad], à la condition toutefois qu'il remplacerait le livre [en question] par les *Décrétales* du pape Boniface VIII [récemment imprimées par Schoiffer], et donnerait une reconnaissance aux chanoines [comme garantie du prêt]. »

Ce qui avait été convenu ayant été accompli, et le manuscrit de saint Thomas ayant été rendu en bon état, dans la huitaine (*infra octavam*), on restitua à Conrad le livre et la reconnaissance qu'il avait donnés en gage, et on *bâtonna* sur les registres du chapitre l'acte qui précède.

Cela est-il assez clair? Je le pense. Rien n'y manque, ni le nom de *Fust* donné à Conrad, ni la mention du mariage de sa fille avec Pierre Schoiffer. On remarquera, en outre, que ce n'est pas ce dernier qui emprunta le manuscrit, mais bien Conrad Fust, en sa qualité de citoyen de Mayence et de fils d'un personnage important de la ville, circonstance qui lui avait déjà valu l'honneur d'être admis parmi les jurés de l'église de Saint-Quentin, sa paroisse, avec le titre de greffier[1].

[1] M. Wetter à qui j'avais cru devoir faire part de ma découverte, ainsi qu'à M. Schaab, lors de mon premier voyage à Mayence, en 1850, a essayé de combattre mon système de filiation à l'égard de Conrad, système qui

L'importance de ce document, qui sera confirmé d'ailleurs par plusieurs autres que j'aurai occasion de citer dans le chapitre suivant, exige que j'entre ici dans quelques détails sur son origine et son authenticité. Je les puiserai dans la correspondance d'Oberlin, qui forme douze volumes in-quarto, conservés à la Bibliothèque nationale, à laquelle ils ont été cédés par les héritiers mêmes de cet illustre Strasbourgeois.

Le 17 fructidor an XIII (4 septembre 1805), Bodmann, archiviste du département du Mont-Tonnerre, écrivait de Mayence à Oberlin, alors professeur à Strasbourg, une lettre en allemand dont voici le passage principal[1] :

« Je vous envoie ci-joint l'extrait d'un protocole du chapitre de l'église de Saint-Pierre, de l'année 1468, d'où

dérange celui qu'il a adopté dans son Histoire de l'imprimerie. Il a publié dans la Revue de la Société des recherches historiques et archéologiques rhénanes (*Zeitschrift des Vereins zur Erforschung der Rheinischen Geschichte und Alterthümer*, Band I, Heft 4, Seite 273 sqq.) un travail où il accepte l'identité que j'ai établie entre le Conrad du conseil de fabrique de Saint-Quentin et le Conrad Hanequis des lettres patentes de Louis XI; mais où il soutient que ce Conrad était, non pas le fils, mais un gendre de Fust. J'ai répondu quelques mots à M. Wetter dans une lettre qui a été insérée au *Bulletin du bibliophile* (français), numéro de janvier 1851, et dans le journal allemand le *Serapeum*, numéro 7, du 15 avril même année. Je n'y reviendrai pas ici. Je dirai seulement que M. Wetter m'a réfuté sans connaître mes documents. Or on a vu que, dans ces documents, Conrad est appelé *Fust*, et qu'il était *successeur*, ou pour mieux dire *descendant*, de Jean, ce qui lui fait donner le pas sur Schoiffer lui-même dans les lettres patentes de Louis XI, où il est toujours nommé le premier.

[1] Je dois la traduction de ce passage et des suivants de la *Correspondance d'Oberlin* à l'obligeance de M. Michelau, employé à la Bibliothèque nationale.

il résulte que Pierre Schoiffer n'était pas le gendre de Jean Fust, mais bien de son frère Conrad. Ainsi donc une petite rectification dans l'histoire de l'imprimerie. Si vous voulez avoir l'original, je l'enlèverai du livre pour vous l'envoyer, et je le recollerai ensuite. Il semble donc que ce Conrad Fust a exercé l'état en société avec son frère Jean et son gendre Schoiffer. Dans ma première, vous recevrez un passage remarquable d'un arrêt rendu à Paris, en l'an 1468, sur la demande de Fust, [tiré] d'un livre de droit imprimé à la fin du XVIe siècle[1]. »

Il y a plusieurs observations à faire sur cette lettre de Bodmann. On remarquera d'abord qu'il se trompe sur le degré de parenté de Conrad avec Jean Fust. Il le confond avec le frère de ce dernier, qui s'appelait Jacques. Bodmann parle aussi d'un document curieux que nous n'avons pas retrouvé dans les papiers d'Oberlin, et dont, à la vérité, nous doutons qu'il ait compris le vrai sens, car il nous paraît peu probable qu'on ait rendu en 1468 un jugement en faveur de Fust, mort deux ans auparavant, à moins qu'il ne soit question de la suite du procès de 1455, poursuivi par sa famille contre Gutenberg; peut-être aussi s'agit-il ici du fils de Conrad, appelé également Jean, comme son grand-père, et qui était alors chanoine du chapitre de Saint-Étienne de Mayence[2].

[1] *Correspondance d'Oberlin*, t. II, fol. 86. L'extrait dont il est parlé à la première ligne de cette lettre se trouve sur un feuillet détaché, au folio 135.

[2] Köhler, *Ehrenrettung Gutenberg's*, numéro 99.

Quoi qu'il en soit, Oberlin, qui vit sans doute plus clair que Bodmann, insista pour avoir l'original du document que celui-ci lui avait offert. Bodmann le lui adressa le 13 vendémiaire an XIV (5 octobre 1805), avec une lettre dont voici le commencement[1] :

« Je ne comprends pas bien votre *desiderium* au sujet de Fust. C'est pourquoi j'ai coupé le passage, que je vous envoie[2]. Soyez assez bon pour me le renvoyer, afin que je puisse le recoller dans le livre. De Conrad Fust on sait peu de choses : il était frère de Jean et demeurait chez lui. Son fils était Jean Fust, juge au tribunal de cette ville. Si je puis mettre la main sur les anciens nécrologes des paroisses et des cloîtres, je trouverai peut-être quelque renseignement sur lui et sa famille. Peut-être a-t-il plus contribué au progrès du nouvel art qu'on ne l'a cru jusqu'à présent. »

On voit que Bodmann persiste dans son erreur au sujet de Conrad. De plus, il fait mention d'un second Jean Fust, juge de Mayence, dont nous ne savons rien. Peut-être confond-il ce Jean avec un Nicolas[3] Fust, qui était en effet juge à Mayence dès 1441, et qui paraît avoir figuré au jugement de Gutenberg en 1455; mais on ne connaît pas son degré de parenté avec Jean Fust. Plût à

[1] Cette lettre, également en allemand, se trouve au folio 88 du tome II de la *Correspondance d'Oberlin*.

[2] Ce document se trouve au folio 145 du même volume.

[3] C'est peut-être de ce Nicolas que descendaient les Fust d'Aschaffenburg, ou pour mieux dire de Francfort, qui revendiquaient au XVIIe siècle la gloire d'être de la famille de Jean Fust.

Dieu que Bodmann eût envoyé à Oberlin, de la même manière (quelque blâmable que soit l'action au point de vue administratif) les autres documents qu'il avait trouvés dans son dépôt, et dont l'authenticité est aujourd'hui contestable et contestée! Paris pourrait restituer à Mayence ses titres de gloire les plus réels. En effet, si le *hasard* n'avait pas conservé, grâce à un abus de confiance, le document original que nous avons transcrit plus haut, ou si Bodmann n'avait envoyé à Oberlin que la copie jointe à sa première lettre, on aurait toujours ignoré les circonstances que je viens de rappeler; car on ne retrouve plus aujourd'hui à Mayence le volume d'où ce document a été arraché, non plus que la masse énorme de pièces qui composaient autrefois les archives du département du Mont-Tonnerre, formées par les Français, et que les Mayençais ont laissé distraire par leurs nouveaux maîtres, sans en garder même le souvenir[1]! Il en serait aujourd'hui de ce document ce qu'il en a été des deux lettres attribuées par Bodmann à Gutenberg, et qui sont maintenant entièrement mises de côté comme apocryphes, les originaux n'ayant pu être retrouvés.

Plus tard, le 7 frimaire an XIV (28 novembre 1805), Bodmann écrivait encore à Oberlin[2] :

« Parmi les manuscrits du professeur Dürr, mort le 26 avril de cette année, et qui, depuis quarante ans,

[1] Les seuls souvenirs que les Mayençais aient gardés de nous sont leur bibliothèque et leur système judiciaire, basé sur notre Code.

[2] *Correspondance d'Oberlin*, t. II, fol. 90.

avait rassemblé tous les documents possibles sur l'histoire de la ville de Mayence, se trouve un fascicule sur l'imprimerie, contenant tous les documents sur la maison où ont été faits les essais du nouvel art. Je l'ai acheté des héritiers, et j'en ferai l'objet d'un travail pour notre société. »

Qu'est devenue la pièce dont parle ici Bodmann? Je l'ignore. Quant à la société dont il est question dans sa lettre, c'était une association littéraire fondée sous l'inspiration française, et qui s'occupait activement et presque uniquement de la gloire typographique de Mayence[1]. Grâce à elle, la France aurait doté cette ville d'une statue de Gutenberg trente ans avant l'époque où il en a été érigé une; mais la chute de l'Empire anéantit ce projet.

On me pardonnera, j'espère, cette longue digression, qui n'est pas sans intérêt pour notre sujet. Je vais achever ce qui me reste à dire de Jean Fust et de sa famille.

Si l'on en juge par le temps raisonnablement nécessaire pour que Jean Fust ait pu marier sa petite-fille en 1464, c'est-à-dire en donnant vingt ans à cette dernière, vingt-cinq ans d'âge à son père et autant à son grand-père à l'époque de leur mariage respectif, nous arriverons à fixer la date de la naissance de Fust vers 1395; il

[1] Cette société, composée de quarante membres, s'était formée sous la présidence du préfet du département du Mont-Tonnerre, Jean-Bon Saint-André, et avait voté à son origine une médaille d'or de 140 francs pour l'éloge de Gutenberg. De plus, elle avait décidé l'érection d'une statue à cet illustre Mayençais. Cette décision avait été approuvée par le gouvernement français, et annoncée par tous les journaux de Paris et du reste de la France.

aurait donc été un peu plus âgé que Gutenberg, qui, en effet, mourut un an après lui. Suivant ce calcul, Fust se serait marié vers 1420. De sa femme, Marguerite, il n'eut qu'un enfant, Conrad, qui ne paraît pas s'être occupé d'imprimerie avant la mort de son père, et qui ne s'en mêla ensuite, autant qu'il est permis d'en juger par ce que nous savons, que comme héritier de l'atelier typographique de ce dernier. Conrad se serait marié à son tour en 1445, c'est-à-dire peu d'années avant l'association de son père avec Gutenberg. J'ignore le nom de sa femme; mais il est certain qu'il eut deux enfants: Christine, mariée à Pierre Schoiffer, et Jean, qui entra dans les ordres, devint chanoine, puis doyen du chapitre de Saint-Étienne de Mayence, et s'éleva par ses qualités à de hautes fonctions ecclésiastiques. Il mourut le 2 février 1501 [1].

Quant à Conrad, il vécut au moins jusqu'en 1476, car c'est de lui qu'il est question dans les lettres patentes de Louis XI, de 1475, sous le nom de Conrad Hanequis. Ce nom ou plutôt ce sobriquet, très-commun dans l'Allemagne, lui avait sans doute été donné, dans sa jeunesse, comme diminutif du prénom de son père, qui s'appelait Jean, en allemand *Hans*, *Hannes*, *Hennes*, etc. diminutif lui-même du latin *Johannes*. De ce mot on a formé une foule de dérivés, encore en usage aujourd'hui, même en France [2], de formes un peu différentes, il est vrai,

[1] Schaab, *Die Geschichte*, etc. t. II, p. 60.

[2] C'est de là que vient le nom de Hennequin, si commun en France,

suivant les dialectes, mais ayant toutes au fond le même sens, qui répond chez nous au mot de *Jeannot* ou petit Jean. C'est ce qui explique l'orthographe diverse du surnom de Conrad dans les documents qui le lui donnent, de préférence à son nom de famille. Ainsi dans l'acte de fondation de l'anniversaire de Jean Fust son père, que nous avons transcrit plus haut, Conrad est appelé Henlif, peut-être par erreur du copiste, qui, dans le même document, écrit le nom de Schoiffer, *Scofer*. Ailleurs, comme nous le verrons, il est appelé *Hanequis* et *Henekes*, deux formes beaucoup plus régulières.

particulièrement du côté de Metz. (Voy. *Essai philologique sur les monuments de la typographie à Metz* [par M. Teissier], grand in-8°, Metz, 1828.) Le nom de Jehannequin lui-même n'était pas rare autrefois. (Voy. ci-dessus, p. 70.)

CHAPITRE VI.

PIERRE SCHOIFFER ET CONRAD FUST, AUTREMENT DIT HANEQUIS.

1467-1503.

La mort de Fust ne ralentit pas les travaux de Schoiffer. Cette mort ne changeait rien, en effet, à l'état des choses; elle vint au contraire régulariser la position fausse de ce dernier, qui, devenu maître de l'atelier typographique, put dès lors revendiquer pour lui seul le mérite de ses travaux, quitte à en partager les profits avec son beau-père Conrad Fust.

Le premier ouvrage important qui sortit de l'imprimerie de Schoiffer après la mort de Jean Fust fut la *Somme de saint Thomas d'Aquin*, autrement dit *Secunda secundæ*[1], dont la souscription porte la date du 6 mars

[1] Les bibliographes attribuent à Schoiffer une édition sans date de la première partie de la Somme de saint Thomas, qu'ils croient de Mayence, et qu'ils datent, les uns de 1467 (Van Praet), les autres de 1470 (la Serna Santander). Une étude attentive de ce livre, qui se trouve à la Bibliothèque nationale de Paris, m'a donné la certitude qu'il ne sort pas des presses de Schoiffer. Le caractère, quoique très-ressemblant à celui de la Bible de 1462, en diffère cependant par quelques points; en outre, il est d'un corps un peu moins fort. Voici, du reste, la description de ce curieux livre. Il se compose de 252 feuillets in-folio à deux colonnes. Le premier tiers du volume a 50 lignes à la colonne, le reste n'en a que 47. On a interligné ces dernières pages, afin de leur donner la même longueur qu'aux autres. Le livre est, comme c'était l'usage alors, divisé en cahiers de 5 feuilles; il est terminé par la souscription suivante : « Expli-

1467. Cet ouvrage forme un gros volume in-folio de 258 feuillets ou 516 pages à deux colonnes de 59 lignes chacune, en caractère du *Rationale;* il est divisé, comme toujours, par cahiers de 5 feuilles; la plupart des exemplaires se terminent par la souscription suivante, où l'on retrouve en partie les termes mystiques du fameux *Catholicon* de 1460 :

Hoc opus preclarum Secunda secunde, alma in urbe Moguntina inclite nacionis germanice, quam Dei clementia tam alti ingenii lumine donoque gratuito ceteris terrarum nacionibus preferre illustrareque dignatus est, artificiosa quadam adinvencione imprimendi seu caracterizandi absque ulla calami exaratione sic effigiatum, et ad eusebiam Dei industrie est consummatum per Petrum Schoiffher de Gernszheim. Anno domini M. CCCC. LXVII. die sexta mensis Marcii.

Les souscriptions des autres exemplaires présentent deux variantes que signale Van Praet[1].

Nous possédons un curieux document relatif à ce livre, et qui prouve que Schoiffer vint lui-même le vendre à

« cit prima pars Summe fratris sancti Thome de Aquino, ordinis fratrum « Predicatorum, magistri in theologia eximii. » Cette souscription est suivie, dans l'exemplaire de la Bibliothèque nationale de Paris, de la note manuscrite suivante : « Hoc volumen prime partis beati Thome de Aquino « emptum fuit anno Domini M. CCCC. octogesimo primo, tricesima mensis « novembris, precio XL s. per reverendum in Christo patrem fratrem De- « siderium Doneti, priorem » (Celestinorum de Macoussiaco?). Ainsi, suivant cette note, le volume, qui est en papier, aurait coûté 40 écus, en 1481, au prieur des Célestins de Macoussy, ce qui semble constater la rareté du livre à cette époque.

[1] *Catal.* (in-fol.) p. 90.

Paris en 1468, comme Fust était venu y vendre, deux ans avant, les *Offices de Cicéron*. Ce document est la quittance donnée par Schoiffer, le 20 juillet 1468, aux pensionnaires du collége d'Autun à Paris, de la somme de 15 écus d'or pour le prix d'un exemplaire en vélin, non relié (*in quaternis*). Nous donnons (sous le n° 5) le *facsimile* de ce précieux monument de l'écriture de Schoiffer, copié sur l'original, conservé dans l'armoire de fer des Archives générales de la république[1]. Le signe qu'on voit au-dessous de l'acte en guise de signature est une espèce de monogramme où se retrouvent fondus ensemble les signes qui paraissent sur les deux écussons de Fust et de Schoiffer. Il convenait, en effet, parfaitement à ce dernier de réunir en un même chiffre les marques artistiques qui avaient rendu son atelier si célèbre.

Voici le texte latin de cette quittance :

Ego Petrus Gernsziehem, impressor librorum dyocesis Maguntinensis, confiteor vendidisse venerabilibus magistris et scolaribus bursariis collegii Eduensis Parisius fundati quendam librum nuncupatum Summa secunda secunde partis sancti Thome, in pergameno, in quaternis, non illuminatam, incipiente in secundo folio *ut Augustinus dicit*, et finiente in penultimo folio ante ta-

[1] S. 6346. Les rédacteurs de la *Bibliothèque de l'école des Chartes* (année 1849), qui ont les premiers appelé l'attention sur ce monument, disent à tort qu'il fut donné quatre mois après l'impression du livre. La date du 6 mars 1467 que porte la souscription de la *Somme de saint Thomas* se rapporte bien à l'année 1467, et non à l'année 1468 nouveau style, car on ne suivait pas à Mayence l'usage de la France. Il suffirait pour le prouver de citer le livre des *Offices de Cicéron*, daté du mois de *février 1466*, et donné à Louis de Lavernade au mois de juillet de la même année.

bulam *ingressus, sed,* etc. pro pretio quindecim scutorum auri, que vere et realiter ab eis recepi; et de predicta summa quindecim scutorum auri quito ante dictos magistros et bursarios, et predictum librum garentisare promisi et promitto adversus quoscumque. Et in fidem et testimonium premissorum hanc presentem quitanciam mea propria manu Parisius scripsi et subsignavi. Anno Domini millesimo quadringentesimo sexagesimo octavo, die vero vigesimo mensis Julii.

(Ici le monogramme.)

Schoiffer, qui avait commencé l'année 1467 par la publication de la *Somme de saint Thomas*, la termina par une seconde édition des *Constitutions de Clément V*[1], dont il avait publié la première en 1460. Je n'ai rien à dire de cette nouvelle édition, qui est entièrement conforme à la première, sinon qu'on retrouve dans la souscription les mêmes termes que dans celle de la Somme de saint Thomas, qu'il adopta dans la plupart des ouvrages publiés par lui à cette époque. Voici cette souscription, dégagée bien entendu des abréviations en usage alors.

Presens Clementis quinti opus Constitutionum clarissimum, alma in urbe Maguntina inclite nacionis Germanice, quam Dei clementia tam alti ingenii lumine donoque gratuito ceteris terrarum nacionibus preferre illustrareque dignatus est, artificiosa quadam adinventione imprimendi seu caracterizandi absque ulla calami exaratione sic effigiatum, et ad eusebiam Dei industrie est consommatum per Petrum Schoiffher de Gernszheem, anno Dominice Incarnacionis M. CCCC. LXVII, octava die mensis Octobris.

[1] On ne connaît jusqu'ici qu'un exemplaire en papier de ce livre (*Bibl. Schwartz*, part. II, p. 67); tous les autres sont en vélin.

Le 24 mai 1468, Schoiffer donna une première édition des *Institutes* de Justinien, sous le titre de *Justiniani imperatoris Institutionum juris libri VI, cum glossa.* C'est un volume in-folio de 103 feuillets disposés comme les *Clémentines*, c'est-à-dire que le texte, sur deux colonnes assez exiguës en caractère de la Bible de 1462, est complétement enfermé dans des notes en caractère du *Rationale.* L'intelligence avec laquelle est faite la *mise en pages* de ces livres, fort à la mode alors, est admirable. On lit à la fin du volume les vers suivants, relatifs à l'invention de l'imprimerie, et qui trouvent naturellement leur place ici. Je copie exactement l'orthographe de l'original :

Scema tabernaculi Moises, Salomon quoque templi,
 Haut preter ingenuos perficiunt dedalos.
Sic decus ecclesie majus : major Salomone
 Jam renovans renovat Beselehel et Hyram.
Hos dedit eximios sculpendi in arte magistros,
 Cui placet en mactos arte sagire viros;
Quos genuit ambos urbs Maguntina Johannes,
 Librorum insignes prothocaragmaticos.
Cum quibus optatum Petrus venit ad poliandrum,
 Cursu posterior, introeundo prior :
Quippe quibus prestat sculpendi lege sagitus
 A solo dante lumen et ingenium.
Natio queque suum poterit reperire caragma,
 Secum nempe stilo preminet omnigeno.
Credere difficile est doctores quam preciosa
 Pendat mercede scripta recorrigere.
Orthosintheticum, cujus sintagma per orbem
 Fulget, Franciscum presto magistrum habet.

Me quoque devinxit[1] illi non vile tragemia;
Publica sed comoda et terrigenum columen.
Sic[2] utinam exscobere falsis moliantur ydeam,
Qui sintagma regunt, et prothocaragma legunt!
Aureola indubie premiaret eos logothece;
Quippe libris cathedras mille suberudiunt.

Voici la traduction, aussi littérale que possible, de cette poésie barbare, dans laquelle on trouve la trace de l'invasion des Grecs en Occident[3], après la prise de Constantinople, et peut-être aussi quelque réminiscence de franc-maçonnerie, venue de la même source.

« Moïse par le plan du tabernacle, Salomon par celui du temple, n'ont produit que des ouvrages ingénieux; l'Église brille d'un éclat plus vif. Plus grande que Salomon, elle a renouvelé et renouvelle Beselehel[4] et Hiram[5]. Celui qui se plaît à développer le talent hardi nous a donné deux grands maîtres dans l'art de graver du nom

[1] Ce mot a été changé en *conjunxit* dans la réimpression que Schoiffer fit plus tard des vers de son correcteur anonyme.

[2] Les réimpressions portent *O* au lieu de *Sic*.

[3] Il est à remarquer toutefois que les mots grecs qui se trouvent dans cette édition, au lieu d'être imprimés avec des caractères grecs, comme dans les *Offices* de Cicéron, ont été imprimés avec des caractères romains, ou, pour mieux dire, gothiques, et fort incorrectement encore, ce qui jure avec les prétentions affichées dans la pièce de vers citée plus haut.

[4] Le neveu de Moïse, architecte et fondeur de toutes sortes de métaux, employé par son oncle à la construction et à l'ornement du Tabernacle.

[5] Roi de Tyr qui fournit les matériaux à David pour son palais, et à Salomon pour son temple. (*Exod.* XXX, 2-5; XXXV, 30-33; II *Reg.* V, 11; I *Paral.* XIV, 1; III *Reg.* V, 8-10.)

de Jean, tous deux natifs de Mayence, et devenus illustres par la première impression des livres. Pierre marcha avec eux vers le but désiré : parti le dernier, il arriva le premier[1], rendu supérieur dans l'art de graver par celui qui donne seul la lumière et le génie. Chaque nation pourra maintenant se procurer son caractère propre, car il excelle dans la gravure de tous les types. On a peine à croire quel haut prix il donne aux savants pour corriger ses éditions. Il a près de lui maître François, grammairien dont la science méthodique est admirée de tout le monde. Je lui suis aussi attaché, non par l'appât d'un vil gain, mais par l'amour du bien général et la gloire de ma patrie. Oh! s'ils parvenaient à purger les textes de leurs fautes ceux qui règlent l'arrangement [des caractères] (les compositeurs) et ceux qui lisent les épreuves (les correcteurs), les amis des lettres les gratifieraient indubitablement d'une auréole, eux qui viennent en aide par leurs livres à des milliers de chaires ! »

Comment s'appelait l'auteur de ces vers, et quelles fonctions remplissait-il dans l'imprimerie de Schoiffer?

[1] Il y a ici dans le texte un jeu de mots faisant allusion au passage de l'Évangile de saint Jean (xx, 3-6) où il est dit que l'apôtre chéri de Jésus, parti après Pierre pour aller voir le tombeau du Christ, arriva cependant avant lui : « Exiit ergo Petrus, et ille alius discipulus (Johannes), et venerunt ad monumentum. Currebant autem duo simul, et ille alius discipulus præcucurrit citius Petro, et venit primus ad monumentum (polyandrum). » Ici, au contraire, c'est Pierre qui arrive avant Jean. Voilà l'explication fort simple de ce passage qui a tant intrigué les savants, et particulièrement Schelhorn.

Nous l'ignorons complétement. Nous n'en savons guère plus sur maître François, ce correcteur si célèbre alors; car nous ne connaissons que son nom. Quant aux deux Jean natifs de Mayence, ce sont Gutenberg et Fust; Pierre, c'est Schoiffer lui-même, qui n'entra que plus tard dans la carrière, comme on le dit ici, et qui alla plus loin que ses maîtres : ce qui n'est pas extraordinaire, puisqu'il partait du point où Gutenberg n'était arrivé qu'après vingt ans de travaux.

Dans cette même année 1468, Schoiffer donna un autre ouvrage daté, ce fut une seconde édition de la *Grammatica vetus rhithmica*, mais en caractères plus gros que ceux qui avaient paru dans la première, et avec des additions marginales fort importantes, qui demandèrent de la part de l'ouvrier beaucoup de travail et d'adresse, à cause des *parangonnages* qu'elles nécessitaient. Le texte est ici en caractère de la Bible de 1462; dans les additions on trouve le caractère du *Rationale* et le petit caractère du Psautier. A la fin de cette partie, on lit une souscription en douze vers, dans le même style que celle en quatre vers qui se trouve à la fin de la première édition, et dans laquelle on apprend que le livre a été imprimé à Mayence en 1468 (*Terseno sed in anno terdeni Jubilei* : l'an 3 fois 6 du 30e jubilé de 50 ans). A la suite de cette partie en vers déjà imprimée, qui forme 18 feuillets, s'en trouve une autre entièrement nouvelle, et en prose, de 27 feuillets à deux colonnes, exécutée avec un nouveau caractère de la force de celui du *Rationale* comme *corps,* mais d'un *œil* plus gros, et j'ajouterai plus beau, quoique dans le même style. Schoiffer se dispensa même d'en graver les capitales, et se servit de celles de son petit caractère, qui devaient suffire, en effet, puisqu'elles occupaient tout le corps de la lettre. Le motif de cette économie doit être attribué sans doute au désir d'éviter la façon d'un nouveau moule, instrument fort coûteux, auquel il était difficile de donner toujours la justesse nécessaire[1].

Dès ce moment Schoiffer eut trois caractères parfaitement gradués, avec lesquels il pouvait, en les mariant aux trois gothiques qui lui venaient de Gutenberg, exécuter toute sorte de travail.

La seconde portion du livre dont nous nous occupons, imprimée en caractère nouveau, commence ainsi : « Superioribus nuper diebus penitiora quedam grammatice « rudimenta, etc. »

La Serna Santander dit qu'on trouve dans ce livre tous les caractères dont Fust et Schoiffer ont fait usage : c'est une erreur, car on n'y trouve ni le caractère de la Bible de 42 lignes, ni le gros caractère du Psautier.

On ne connaît qu'un seul ouvrage daté de Schoiffer de l'année 1469; mais on possède trois de 1470. Celui de 1469 est intitulé : *S. Thomæ de Aquino Expositio libri quarti sententiarum.* C'est un grand in-folio imprimé à deux co-

[1] « Le mécanisme en est même encore aujourd'hui d'une exécution difficile. » Amb. Firmin Didot, article *Typographie* (*Encyclopédie nouvelle,* t. XXVI, col. 586, note 3).

lonnes avec le petit caractère de Schoiffer, et divisé comme toujours par cahiers de cinq feuilles. La souscription, en caractère de la Bible de 1462, et conforme, quant au texte, aux souscriptions des *Institutes* et des *Clémentines*, nous apprend que ce livre a été terminé le 13 juin.

Nous avons déjà vu, dans le chapitre précédent[1], un document fort curieux relatif à ce livre, et qui peut nous donner une idée du temps qu'on mit à l'imprimer, c'est l'acte qui constate la date de l'emprunt fait par Conrad Fust, au chapitre de l'église de Saint-Pierre de Mayence, d'un exemplaire manuscrit. On voit que cet emprunt eut lieu le 14 janvier 1468. Huit jours s'étaient à peine écoulés que le livre était rendu aux religieux, qui de leur côté restituèrent le gage reçu en nantissement, et biffèrent la mention du prêt sur leurs registres. Il est probable qu'on se servit seulement du manuscrit en question pour collationner la copie destinée au compositeur, car il n'est pas croyable qu'on eût pu en si peu de temps faire transcrire un aussi gros volume. C'était beaucoup que de le lire en huit jours. Quoi qu'il en soit, l'impression de ce livre ne fut terminée que dix-sept mois après, et on n'en sera pas surpris lorsqu'on saura qu'il ne forme pas moins de 274 feuillets ou 548 pages in-folio à deux colonnes, de 60 lignes chacune, en petit caractère du *Rationale*. Bien des imprimeurs de Paris n'iraient pas plus vite aujourd'hui[2].

[1] P. 260, et *fac-simile* n° 4.

[2] Il y a loin de là cependant à la promptitude que M. de Laborde suppose dans l'impression de la première Bible, qui aurait été, suivant lui,

Quant aux trois ouvrages datés de 1470, les voici, sinon dans l'ordre rigoureux de la chronologie, qu'il n'est pas toujours possible de suivre avec les indications incertaines des souscriptions, du moins dans l'ordre probable.

Le premier fut une seconde édition des *Décrétales* de Boniface VIII. Je n'ai rien à dire de ce livre, qui est absolument conforme à l'édition de 1465, sauf la date, qui est ici celle du 17 avril 1470.

Le second est une édition des *Épîtres* de saint Jérôme, en deux gros volumes grand in-folio, formant 408 feuillets, divisés comme toujours par cahiers de cinq feuilles, sauf une espèce d'avant-propos de deux feuilles séparées, où Schoiffer fait une critique sage et judicieuse de l'édition donnée deux ans avant par les imprimeurs de Rome, avec l'assistance de l'évêque d'Aléria [1]. Chaque page a deux colonnes de 56 lignes chacune; les rubriques sont imprimées. Tout est exécuté avec le caractère de la Bible de 1462. On apprend dans la souscription, placée à la fin du second volume, que le livre a été achevé le 7 septembre.

exécutée en six mois, quoique beaucoup plus considérable (voyez *Débuts de l'imprimerie à Mayence et à Bamberg*, p. 23). Il est vrai qu'à la page suivante M. de Laborde suppose que Schoiffer, qui devait être devenu plus habile, a mis deux ans à imprimer la Bible de 1462, qui est moins volumineuse que la Bible de 42 lignes (*ibid.* p. 24).

[1] « L'on croit lire, dit Mercier, abbé de Saint-Léger (*Supplément à l'histoire de l'imprimerie de Prosper Marchand*, p. 148), non pas l'écrit d'un imprimeur, mais une discussion raisonnée d'un éditeur habile. » Mercier ignorait que Schoiffer eût fait des études classiques, ce que nous avons rapporté au précédent chapitre.

Les *Épîtres* de saint Jérôme présentent une particularité assez singulière, et qui a porté à croire qu'il y a eu deux éditions de ce livre en 1470 : plusieurs parties en sont entièrement différentes. Il est du moins certain qu'on a réimprimé l'introduction du premier volume, formant 4 feuillets, et les 138 derniers feuillets du deuxième volume. Je ne puis deviner le motif qui a porté Schoiffer à faire cette réimpression. S'il s'agissait des premières feuilles du livre, on pourrait croire que le chiffre du tirage ayant été jugé trop restreint pendant l'impression, on l'avait élevé pour les dernières feuilles, et qu'ensuite on avait été forcé de retirer les premières; mais ici le cas qui se présente est tout différent, et ne peut s'expliquer que par une erreur de calcul. Peut-être avait-on fixé pour le tirage de ce livre un chiffre plus élevé que d'habitude, fixation qui aurait été suivie pour les premières feuilles et oubliée pour les dernières, qu'on aurait ensuite été forcé de réimprimer. Quoi qu'il en soit, le fait existe, et je le signale sans avoir la prétention de l'éclaircir.

Les *Épîtres* de saint Jérôme présentent encore un hors-d'œuvre assez étrange. Le verso du dernier feuillet du second volume est entièrement rempli de pièces de vers en l'honneur de l'imprimerie, et parmi elles on voit paraître celle qui se trouvait déjà à la suite des *Institutes* de 1468, avec quelques légères variantes seulement[1].

Nous avons cité précédemment[2] un extrait du Nécro-

[1] Voyez ci-dessus, p. 274, notes 1 et 2.
[2] P. 254.

loge de Saint-Victor de Paris qui prouve que Schoiffer crut devoir venir placer lui-même son livre dans cette ville. On voit, en effet, qu'il en donna, de concert avec Conrad Fust, autrement dit Hanequis, appelé par corruption Conrad Henlif dans ce document, un exemplaire à l'abbé de Saint-Victor pour la fondation de l'anniversaire de Jean Fust, qui y était sans doute enterré. Selon l'usage, la date de cette fondation n'est pas indiquée dans le volume; mais je crois qu'on peut sans hésiter la rapporter aux premiers mois de 1471.

Le troisième ouvrage publié par Schoiffer en 1470 est celui qui porte le titre barbare de *Mammotrectus, sive dictionarium vocabulorum*, etc. Comme l'indique son titre, c'est un dictionnaire destiné aux ecclésiastiques peu éclairés. Ce livre est de Jean Marchesinus, qui l'acheva en 1466. L'édition de Schoiffer forme un volume petit in-folio à deux colonnes en caractère du *Rationale*. La souscription, imprimée en caractère intermédiaire de Schoiffer, que j'appellerai n° 2, nous apprend que l'impression ne fut terminée que le jour de la vigile de saint Martin, c'est-à-dire le 10 novembre, s'il s'agit du célèbre évêque de Tours, dont la fête tombe le 11. Le même jour il parut dans l'Argovie une autre édition de ce livre, dont nous aurons occasion de parler plus loin.

L'année 1471 n'est pas moins chargée que la précédente. On connaît trois éditions de Schoiffer portant cette date :

1° *Valerii Maximi De dictis factisque memorabilibus*, etc.

Volume petit in-folio à longues lignes, caractère de la Bible de 1462; 198 feuillets divisés en cahiers de cinq feuilles. Les sommaires sont imprimés en rouge. La souscription porte que ce livre a été terminé le 18 des kalendes de juillet, c'est-à-dire le 14 juin. A la suite de ce livre se trouve, dans un exemplaire seulement, un petit traité de Probus, intitulé *Epithoma de prenomine apud Romanos*[1], formant 12 feuillets in-folio.

2° *Clementis V Constitutiones*, troisième édition de ce livre faite par Schoiffer. Cette dernière diffère des précédentes en ce que les notes ou commentaires sont imprimés avec le caractère n° 2. Les rubriques sont exécutées à la presse. Les appels de notes sont *écrits* en rouge sur les mots dans le texte, et au commencement des notes dans les commentaires. La table des rubriques, qui est imprimée, renvoie à des folios qui n'existent pas dans le livre, et qu'on mettait sans doute à la main. Cette table, du reste, n'est pas dans tous les exemplaires. La souscription de ce livre, conforme à celle de l'édition précédente, nous apprend qu'il a été terminé le 13 août.

3° *S. Thomæ de Aquino Prima secundæ*. C'est la première et la seule édition de ce livre faite par Schoiffer, quoi qu'en aient dit les bibliographes, qui lui attribuent à tort une édition sans date, dont les caractères sont, il est vrai, fort approchants de ceux de la Bible de 1462, mais en diffèrent cependant en quelques points[2]. L'édition

[1] Voyez Van Praet, *Vélins de la Biblioth. du roi*, t. IV, p. 315.

[2] Voyez la description de ce livre, ci-dessus, p. 269.

de 1471 forme un gros volume in-folio dont le sommaire de la première page est imprimé. L'ouvrage est à deux colonnes, de 61 lignes chacune, en caractère n° 1. La souscription, en caractère n° 2, nous apprend que le livre a été terminé le 8 novembre.

L'année 1472 nous fournit également trois ouvrages datés de Schoiffer.

Le premier, intitulé *Gratiani Decretum, seu discordantium canonum concordiæ, cum glossis Bartholomei Brixiensis et Johannis Theutonici*, forme un gros volume in-folio de 412 feuillets[1], composé, comme les *Clémentines*, d'un texte enfermé de tous côtés dans des notes ou commentaires. Ce texte est en caractère n° 3 de Schoiffer, les notes en caractère n° 2. La souscription du livre, d'une forme toute nouvelle, nous apprend qu'il a été terminé aux ides (c'est-à-dire le 13) d'août. Voici cette souscription, imprimée en rouge, comme tous les sommaires, et suivie du double écusson :

Anno Incarnationis Dominice M. CCCC. LXXII, idibus Augustiis, sanctissimo in Christo patre ac domino domino Sixto papa quarto pontifice maximo; illustrissimo, nobilissime domus Austrie, Friderico, Romanorum rege gloriosissimo, rerum dominis; nobili necnon generoso Adolpho de Nassau archiepiscopatum gerente Maguntinensem, in nobili urbe Moguncia, que nostros apud majores aurea dicta, quam divina eciam clementia, dono gratuito, pre ceteris terrarum nationibus arte impressoria dignata est illustrare, hoc presens Gratiani decretum, suis cum rubricis, non

[1] La Bibliothèque nationale de Paris en possède un magnifique exemplaire divisé en deux tomes.

atramentali penna, cannave, sed arte quadam ingeniosa imprimendi, cunctipotente adspiranti Deo, Petrus Schoiffer de Gernszheym suis consignando scutis feliciter consummavit.

Le second ouvrage publié par Schoiffer en 1472 fut une Bible en deux volumes, conforme en tout à l'édition de 1462, sauf la souscription, qui est semblable à celle des *Décrétales* de 1465, et nous apprend que l'impression a été terminée la vigile de saint Matthieu apôtre (le 20 septembre) 1472. On n'en connaît point d'exemplaire sur vélin, ce qui a droit de surprendre, quand on songe au grand nombre d'exemplaires de cette dernière espèce qu'on possède de l'édition de 1462. Sans doute que déjà le vélin commençait à faire défaut.

Le troisième ouvrage est une seconde édition des *Institutes* de Justinien conforme à la première, celle de 1468, sauf la date d'impression, qui est ici du 29 octobre « *mllie*« *simo* (sic) CCCC LXXII. » La souscription est également suivie des vingt-quatre vers que nous avons déjà donnés page 273.

L'année 1473 nous fournit aussi trois éditions datées :

1° Une troisième édition des *Décrétales* de Boniface VIII, conforme aux précédentes, sauf le caractère des commentaires, qui est ici le n° 2 au lieu du n° 1. Le volume se compose de 161 feuillets, y compris celui sur lequel se trouve la souscription, qui est détaché. Les sommaires sont imprimés; le livre est divisé comme toujours en cahiers de cinq feuilles. La souscription annonce qu'il a été terminé aux nones (le 5) d'avril.

2° *Augustinus, De civitate Dei libri XXII, cum commentariis Thomæ Valois et Nic. Triveth*, un volume grand in-folio à deux colonnes. Le texte est encadré dans les commentaires, comme au volume précédent. Les caractères sont ici les nos 1 et 3 de Schoiffer. La souscription, qui est dans le genre de celle du *Décret* de Gratien imprimé en 1472, nous apprend que le livre a été terminé le 5 septembre.

3° *Gregorii IX Nova compillatio Decretalium*, un volume grand in-folio; sommaires imprimés; texte en caractère n° 3, encadré dans des commentaires en caractère n° 2. La souscription, conçue dans les mêmes termes que celle du *Décret* de Gratien de 1472, nous apprend que le livre a été terminé le 9 des calendes de décembre (23 novembre) 1473. A la fin du volume se trouvent (sur le verso du dernier feuillet dans quelques exemplaires, et dans d'autres sur un feuillet distinct) plusieurs pièces de vers en l'honneur de la typographie, parmi lesquelles figure encore celle qui termine les *Institutes* de Justinien de 1468.

L'année 1474 ne nous fournit que deux ouvrages datés:

1° *Henrici Herp Speculum aureum decem preceptorum Dei*, un volume in-folio de 403 feuillets ou 806 pages, à deux colonnes de 49 lignes chacune; caractère n° 1. La souscription, conçue dans les termes ordinaires et imprimée en caractère n° 2, nous apprend que le livre a été terminé le 4 des ides (c'est-à-dire le 10) de septembre.

2° *Turrecremata, Expositio brevis et utilis super toto psalterio*, un volume petit in-folio, à longues lignes, caractère n° 3 de Schoiffer, avec des capitales d'une forme gothique allemande pour marquer les versets. Il paraît qu'on gravait ces capitales à mesure qu'on composait, et qu'il y en avait peu d'abord, car on en a laissé beaucoup en blanc dans les premières pages. Les titres ou sommaires sont en caractère n° 1 de Gutenberg; la souscription, très-simple, nous apprend que le livre a été terminé le 3 des ides (c'est-à-dire le 11) de septembre, le lendemain du jour où fut achevé l'ouvrage de Henri Herp, cité ci-dessus.

L'année 1475 ne nous fournit également que deux ouvrages datés :

1° *Justiniani Codex, cum glossis*, un volume grand in-folio de 323 feuillets ou 646 pages à deux colonnes; le texte, en caractère n° 3, est encadré dans les commentaires en caractère n° 2. L'ouvrage a été terminé le 7 des calendes de février (c'est-à-dire le 26 janvier) 1475.

2° *Bernardi Sermones*, un volume grand in-folio, de 464 pages à deux colonnes, en caractère n° 3 de Schoiffer. Les sommaires sont imprimés. La souscription nous apprend que le livre a été terminé le 14 avril; elle est suivie d'une table des sermons. Dans l'exemplaire de la Bibliothèque nationale, il y a une partie supplémentaire assez considérable à la fin du volume.

En 1476, nous trouvons quatre éditions datées de Schoiffer :

1° (9 janvier) *Bonifacii VIII Liber sextus Decretalium*, quatrième édition, conforme à la troisième (1473);

2° (10 mars) *Turrecremata, Expositio psalterii*, deuxième édition, conforme à la première (1474);

3° (13 mai [10 kal. junii]) *Justiniani Institutiones*, troisième édition, conforme à la deuxième (1472);

4° (10 [4 id.] septembre) *Clementis V Constitutiones*, quatrième édition, conforme à la troisième (1471).

Je ne pousserai pas plus loin cette description des livres de Schoiffer, qui, au point où nous sommes arrivés, n'offrent plus un grand intérêt pour nous.

Depuis un certain nombre d'années, beaucoup d'imprimeries s'étaient élevées dans les principales villes de l'Europe. Schoiffer redoubla d'activité pour lutter contre la concurrence redoutable que lui faisaient ses nouveaux confrères. Il se mit à la hauteur des circonstances en étendant son commerce de livres. Ne se contentant pas de vendre ceux qu'il fabriquait, il se fit le commissionnaire général, pour la France, de ceux qui se publiaient en Allemagne : c'est ce que démontre un ouvrage de Duns Scoti, qui se trouve à la bibliothèque de l'Arsenal, à Paris, et qu'on croit avoir été imprimé par Koburger, à Nuremberg, vers 1474. Ce livre, qui forme un volume in-folio, est accompagné, en guise de souscription, d'une quittance de Pierre Schoiffer, de laquelle nous apprenons que l'ouvrage a été vendu par ce dernier à Jean Henri, chantre de l'église de Paris[1], moyennant trois écus d'or.

[1] Voyez le *fac-simile* n° 7 des documents. M. Schaab (*Die Gesch.* etc.

Cette circonstance força Schoiffer à agrandir son établissement[1] de Mayence, et à avoir des facteurs pour le placement de ses livres dans les grands centres intellectuels. Il établit particulièrement un de ces facteurs à Paris, où il ne pouvait se rendre aussi souvent qu'il l'aurait voulu sans doute.

La personne que Schoiffer choisit pour le représenter en France pendant ses absences fut ce même Hermann ou mieux Hermann de Stathoen, son compatriote (car il était du diocèse de Munster), que nous avons vu figurer précédemment comme facteur de Guymier, libraire juré de l'Université de Paris. Hermann, qui avait reçu en dépôt un nombre assez considérable de livres de l'imprimeur de Mayence, mourut vers l'année 1474, sans avoir de lettres de naturalisation. Les commissaires du roi, en vertu du droit d'aubaine, saisirent tous les livres qui se trouvaient chez Hermann au moment de sa mort. La plupart furent divertis ou vendus, parce que Conrad Fust (autrement dit Hanequis) et Pierre Schoiffer, auxquels ils appartenaient, ne purent les réclamer en temps opportun. Mais, sur les plaintes de ces derniers, Louis XI ordonna, par un acte très-connu et qu'on trouvera plus loin, de leur rembourser

t. I, p. 121), n'ayant connu cet acte que par la copie informe qu'en avait donnée le rédacteur du Catalogue Lavallière, a lu à tort *Pisiensis* pour *Parisiensis*.

[1] Le jour de saint Laurent 1476, Schoiffer acheta la maison *zum Korb* pour la réunir à son établissement (Schaab, *Die Geschichte*, etc. t. II, p. 70, et Wurdtwein, *Bibl. Mog.* doc. n° 19).

une somme de 2,425 écus, à laquelle ils avaient estimé la valeur de leurs livres [1].

Le lundi après le dimanche *Jubilate*, c'est-à-dire le 28 avril 1477 [2], Schoiffer s'engagea, pour lui et sa femme *Dyna* (ce nom est le diminutif de celui de *Christina*), par-devant Jean de Sorgenloch, dit Gensfleisch, juge laïque de Mayence, à vendre dans sa librairie deux cents exemplaires (cent quatre-vingts en papier et vingt en vélin) des *Décrétales* imprimées par lui dans l'année précédente [3], et appartenant à son beau-frère Jean Fust, qui en percevrait le prix. Cette convention éprouva sans doute quelque difficulté, car elle ne fut publiée, c'est-à-dire définitive, que le 7 juin (*feria secunda proxima post dominicam Trinitatis*) 1479.

J'ignore à quel titre Jean possédait ces deux cents exemplaires des *Décrétales*. Peut-être était-ce comme héritier de Conrad Fust, son père, qui serait mort vers cette époque, c'est-à-dire entre le 9 janvier 1476, date

[1] Pour tous ces détails, voyez l'article de Paris, dans la seconde partie de ce livre.

[2] Köhler, *Ehrenrettung Gutenberg's*, p. 99; Wetter, *Kritische Gesch.* etc. p. 504. M. Schaab cite quatre fois cet acte d'après Köhler, et lui assigne autant de dates différentes, dont aucune n'est bonne (*Die Geschichte*, etc. t. I, p. 120-121; t. II, p. 60-61, 70, 483); de plus, il donne à Schoiffer tantôt le prénom de Pierre, tantôt celui de Jean.

[3] M. Schaab dit que les *Décrétales* en question étaient de l'édition de 1473, ce que l'acte n'indique pas. Il me paraît beaucoup plus probable qu'il s'agissait de l'édition de 1476, récemment achevée. En effet, pourquoi aurait-on fait alors une autre édition de ce livre, s'il en fût resté encore deux cents exemplaires au moins à vendre?

de la publication des *Décrétales* dont Jean eut sa part, et le 10 mars de la même année, où fut publiée la seconde édition schoifférienne de l'ouvrage du cardinal de Torquemada, intitulé *Expositio psalterii,* à partir de laquelle Schoiffer fut seul propriétaire de l'imprimerie [1]. Toutefois, nous voyons encore figurer Conrad Fust sous le nom de *Henekes* dans un procès pendant en 1480 entre Pierre Schoiffer et la veuve de Hans Bitz, un de ses facteurs de librairie établi à Lubeck, qui était mort sans lui rembourser le prix des livres dont il avait été chargé d'opérer la vente. L'électeur Diether de Isemburg, qui était remonté sur son siége archiépiscopal après la mort d'Adolphe de Nassau, délivra pour cette affaire un rescrit au magistrat de Francfort, qui l'adressa, avec une lettre d'envoi, au conseil de Lubeck. Ce conseil fit comparaître la veuve de Bitz et le tuteur de ses enfants, et donna acte de cette citation dans une réponse au magistrat de Francfort. La citation de la veuve de Bitz et celle du tuteur sont datées de la Saint-Barnabé (11 juin) 1480. On lit sur ces pièces, qui sont conservées à Francfort, un titre allemand dont voici la traduction : « Plainte de Conrad Henekes et Pierre Scheffer, imprimeurs à Mayence [2]. »

Du reste, la mention de Conrad sur ces actes ne

[1] Faut-il admettre, au contraire, que Jean Fust, associé jusque-là aux bénéfices de l'imprimerie, avec sa sœur Christine et son père Conrad, jugeant la chose incompatible avec sa qualité et son rang dans la hiérarchie ecclésiastique, crut devoir prendre avec sa famille certains arrangements, à la suite desquels il resta propriétaire des livres en question ?

[2] J'emprunte ce renseignement à M. Schaab (*Die Geschichte,* etc.

prouve pas absolument son existence à cette époque. Il se pourrait que Bitz fût mort avant 1476, et que les poursuites, commencées aussitôt contre ses héritiers par les deux associés, se soient prolongées jusqu'en 1480, aux mêmes noms. L'acte de 1480 entendu ainsi, celui de 1477 devient parfaitement clair.

En tout cas, l'existence de Conrad ne se prolongea guère au delà de 1480, car son nom ne paraît plus nulle part après cette époque.

De son côté, Schoiffer, qui vieillissait, avait alors perdu beaucoup de son activité. A partir de 1480, son imprimerie, qui s'était maintenue assez active jusque-là, commença à décliner, et bien loin de donner, comme en 1476, quatre éditions par an, il n'en donna pas toujours une. Cependant on le voit s'occuper encore avec assiduité de ses affaires jusqu'en 1489.

Dès l'année 1479 (le 6 septembre), il s'était fait recevoir bourgeois de Francfort-sur-le-Main, où l'appelait souvent son commerce. Il paya pour cela 10 livres 4 schellings[1], et prêta serment en cette qualité[2]. Le 21 juillet 1485 (*vigilia sanctæ Mariæ Magdalenæ*), il écrivait de

t. I, p. 519), mais je dois dire que j'ai fait de vaines recherches pour voir au Römer ou ailleurs, à Francfort, les pièces citées ici; MM. Hertzog, Ecchard et Kloss, ayant cherché pour moi, n'ont rien pu trouver non plus.

[1] C'est la somme qu'avait payée vingt ans auparavant le *briefdrucker* Jean de Petersheim. (Voyez la deuxième partie de ce livre, à l'article de Mayence, p. 18.)

[2] Schaab, *Die Geschichte*, etc. t. II, p. 70 et 484, d'après l'original (*Bürgerbuch*) existant aux archives de Francfort.

la même ville à Jean Gensfleisch, juge laïque de Mayence, pour lui réclamer le payement d'une créance déjà ancienne, payement dont il avait besoin pour ses affaires[1].

Le titre de *collègue* que Schoiffer donne amicalement à ce Gensfleisch dans sa lettre nous ferait croire qu'il était déjà juge lui-même. En tout cas, on a la preuve qu'il le devint en 1489[2], car il existe des actes judiciaires scellés par lui cette même année d'un sceau où on lit : SIG. PETRI SCHOEFFER, JUD. SEC. JUDIC. MOGUNT. (Sceau de Pierre Schoeffer, juge séculier de la justice de Mayence.)

Cette circonstance explique sans doute le déclin qu'éprouva alors l'imprimerie de Schoiffer. Absorbé par ses fonctions de magistrat, il ne pouvait plus lutter avec avantage contre la concurrence de plus en plus active que lui faisaient, non-seulement les imprimeurs du dehors, mais encore ceux qui s'étaient établis à Mayence même. D'ailleurs son âge (il avait au moins soixante ans en 1490) ne lui permettait pas de suivre avec assez de rapidité les modifications qu'éprouvaient les procédés d'exécution. La nécessité d'admettre dans les ateliers typographiques, vu leur multiplication, des ouvriers d'une intelligence et d'une instruction secondaires, forçait à *matérialiser* l'œuvre. C'est alors qu'on voit se généraliser l'usage des *signatures*, des *réclames*, des *folios*, destinés à simplifier la besogne de l'imprimeur et du relieur, mais qui n'avaient longtemps été

[1] Fischer, *Essai*, etc. p. 45; Wetter, *Kritische Geschichte*, etc. p. 424. C'est la lettre dont il a été question précédemment, p. 202.

[2] Gudenus, *Cod. dipl.* t. II, p. 492.

employés que par quelques artistes. Schoiffer, jadis novateur, mais aujourd'hui devancé par ses confrères, fut un des derniers à adopter ces signes typographiques, qui caractérisent une nouvelle période de l'art. A la fin cependant il fut obligé de suivre le courant, ou du moins de laisser à ses ouvriers la liberté de le suivre. Il est un point, toutefois, sur lequel il ne céda pas. Partout la forme des caractères fut changée : mais Schoiffer n'abandonna jamais ceux qui avaient fait sa gloire. Soit entêtement de vieillard, soit reconnaissance ou affaire de goût, il continua à imprimer avec ses vieux caractères gothiques, tandis que beaucoup de ses confrères, même en Allemagne, avaient adopté les caractères romains, dont la forme nette et précise devait l'emporter un jour chez tous les peuples libres de préjugés. Aussi le déclin de son atelier devint-il de plus en plus sensible. Durant les douze ans qui se sont écoulés de 1490 à 1502, on ne connaît que six ouvrages de lui : c'est deux ans pour un volume. Le dernier fut une édition du Psautier, datée du 20 décembre 1502. C'est par cette quatrième édition qu'il finit sa carrière typographique, comme il l'avait commencée, près d'un demi-siècle avant, par la première et célèbre édition de 1457.

Pierre Schoiffer est probablement mort dans les premiers mois de 1503, car son fils Jean publia cette année même, la vigile des Rameaux (8 avril), le *Mercurius Trismegistus*, qu'il déclare dans la souscription être son premier livre.

On ignore non-seulement le jour où mourut Pierre Schoiffer, mais encore le lieu où il fut enterré. Sa femme Christine, qui l'avait épousé fort jeune, car il est probable que ce fut son âge seul qui retarda le mariage jusqu'en 1465, se remaria et lui survécut plusieurs années : c'est du moins ce qui me semble résulter d'une inscription tumulaire en allemand publiée par M. Schaab[1], et qui est datée de l'année 1519. Quant à son fils Jean, qui devait probablement ce prénom à son bisaïeul, du vivant duquel il vint au monde, il exerça la profession d'imprimeur une trentaine d'années après son père. Il employa parfois le double écusson de Fust et Schoiffer; mais il se servit aussi de dessins particuliers : ainsi je vois sur un livre imprimé par lui en 1524, et intitulé *Quatuor Evangeliorum consonantia*, une gravure représentant un berger qui garde des moutons, par allusion à son nom de famille, qui veut dire berger[2]; près de là on aperçoit, pendues à un arbre, ses initiales entrelacées, et au-dessous un autre écusson, où paraît un simple *chevron* accompagné de deux étoiles en chef et d'une quintefeuille en pointe. C'est, sauf la quintefeuille, qui remplace une étoile, celui des deux écussons employés par

[1] *Die Geschichte*, etc. t. II, p. 62.

[2] Marchand (*Histoire de l'imprimerie*, t. I, p. 49) a imprimé une marque analogue, qui est, je crois, non pas de Jean, comme il le dit, mais de Ives Schoiffer. Le sujet représente également un berger, au-dessus duquel est le *chevron* paternel, et au-dessus encore sont les lettres I. S. On trouvera dans le premier volume de l'ouvrage de M. Schaab une liste de livres publiés tant par Jean que par Ives, son successeur.

son père, et qui lui était propre, l'autre appartenant à la famille Fust[1].

Avant de clore ce chapitre, qui termine la première partie de mon livre, je dois réfuter l'assertion de quelques auteurs, qui, se fondant sur des récits inexacts, ont prétendu attribuer à Schoiffer seul l'honneur de l'invention des caractères mobiles de métal fondu. C'est dans un récit de Trithème et dans une souscription de Jean Schoiffer, qu'on a puisé cette opinion ; je vais les discuter l'un et l'autre. Je commencerai par la narration de Trithème, qui est la plus importante, et, pour le faire avec plus de fruit, je donnerai d'abord le texte latin fidèlement copié sur l'édition originale de la *Chronique d'Hirschau*, imprimée seulement, comme on sait, dans le cloître de Saint-Gall, en 1690, quoiqu'elle ait été rédigée avant 1514[2] :

His temporibus, in civitate Moguntina Germaniæ, prope Rhenum, et non in Italia, ut quidam falso scripserunt, inventa et excogitata est ars illa mirabilis et prius inaudita imprimendi et characterizandi libros per Joannem Guttenberger, civem Moguntinum, qui cum omnem pene substantiam suam pro inventione hujus artis exposuisset, et nimia difficultate laborans, jam in isto, jam in alio deficeret, jamque prope esset ut desperatus negotium intermitteret, consilio tandem et impensis Joannis Fust, æque civis Moguntini, rem perfecit incœptam. In primis igitur characteribus

[1] Ives Schoiffer se servait d'une vignette tout à fait semblable à celle de Jean son père. (Voyez-en la représentation dans l'ouvrage de Roth-Scholtzius intitulé *Insigna bibliopolarum et typographorum*, in-fol. n° 11.)

[2] *Annales Hirsaugienses*, deux vol. in-fol. 1690. (Voyez sous l'an 1450, t. II, p. 421.)

litterarum in tabulis ligneis per ordinem scriptis, formisque compositis, vocabularium Catholicon nuncupatum impresserunt; sed cum iisdem formis nihil aliud potuerunt imprimere, eo quod characteres non fuerunt amovibiles de tabulis, sed insculpti, sicut diximus. Post hæc inventis successerunt subtiliora, inveneruntque modum fundendi formas omnium latini alphabeti litterarum, quas ipsi matrices nominabant; ex quibus rursum æneos sive stanneos characteres fundebant, ad omnem pressuram sufficientes, quos prius manibus sculpebant. Et revera sicuti ante 30 ferme annos ex ore Petri Opilionis de Gernsheim, civis Moguntini, qui gener erat primi artis inventoris, audivi, magnam à primo inventionis suæ hæc ars impressoria habuit difficultatem. Impressuri namque Bibliam, priusquam tertium complessent in opere quaternionem, plus quam 4000 florenorum exposuerunt. Petrus autem memoratus Opilio, tunc famulus, postea gener, sicut diximus, inventoris primi, Joannis Fust, homo ingeniosus et prudens, faciliorem modum fundendi characteres excogitavit, et artem, ut nunc est, complevit. Et hi tres imprimendi modum aliquandiu tenuerunt occultum, quousque per famulos, sine quorum ministerio artem ipsam exercere non poterant, divulgatus fuit, in Argentinenses primo, et paulatim in omnes nationes.

Voici maintenant la traduction :

§ 1er. « Ce fut à cette époque (1450), dans Mayence, « ville de Germanie, sur le Rhin, et non en Italie, comme « quelques-uns l'ont écrit faussement, que fut imaginé « et inventé cet art admirable, et jusqu'alors inouï, d'im- « primer les livres au moyen de caractères, par Jean « Gutenberg, citoyen mayençais. »

Trithème semble avoir copié ici la Chronique de Cologne, dont nous avons donné précédemment la traduction. Comme l'auteur de ce livre, il réfute ceux qui prétendaient attribuer à l'Italie l'honneur de la découverte; mais il ne dit rien des travaux des Hollandais, auxquels il semble pourtant faire allusion dans un passage de sa *Chronique de Spanheim* écrite vers 1506[1].

§ 2. «Après avoir compromis jusqu'à son existence «pour la recherche de cet art, et lorsque, travaillé par «la nécessité, il faillissait de tous côtés, et était sur le «point, dans son désespoir, d'interrompre son entreprise, «Gutenberg trouva enfin dans les conseils et les avances «en argent de Jean Fust, également citoyen de Mayence, «les moyens de mener à fin son œuvre commencée.»

Il n'y a rien à dire sur ce paragraphe.

§ 3. «Ils imprimèrent d'abord au moyen de carac«tères gravés l'un après l'autre sur des tablettes de bois, «et dont les figures étaient artistement faites, le vocabu«laire appelé *Catholicon;* mais ils ne purent imprimer rien «autre chose avec ces caractères[2], parce qu'ils ne pou«vaient être séparés des tablettes, y étant gravés, comme «nous l'avons dit.»

Ici Trithème mêle à des notions positives de vagues

[1] «His quoque temporibus (1450), ars imprimendi et characterizandi «libros *a novo* reperta est in civitate Moguntina, per quemdam civem qui «Joannes Gutenberg dicebatur; qui cum omnem substantiam propter ni«miam difficultatem inventionis novæ in eam perficiendam exposuisset, «consilio et auxilio bonorum virorum Johannis Fust et aliorum adjutus, «rem incœptam perficit. Primus autem hujus artis *dilatator* fuit, post «ipsum inventorem, Petrus Opilionis de Gernsheim, qui multa volumina «suo tempore impressit.» (*Chron. Sponheim.* Francfort, 1601, in-fol. p. 366.)

[2] Mot à mot, «avec ces figures (*formis*), parce que les caractères....»

renseignements sur l'origine de l'art. Ce n'est pas pour imprimer des planches xylographiques, procédé connu depuis plus d'un demi-siècle, que Gutenberg aurait compromis jusqu'à son existence. Cette partie du récit de Trithème est non-seulement improbable, mais encore formellement contredite par les termes de l'acte d'association de Gutenberg et de Fust, dont nous avons donné une traduction. Trithème cite, il est vrai, un livre qui aurait été exécuté de cette manière; mais son assertion est fausse de tous points s'il veut parler du *Catholicon* de 1460, attribué à tort jusqu'ici à Gutenberg, et tout à fait invraisemblable s'il a entendu parler d'un autre livre dont il ne resterait pas de trace aujourd'hui.

§ 4. « Plus tard, à ces inventions en succédèrent de « plus ingénieuses : ils trouvèrent le moyen de fondre les « figures de toutes les lettres de l'alphabet latin (qu'ils « appelaient matrices), au moyen desquelles ils fondaient « ensuite des caractères en airain ou en étain, résistant à « toute pression, caractères qu'ils sculptaient auparavant « à la main. »

Ce passage de Trithème est très-obscur. Parlant de choses qu'il ne connaît pas, le bon abbé fait une confusion déplorable. Suivant lui, les inventeurs gravaient d'abord à la main leurs caractères. Il veut sans doute parler ici des caractères sur planches fixes; mais comme ce membre de phrase vient après celui où il est question de la fonte des caractères, Meerman en a conclu que Gutenberg avait d'abord fondu des *corps* de lettre sur lesquels il gravait ensuite l'*œil*. Ce système est tout simplement absurde; il fait d'ailleurs peu d'honneur au génie de Gutenberg, en lui déniant l'idée si naturelle de fondre l'*œil* en même temps que le *corps* de la lettre. Ensuite, dit Trithème, ils fondirent des matrices de toutes les lettres de l'*alphabet latin*. Je ne discuterai pas sur ce mot d'alphabet latin donné aux caractères gothiques dont les premiers imprimeurs de Mayence se sont servis, parce qu'en réalité les caractères gothiques ne sont pas autre chose que des lettres latines déformées, et que Trithème a pu leur donner ce nom par opposition aux lettres de l'alphabet grec, par exemple; mais ce que je n'admets pas aussi facilement, c'est la fonte des matrices. Il est difficile de croire que Gutenberg n'en était encore arrivé qu'aux matrices fondues, lorsqu'il a commencé sa Bible. La chose serait admissible, peut-être, s'il s'était agi de fondre quelques caractères. M. Prunelle d'abord[1], et M. Wetter ensuite[2], ont fait des essais qui prouvent qu'on peut, à la rigueur, fondre tant bien que mal une certaine quan-

[1] «Je sais par expérience qu'en se servant du mélange ordinaire on peut couler dans une matrice de plomb jusqu'à 120 à 150 lettres, sans que la matrice soit fondue. Seulement, après les 50 ou 60 premiers jets, elle paraît un peu altérée, et les traits les plus fins des caractères disparaissent, pour faire place à d'autres traits plus durs. On peut donc fournir cette première raison des différences que présentent les mêmes lettres dans une même page.» (*Magasin encyclop.* de Millin, 1806, t. I, p. 74.)

[2] *Kritische Geschichte*, etc. p. 340, et pl. II. M. Wetter m'a montré à Mayence ses matrices en plomb. Comme pour ses caractères de bois, il a eu soin de choisir des caractères très-gros, ce qui infirme un peu ses conclusions.

tité de lettres, non pas de cuivre, mais de plomb, avec une matrice en plomb fondu[1]. Mais, dans le cas particulier qui nous occupe, ce n'est pas par centaines, c'est par milliers, par centaines de mille qu'on a procédé, comme nous l'avons vu, et je doute fort qu'on eût pu arriver à un résultat par le moyen des matrices en plomb. J'ajouterai que le seul livre connu pour avoir été exécuté par Gutenberg est imprimé avec un caractère parfaitement régulier, employé plus tard par Schoiffer lui-même, le prétendu inventeur des poinçons. Évidemment, Trithème confond ici les premiers essais de Gutenberg avec les premiers travaux de l'association mayençaise.

§ 5. «Et en vérité, il y a de cela près de trente an-«nées, j'ai appris de la bouche de Pierre Schoiffer[2], de «Gernsheim, citoyen de Mayence, qui était gendre du «premier inventeur, que cet art de l'imprimerie avait «rencontré, dès les premiers pas de son invention, de «grandes difficultés.»

Trithème prétend tenir ce qu'il dit de Schoiffer lui-même, qui le lui aurait raconté trente ans auparavant. Si nous retirons trente ans de 1514, époque où fut terminée la *Chronique d'Hirschau*, nous trouvons 1484. Or il y avait plus de trente ans alors que Gutenberg avait réalisé ses plans; il y en avait près de vingt qu'il était

[1] Voyez ce que j'ai dit moi-même à ce sujet, p. 144 note. On verra du reste, à l'article de Strasbourg, un essai de ce genre de fonte.

[2] Le mot de *Schoiffer* veut dire *berger* en allemand; Trithème le traduit par le mot latin *opilio*, qui a le même sens.

mort. Ce n'est pas tout, Trithème reçoit à vingt ans les confidences de Schoiffer, et c'est trente ans après, lorsque ce dernier est mort aussi, qu'il les consigne sur le papier. Joignons à cela qu'il ignorait complétement la pratique de la profession, et que Schoiffer, qui n'assista pas aux premiers essais de l'association, a pu, par amour-propre, ne pas lui dire exactement la vérité.

Je relèverai en passant la contradiction manifeste qu'il y a dans ce paragraphe, où Trithème donne le titre de *premier inventeur* à Fust (non pas beau-père, mais *grand-beau-père* de Schoiffer, s'il est permis de s'exprimer ainsi, pour être plus exact), et celui où il attribue cet honneur à Gutenberg seul : c'est sans doute de sa part un simple *lapsus calami;* mais cela prouve qu'il ne faut pas prendre à la lettre tout ce qu'il dit.

§ 6. « En effet, ayant entrepris d'imprimer la Bible, « avant qu'ils eussent achevé le troisième cahier (*quater-* « *nionem*), ils avaient dépensé plus de 4,000 florins. »

Lambinet, dont cependant tout le système est basé sur le récit de Trithème, rejette dédaigneusement ce passage, qui me semble à moi parfaitement exact. « Est-il probable, dit-il[1], que (les inventeurs) aient commencé leur opération par la Bible?.... Dans la supposition qu'ils l'aient commencée, je ne pense point qu'ils l'aient achevée..... Les trois premiers quaternions leur avaient déjà coûté 4,000 florins du Rhin. Or, chez les anciens imprimeurs, *le quaternion était un assemblage de quatre*

[1] *Origine de l'imprimerie*, t. I, p. 133.

feuilles formant seize pages in-folio, et les trois quaternions quarante-huit. Selon le rapport des monnaies anciennes aux modernes, que l'on trouve dans le recueil de Salzade (Bruxelles, 1764, in-quarto), le florin du Rhin est évalué à 3 livres de notre monnaie. Les trois quaternions auraient donc coûté 12,000 francs. Il fallait encore plus de cent quaternions pour achever une Bible de huit cent soixante et dix feuillets, semblable à celle de Schelhorn. Que l'on juge par là des travaux et des dépenses d'une pareille exécution!... La Bible aux trois quaternions de Gutenberg et de Fust n'est donc pas celle qu'on a cru remarquer dans l'exemplaire décrit par Schelhorn. On ne la retrouvera point non plus dans celle aux 42 lignes qui suit. » Ici vient une description de la Bible de Gutenberg, dans laquelle Lambinet confond tout. Ainsi, suivant lui, le caractère de la Bible de 42 lignes serait le même que celui du Calendrier de 1457, et celui de ce Calendrier le même que celui employé dans un Donat imprimé par Schoiffer. Cela est d'autant plus étrange que Lambinet donne un *fac-simile* de ce dernier Donat et de la Bible de 42 lignes. J'ai précédemment éclairci cette question; je n'y reviendrai pas. Je relèverai seulement le singulier calcul de Lambinet à propos des frais qu'auraient occasionnés, suivant Trithème, les trois premiers quaternions de la Bible de Gutenberg. A ce prix, le livre aurait coûté 800,000 francs. Qui ne voit combien ce raisonnement est faux? Il est évident que les trois premiers cahiers de la Bible de Gutenberg ont dû coûter fort cher, si on leur applique, comme cela est naturel, toutes les dépenses des essais antérieurs. Pour pouvoir imprimer ces trois cahiers, il fallait non-seulement avoir résolu toutes les difficultés typographiques, avoir gravé et fondu le caractère nécessaire à tout l'ouvrage, mais encore avoir rassemblé tous les matériaux, papier, parchemin, encre, etc. On a pu voir, au reste, par ce que nous avons dit précédemment, que cette somme ronde de 4,000 écus (ou florins) avait été dépensée et au delà par Gutenberg avant la publication de sa Bible, si l'on y comprend, ce qui est de toute justice, les frais de l'association de Strasbourg, dont tous les travaux ne furent sans doute pas perdus.

Je dois relever une autre erreur de Lambinet. Suivant lui, le mot *quaternion* désignait autrefois, chez les imprimeurs, un cahier de quatre feuilles d'impression. A ce compte, il pouvait résolument affirmer que Gutenberg n'avait pas imprimé de Bible, car il n'y en a pas une seule ancienne et anonyme qui ne soit en cahiers de cinq feuilles... Seulement il se serait trompé doublement. Le mot de *quaternion* ou de *quaterne* n'avait pas du tout le sens absolu que lui attribue Lambinet, et la preuve, c'est que Schoiffer le donne lui-même à des livres imprimés dont les cahiers sont de cinq feuilles, comme on peut le voir dans la quittance qu'il fournit en 1468 au collége d'Autun pour un exemplaire de la *Somme de saint Thomas*. Ce mot servait tout simplement à désigner les *cahiers* d'un livre[1], de quelque nombre de feuilles qu'ils

[1] Voyez le Glossaire de Ducange au mot *quaternio*.

fussent composés. Il est encore en usage avec ce sens général dans l'Allemagne et la Hollande[1], où un livre en *quaternes* désigne un livre non relié, c'est-à-dire en feuilles ou en *cahiers*. Il tirait sans doute son origine de l'usage où l'on était précédemment de composer les cahiers des livres de quatre feuilles ou huit feuillets, comme on le voit dans les plus anciens manuscrits, et il subsista en dépit d'un usage différent introduit par l'imprimerie[2].

§ 7. « Mais Pierre Schoiffer, déjà nommé, alors ou-« vrier, ensuite gendre, comme nous l'avons dit, du pre-« mier inventeur Jean Fust, homme ingénieux et habile, « imagina un mode plus facile de fondre les caractères, « et donna à l'art la perfection qu'il a aujourd'hui. »

Nous avons déjà vu que Trithème se trompait en attribuant à Schoiffer le titre de gendre de Fust (il n'était que son *petit-gendre*), et qu'il se trompait également en donnant à celui-ci le titre de premier inventeur, ce qui est en contradiction avec le commencement de son récit. Il

[1] Et même en France et en Italie. En effet, je lis dans les *Archives administratives de la ville de Reims*, publiées par M. Varin, dans la *Collection des documents inédits de l'histoire de France*, une lettre du XVIIe siècle, où il est question d'un quaterne de neuf feuilles (t. I, p. CXXIII). Et d'un autre côté je trouve dans le livre qu'a publié M. Antonelli (Giuseppe), sur les premiers livres de Ferrare (*Ricerche bibliogr. sulle edizioni Ferraresi del secolo XV*, Ferrare, 1830, in-4°), le curieux passage que voici (p. 93) : « Quaderno con questo nome s' intende indicare dai bibliografi « un fasciocolo di carta qualunque si sia di tre, di quattro o di più fogli. »

[2] C'est ainsi que nous donnons aujourd'hui le nom de *plume* à un instrument en fer qui n'a aucun rapport avec celui auquel on l'a donné primitivement, si ce n'est que comme lui il sert à écrire.

ne se trompe pas moins s'il attribue à Schoiffer, comme on le prétend, l'invention des poinçons et tout ce qui s'ensuit. Plusieurs années avant qu'il fût employé par l'association, cette dernière avait commencé l'impression de la Bible de 42 lignes, et le commencement et la fin de ce livre sont exécutés avec le même caractère, caractère fondu, dont Schoiffer s'est servi lui-même plus tard. Si l'on rejetait cette conclusion, en contestant l'attribution de la Bible de 42 lignes à Gutenberg, je pourrais encore m'appuyer sur un autre monument d'une date incontestable, les Lettres d'indulgences de 1454. La beauté et la netteté des caractères qui figurent dans la composition de ces Lettres, qui a 31 lignes, démontrent qu'on avait déjà fait usage de poinçons et de matrices frappées avant Schoiffer. Mais, en admettant que tout ce que dit Trithème dût être cru à la lettre, malgré les raisons qu'il y aurait de s'en défier, je ne vois pas où Fournier, Lambinet et autres ont pu y trouver la preuve de leur système. Il dit seulement que Schoiffer a inventé *un mode plus facile de fondre* les caractères[1], ce que j'admets

[1] Il a pu proposer un mélange de métaux plus convenable que celui employé jusque-là par Gutenberg. « Ce n'est qu'après nous les avoir représentés, Fust et Gutenberg, occupés des premiers essais de cet art, et luttant contre les difficultés, qu'il (Trithème) prononce enfin le nom de Schoiffer, et qu'il amène cet ingénieux artiste pour découvrir seulement une manière plus facile de fondre les caractères... Il y a plus de cent ans que Tentzel a interprété ainsi les paroles de Trithème. Il est difficile de concevoir pourquoi on leur a donné un autre sens. » (Daunou, *Aperçu*, etc. p. 130, et dans la réimpression de Lambinet, t. I, p. 417.)

volontiers. Schoiffer a perfectionné l'art, cela est certain ; mais qu'on lui doive l'idée du poinçon, je le nie, et en cela je me fonde non-seulement sur ce que dit Trithème, mais encore sur toutes les souscriptions de Schoiffer lui-même, qui, quoique très-élogieuses pour lui, ne la revendiquent pas. Que réclame-t-il dans ces souscriptions? Uniquement l'honneur d'avoir trouvé le moyen d'exécuter sans plume, non pas le texte de ses livres, mais les *rubriques* et les *capitales* : « ... venustate « capitalium decoratus, rubricationibusque sufficienter « distinctus..... absque calami ulla exaratione. » Quant à l'invention de l'imprimerie, ni lui ni Fust n'y prétendent rien. Ils disent seulement que leurs livres sont exécutés par un art nouvellement inventé : « ... artificiosa quadam « adinventione imprimendi seu caracterizandi. » Ils n'auraient pas désigné par *quadam* une invention à laquelle ils auraient eu une si grande part. Auraient-ils négligé de s'attribuer le principal, lorsqu'ils se glorifiaient tant de l'accessoire? Une pareille hypothèse n'est pas soutenable. Dans les vers imprimés à la fin de l'édition des *Institutes* de 1468[1], alors que Fust et Gutenberg étaient morts, Schoiffer déclare positivement que ces deux Mayençais l'avaient précédé dans l'art de graver. Il dit, il est vrai, qu'il les a surpassés, ce qui n'aurait rien de surprenant; mais ce qui pourtant, pour être admis sans conteste, aurait besoin de venir d'un autre que de lui-même ou de ses employés.

[1] Voyez ci-dessus, p. 273.

§ 8. « Tous trois tinrent pendant quelque temps secret « leur mode d'imprimer, jusqu'à ce que leurs ouvriers, « sans le travail desquels ils ne pouvaient exercer leur « art, l'eussent fait connaître d'abord à Strasbourg, et « successivement chez les autres nations. »

Je n'ai rien à dire sur ce paragraphe, sinon que ce prétendu secret imposé aux premiers ouvriers typographes n'avait pas empêché plusieurs d'entre eux de s'établir tant à Mayence qu'ailleurs avant qu'il en vînt aucun à Strasbourg. C'est ce que je démontrerai dans la seconde partie de ce travail.

Venons maintenant à ce qu'a écrit Jean Schoiffer dans la souscription du livre de Trithème intitulé *Compendium sive breviarum primi voluminis annalium sive historiarum de origine regum et gentis Francorum*, etc. in-folio, Mayence, 1515. Je copie fidèlement cette souscription sur l'édition originale :

Impressum et completum est presens chronicarum opus, anno Domini MDXV. in vigilia Margaretæ virginis, in nobili famosaque urbe Moguntina, hujus artis impressoriæ inventrice prima, per Joannem Schöffer, nepotem quondam honesti viri Joannis Fusth, civis Moguntini, memorate artis primarii auctoris. Qui tandem imprimendi artem proprio ingenio excogitare specularique cœpit anno Dominicæ nativitatis MCCCCL. indictione XIII. regnante illustrissimo Ro. imperatore Frederico III. præsidente sanctæ Moguntinæ sedi reverendissimo in Christo patre domino Theoderico, pincerna de Erpach, principe electore. Anno MCCCCLII. perfecit deduxitque eam (divina favente gratia) in opus inprimendi (opera tamen ac multis necessariis adinventionibus Petri Schöffer de

Gernsheim, ministri suique filii adoptivi). Cui etiam filiam suam Christinam Fusthiñ pro digna laborum multarumque adinventionum remuneratione nuptui dedit. Retinuerunt autem hii duo jam prænominati Joannes Fusth et Petrus Schöffer hanc artem in secreto (omnibus ministris ac familiaribus eorum, ne illam quoquomodo manifestarent, jurejurando astrictis). Quo tandem de anno Domini MCCCCLXII per eosdem familiares in diversas terrarum provincias divulgata haud parum sumpsit incrementum.

Voici la traduction : « L'impression de la présente chronique a été achevée l'an du Seigneur 1515, à la vigile de Marguerite vierge, dans la noble et célèbre ville de Mayence, où l'art de l'imprimerie vit le jour, par Jean Schöffer, descendant de feu l'honorable Jean Fusth, citoyen de Mayence, inventeur de l'art ci-dessus rappelé. Ce fut en l'année 1450, 13e indiction, sous le règne du très-illustre empereur romain Frédéric III, le très-révérend père en Christ monseigneur Théodoric, grand bouteiller d'Erpach, prince électeur, occupant le siége sacré de Mayence, que ce Jean Fusth commença d'imaginer et qu'il réalisa enfin, par la seule puissance de son génie, l'art d'imprimer. L'an 1452, la grâce divine aidant, il avait donné à son art assez de perfectionnements pour produire des impressions; perfectionnements pour lesquels cependant il eut besoin des travaux et des découvertes de Pierre Schöffer, son ouvrier et son fils adoptif, à qui aussi, en récompense de ces travaux et découvertes, il donna en mariage sa [petite-] fille Christine Fusth. Les deux susdits Jean Fusth et Pierre Schöffer gardèrent d'abord le secret de leur art, exigeant à cet effet de leurs ouvriers et familiers le serment qu'ils n'en divulgueraient en aucune manière les procédés; cependant, à partir de l'an 1462, porté par ces mêmes ouvriers dans les diverses parties du monde, il prenait un grand développement. »

Il ne sera pas nécessaire d'insister longuement pour faire voir l'inexactitude de ce document, où le nom de Gutenberg ne paraît pas même. Il est évident que Jean Schoiffer a voulu donner à sa famille tout le mérite de l'invention, afin d'avoir plus de relief auprès de ses contemporains. Il a saisi pour cela un moment opportun, celui où tous ceux qui auraient pu le contredire étaient morts. Mais les menteurs ne s'avisent jamais de tout : Jean Schoiffer avait déjà rendu justice au mérite de Gutenberg dans la dédicace en vers allemands d'un Tite-Live publié quelques années avant (1505) : « Que Votre Majesté, disait-il, s'adressant à l'empereur Maximilien, daigne accepter ce livre, imprimé à Mayence, ville dans laquelle l'art admirable de la typographie fut inventé, l'an 1450, par l'ingénieux Jean Gutenberg, et ensuite perfectionné aux frais et par le travail de Jean Fust et de Pierre Schoiffer. » Voilà la vérité tout entière[1]... Toutefois Jean Schoiffer aurait été plus exact s'il eût dit que l'art avait été perfectionné « aux frais de Jean Fust et par le travail de Pierre Schoiffer, » car, dans toute cette

[1] Cela n'empêcha pas cet empereur de déclarer officiellement plus tard, dans le privilége d'un Tite-Live latin publié par le même imprimeur, et daté du 9 décembre 1518, que l'aïeul de Jean Schoiffer avait inventé l'imprimerie (*chalcographia*), tant le mensonge audacieux a de puissance!

affaire, Jean Fust n'a eu qu'un mérite, celui d'avoir de l'argent d'abord, et ensuite des descendants qui, par vanité, ont cherché à faire rejaillir sur lui la gloire de Gutenberg, que personne n'était directement intéressé à défendre. Il est du reste curieux de suivre ici les progrès de l'erreur : la Chronique de Cologne, tout en attribuant un grand mérite à l'invention de Gutenberg, constate pourtant une invention hollandaise antérieure qui avait inspiré Gutenberg lui-même. Dans les récits de Trithème[1] et de Jean Schoiffer, l'invention hollandaise ne figure plus, et l'on donne à Gutenberg deux associés dont la Chronique de Cologne n'avait pas parlé; dans la souscription de l'*Abrégé de l'histoire des Français*, de 1515, il n'est plus question de Gutenberg, et ce sont les derniers venus qui ont tout le mérite de l'invention.

Je crois que ce que j'ai dit suffit pour caractériser parfaitement le rôle de chacune de ces trois personnes dans l'invention de l'imprimerie. Je terminerai cette partie de mon travail par quelques observations relatives à un livre sans date, de Schoiffer, qui a beaucoup occupé les bibliographes.

La Bibliothèque nationale de Paris possède quelques fragments en vélin de deux Donats in-folio imprimés

[1] Les *Annales d'Hirschau* n'ont été connues que fort tard, à la fin du XVIIe siècle ou au commencement du XVIIIe, et n'ont pu par conséquent avoir d'influence sur les historiens antérieurs; mais déjà, dans la *Chronique de Spanheim* (ou *Sponheim*), publiée au commencement du XVIe siècle, Trithème avait dit à peu près la même chose, quoique avec moins de développements. (Voyez ci-dessus, page 297, note 1.)

avec le caractère de la Bible de 42 lignes, c'est-à-dire en gothique de dix-huit points typographiques. L'un de ces Donats a 33 lignes à la page; les initiales n'en sont pas imprimées, mais dessinées à la main, comme dans la Bible de Gutenberg : je n'ai pas hésité à l'attribuer à ce dernier. Quant à l'autre Donat, qui a 35 lignes, quelques auteurs l'ont attribué également à Gutenberg, mais c'était avant qu'on eût acquis la preuve qu'il ne lui appartient pas, ce qui n'eut lieu qu'en 1803. A cette époque, une personne de Trèves céda à la Bibliothèque nationale de Paris quelques fragments de vélins détachés de la couverture de vieux livres, et parmi ces fragments se trouva un feuillet du Donat en question sur lequel est imprimée en rouge la souscription suivante :

Explicit Donatus arte nova imprimendi seu caracterizandi per Petrum de Gernszheym, in urbe Moguntina, cum suis capitalibus absque calami exaratione effigiatus.

En présence d'un pareil témoignage, le doute n'est plus permis; mais ce témoignage n'existât-il pas qu'il n'y aurait pas sujet de douter davantage. En effet, ce livre porte d'autres preuves qu'il est sorti des presses de Schoiffer. Ces preuves sont : 1° l'impression des capitales en couleur; 2° l'emploi des mêmes lettres ornées que dans le Psautier de 1457. Quant à la date de l'impression du Donat, s'il n'est pas possible de la fixer d'une manière précise, il est du moins certain qu'elle eut lieu après 1466, époque de la mort de Fust, car il n'y est pas question de ce dernier, qui conserva toujours, de son vivant, comme nous l'avons vu, la haute main sur l'atelier typographique de Gutenberg, dont il était en réalité le seul propriétaire.

Quelques bibliographes, frappés de cette circonstance de la possession du caractère de la Bible de 42 lignes par Schoiffer, en ont inféré que cette Bible appartenait à ce dernier, et ont attribué alors à Gutenberg la Bible de 36 lignes; M. de Laborde a même imaginé sur ces données tout un roman[1]. Le rang distingué que tient ce savant parmi ceux qui se sont occupés de l'origine de l'imprimerie me fait un devoir de le réfuter.

M. de Laborde suppose que, dès 1452, Gutenberg et Schoiffer, dans un but de rivalité, travaillaient séparément, quoique dans le même atelier et pour la même association, celle dont Fust était le bailleur de fonds, à se supplanter dans l'esprit de ce dernier, et qu'ils produisirent chacun deux caractères différents (l'un dit de *missel*, et l'autre de *somme*), qui trouvèrent leur premier emploi dans les Lettres d'indulgences, pour l'exécution desquelles les deux artistes furent obligés de mêler leurs types. « Immédiatement après, dit-il, Schoiffer imprima un Donat, et Gutenberg un Appel contre les Turcs, chacun avec le caractère qui lui appartient..... »

Il est évident que tout ce système est basé sur un seul fait, celui de l'impression du Donat par Schoiffer. Or M. de Laborde renverse lui-même son raisonnement lorsqu'il ajoute en note[2] : « Je ne suis pas encore complète-

[1] *Débuts de l'imprimerie à Mayence et à Bamberg*, p. 21 et suiv.
[2] *Ibid.* p. 22, note 1.

ment fixé sur l'époque de la publication de ce Donat. Le nom de Schoiffer à la fin serait peut-être un indice qu'il suivit la mise au jour de la Bible. C'est d'ailleurs un fait de peu d'importance..... » Comment ! de peu d'importance ! Mais toute la question est là ! Suivant moi, le nom de Schoiffer figure seul dans la souscription du Donat, parce qu'il n'a été imprimé qu'après la mort de Fust. Comment admettre, en effet, que celui-ci, dont le nom paraît toujours le premier dans les souscriptions des livres publiés par l'association, et quelquefois même tout seul, eût permis à Schoiffer de se proclamer l'unique imprimeur du Donat de 35 lignes, si remarquable d'exécution, s'il eût été publié dès 1452 ou 1454 ? Il n'a donc pu l'être que plus tard. Or nous savons qu'en 1455 Fust devint propriétaire de tout l'attirail typographique de Gutenberg ; il n'est donc pas surprenant qu'on retrouve dans l'atelier dont Schoiffer hérita le caractère de la Bible de 42 lignes.

J'ignore complétement sur quoi s'est fondé M. de Laborde pour prétendre que Gutenberg et Schoiffer mêlèrent leurs caractères, car on ne connaît pas un seul livre imprimé avec les deux petits caractères des Lettres d'indulgences, et il est impossible de dire par conséquent à qui ils appartiennent. Au reste, toute son argumentation pèche par la base. A qui persuadera-t-on, en effet, que Fust, qui avançait avec tant de peine à Gutenberg l'argent nécessaire à l'impression de sa Bible, eût, de gaieté de cœur, doublé ses dépenses en payant les frais de deux

Bibles imprimées simultanément? qu'il eût perdu ainsi son temps et son argent à faire graver pour le même atelier des caractères différents, mais différents de si peu de chose, qu'ils peuvent passer pour semblables? En vérité on ne reconnaît pas là la sagacité habituelle de M. de Laborde dans les questions typographiques.

Une fois lancé dans cette fausse voie, ce savant a été entraîné vers d'autres erreurs. Ainsi, ne pouvant nier la possession par Pfister, dont nous parlerons bientôt, des caractères de la Bible de 36 lignes, il en a conclu que Gutenberg, auquel il a gratuitement attribué ce caractère, l'avait donné à son ancien élève. Mais Pfister imprimait certainement avec ce caractère en 1461, à Bamberg, et nous voyons que l'atelier de Gutenberg existait encore à Mayence en 1468. Une des raisons sur lesquelles M. de Laborde appuie son hypothèse, c'est que les caractères qui ont servi dans les derniers ouvrages de Pfister paraissent usés : il n'y aurait rien d'étonnant à ce que ces caractères eussent été usés après le long service qu'ils avaient fait depuis plusieurs années, et surtout après l'impression de la Bible, qui a été exécutée, comme nous le verrons, par Pfister avant 1460; mais l'observation de M. de Laborde n'est pas parfaitement exacte, car on connaît quelques ouvrages de Pfister qui sont aussi nets que la Bible.

Dans son système, M. de Laborde est obligé de supposer que la Bible de 42 lignes a été imprimée par Schoiffer dans l'espace de sept mois, c'est-à-dire dans l'intervalle qui s'est écoulé entre la rupture de l'association de Gutenberg et Fust, en novembre 1455, et le mois d'août 1456, date que porte l'exemplaire de la Bibliothèque nationale souscrit par Cremer. Une pareille célérité est inadmissible au début de l'art, quelque activité et quelque adresse qu'on suppose dès lors à Schoiffer et à ses aides. Ajoutons pour conclure que cet artiste paraît comme simple témoin, et non comme associé de Gutenberg et de Fust, dans le procès que ces deux Mayençais eurent ensemble en 1455, ce qui prouve qu'il n'était encore alors qu'un simple ouvrier de leur atelier typographique, et non pas le concurrent du premier, comme semble le croire M. de Laborde.

FIN DE LA PREMIÈRE PARTIE.

OUVRAGES DU MÊME AUTEUR.

HISTOIRE DU FOREZ, 2 vol. in-8°, Montbrison, 1835 .... 12 fr.

BIOGRAPHIE ET BIBLIOGRAPHIE FORÉSIENNES, br. in-8°. (Épuisé. — Extrait de l'ouvrage précédent.)

LES D'URFÉ, Souvenirs historiques et littéraires du Forez au XVIe et au XVIIe siècle, 1 vol. in-8°, Paris, Imprimerie royale, 1839, papier cavalier .... 10 fr.
Le même; grand papier .... 20 fr.

PROCÈS-VERBAUX DES ÉTATS GÉNÉRAUX DE 1593, 1 vol. in-4°, Paris, Imprimerie royale, 1842 .... 12 fr.
(Ce livre fait partie de la Collection des documents inédits de l'histoire de France publiés par ordre du Gouvernement.)

MÉMOIRE SUR LES ORIGINES DU LYONNAIS, 1 vol. in-8°, Paris, 1847. (Épuisé. — Ce mémoire est extrait du Recueil de la Société des Antiquaires de France, t. XVIII.)

NOTICE HISTORIQUE SUR L'IMPRIMERIE NATIONALE, 1 vol. grand in-32, Paris, 1848 .... 1 fr.

Pour paraître prochainement :

CARTULAIRE DE L'ABBAYE DE SAVIGNY. (Ce livre fait partie de la Collection des documents inédits de l'histoire de France publiés par ordre du Gouvernement.)

A PARIS, CHEZ JULES RENOUARD ET CIE,
LIBRAIRES-ÉDITEURS ET LIBRAIRES-COMMISSIONNAIRES POUR L'ÉTRANGER,
RUE DE TOURNON, N° 6.

SE TROUVENT AUSSI CHEZ L'AUTEUR, RUE LE PELETIER, N° 25.

www.ingramcontent.com/pod-product-compliance
Lightning Source LLC
Chambersburg PA
CBHW070849170426
43202CB00012B/2001